CW01213000

NAPOLÉON
A DIT

Lucian Regenbogen

NAPOLÉON A DIT

Aphorismes, citations et opinions

Préface de Jean Tulard

Troisième tirage

LES BELLES LETTRES

2011

*Tous droits de traduction, de reproduction et d'adaptation
réservés pour tous les pays*

© 2011, Société d'édition Les Belles Lettres,
95 bd Raspail 75006 Paris.
www.lesbelleslettres.com

Première édition 1998

ISBN : 978-2-251-44138-2

À la mémoire de Nica, mon grand ami.

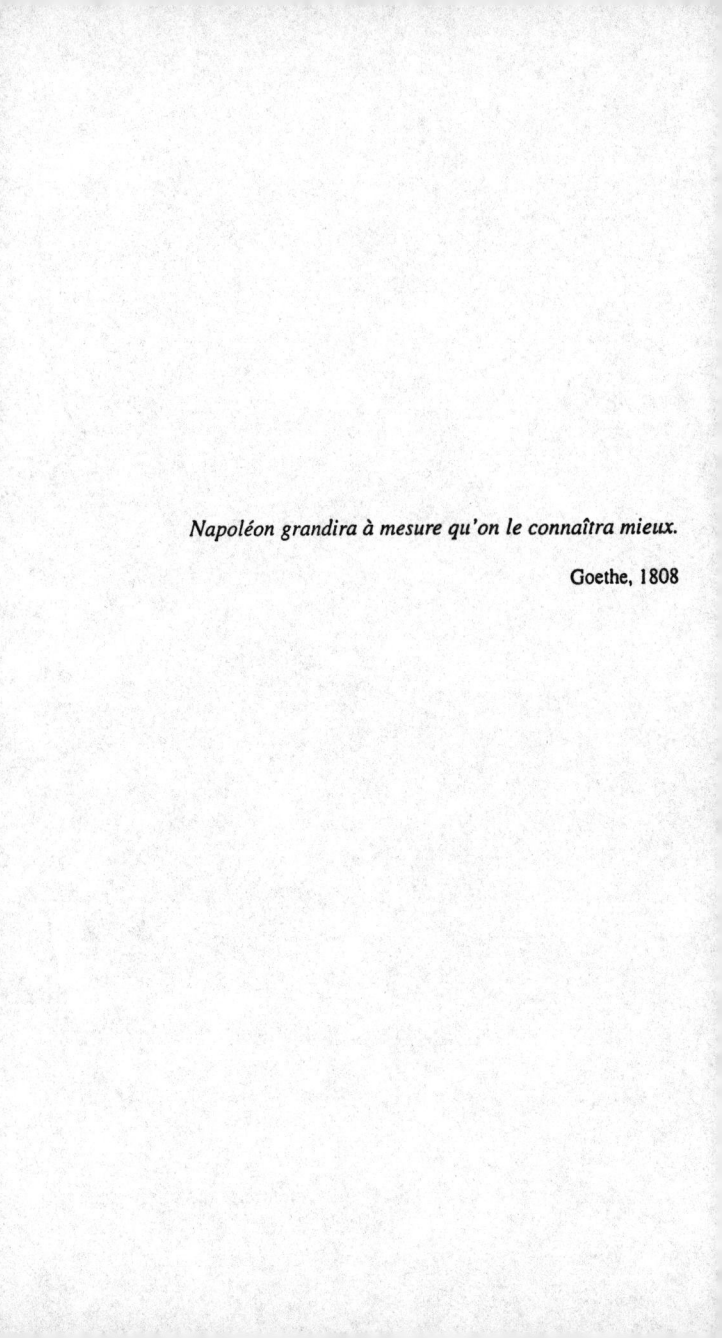

Napoléon grandira à mesure qu'on le connaîtra mieux.

Goethe, 1808

PRÉFACE

On sait tout sur Napoléon.
La bibliographie qui le concerne est énorme. Ronald J. Caldwell dans son *Era of Napoleon* arrive en 1990 à un total de 48 136 titres recensés. En réalité, à peine sorti, son ouvrage fit l'objet de si nombreux compléments que l'on peut doubler le chiffre avancé par Caldwell. Il a paru sur Napoléon plus de livres et d'articles qu'il ne s'est écoulé de jours depuis sa mort. Et dans toutes les langues! Caldwell a malheureusement négligé l'Asie et l'Amérique latine. Or, dès 1837, paraissait en chinois une vie de Napoléon.

Dans cette immense bibliographie l'idéologie de gauche affronte celle de droite, le pamphlet côtoie l'hagiographie, le livre anecdotique l'étude érudite. Il y a des Napoléon en 13, 16 et même 28 tomes et des Napoléon en petit format, style *Que sais-je?* Chaque romancier s'est cru obligé d'écrire un Napoléon : Chateaubriand, Balzac, Stendhal, puis Bloy et plus près de nous André Maurois, Paul Morand, Jules Romains ou André Malraux, pour nous en tenir à la langue française, car Walter Scott, côté anglais, fut le premier à exploiter le filon de l'épopée impériale, suivi par Conan Doyle.

Napoléon est, après le Christ, le personnage le plus représenté par les beaux-arts. Impossible de recenser l'ensemble des portraits de

Napoléon de son vivant. Les images populaires ont répandu à des milliers d'exemplaires le petit chapeau, la redingote grise et la main dans le gilet. Et que dire des peintres contemporains ? Il y a des Napoléon pour tous les goûts, des pires pompiers au *Napoléon dans le désert* de Max Ernst.

Napoléon est le personnage historique le plus porté à l'écran : deux cents films, sans parler des téléfilms et des documentaires. Tout acteur rêve de tenir ce rôle après Charles Boyer, Marlon Brando et Rod Steiger.

Au-delà d'une silhouette qui figure jusque sur les bouteilles de cognac, rien de Napoléon ne nous est étranger. Nous savons tout de lui : ses lectures, ses goûts culinaires (aile de poulet, pâtes et chambertin), ses colères, ses maladies (jusqu'à ses hémorroïdes), ses dents blanches et ses cheveux plats, ses habits et ses maîtresses. Qu'on nous pardonne : nous savons tout de lui, même la consistance de son sperme, « de l'eau », disait Joséphine !

Le guerrier n'a pas plus de mystère que l'homme privé. De Clausewitz à Foch et De Gaulle, tout militaire s'est cru tenu d'écrire sur sa stratégie et sa tactique.

Allons plus loin. Non seulement il est au centre de la philosophie de Hegel et surtout de Nietzsche, mais Nostradamus l'avait annoncé :

« Un empereur naistra près d'Italie,

Qui a l'empire sera vendu bien cher.

Diront avec quels gens il se rallie.

Qu'on trouvera moins prince que boucher. »

Oui, vraiment, nous n'ignorons rien de Napoléon. Et pourtant on continue à écrire sur lui et à en donner des images nouvelles. À preuve ce livre.

Lucian Regenbogen est revenu aux sources. Il peint Napoléon d'après ses écrits et ses paroles.

Napoléon en effet a beaucoup écrit : œuvres de jeunesse dont des romans comme *Clisson et Eugénie* ou des nouvelles appréciées de Borges qui réédita *Le masque prophète* ; proclamations et bulletins de

PRÉFACE

la Grande Armée ; dictées de Sainte-Hélène intitulées *Mémoires de Napoléon*.

La plupart de ses lettres nous ont été conservées : brûlantes missives à Joséphine ou lettres plus froides à Marie-Louise ; ordres donnés aux ministres et aux maréchaux, correspondance avec les souverains de l'Europe : tout cela forme un ensemble de plus de 20 000 documents.

Napoléon a beaucoup parlé et ses paroles ont été soigneusement notées par les contemporains, du Conseil d'État où les conseillers, à l'exemple de Thibaudeau ou Pelet de la Lozère, prenaient des notes, à Sainte-Hélène où chacun recueillait les propos de Napoléon : Las Cases qui en fit un *best-seller*, le *Mémorial*, mais aussi Gourgaud, Montholon (médiocre), Bertrand (le témoin le plus fidèle), Ali et jusqu'à Marchand, le valet de chambre.

Qu'a voulu montrer Lucian Regenbogen ? Qu'il suffisait de puiser dans cette imposante masse d'écrits et de paroles de Napoléon pour en faire surgir une image de l'Empereur souvent contradictoire mais par là même éloignée de toute systématisation et plus proche de la vérité.

Certes l'idée d'un recueil de paroles et d'écrits de Napoléon n'est pas nouvelle. En 1854, Damas Hinard, qui fut secrétaire des commandements de l'Impératrice, avait composé un *Dictionnaire Napoléon ou recueil alphabétique des opinions et jugements de l'empereur Napoléon Ier*. Bien que toujours utile, l'ouvrage présentait deux défauts. Damas Hinard n'avait pu utiliser qu'imparfaitement la correspondance de Napoléon en cours de publication. Écrivant sous le Second Empire alors en plein essor, il ne pouvait publier qu'un livre hagiographique.

On doit à Adrien Dansette, en 1939, un recueil intitulé *Napoléon : vues politiques*. Précieux, il se limite toutefois au seul domaine du pouvoir, négligeant les jugements sur les hommes et les événements.

Pour le bicentenaire de la naissance de Napoléon en 1969, André Palluel livre au public un *Dictionnaire de l'Empereur* où il range par mots clefs les lettres ou extraits de lettres de Napoléon. À défaut d'un index couvrant l'ensemble de la *Correspondance*, son ouvrage est devenu un très utile instrument de travail.

D'autres ouvrages comme *Voix de Napoléon* de P.-L. Couchoud, en 1949, ou *Ainsi parle le chef* de Julien Besançon, en 1983, méritent moins d'attention.

Citons également à titre de curiosité les « maximes et pensées » de Napoléon fabriquées par Balzac : « Le cœur d'un homme d'État doit être dans sa tête » ou « Pour être heureux le mariage exige un continuel échange de transpiration ».

On pourrait reprendre à propos du livre de Lucian Regenbogen la préface de Balzac : « Aux yeux des masses ce livre sera comme une apparition : l'âme de l'Empereur passera devant elles ; mais pour quelques esprits choisis, il sera son histoire sous une forme algébrique, on y verra l'homme abstrait, l'idée au lieu du fait. »

Avec une notable différence : c'est que chez Lucian Regenbogen les citations sont authentiques, chacune d'elles est replacée dans son contexte historique. Mais l'intention est la même.

L'auteur a choisi des citations courtes. La marque du génie de Napoléon ne résidait-elle pas dans sa concision ?

Trois ensembles dans ce travail : un Napoléon par lui-même, fort passionnant ; des mots de Napoléon classés dans l'ordre chronologique et qui nous aident à suivre l'évolution de la pensée napoléonienne ; des jugements de Napoléon sur ses contemporains et sur les grands hommes du passé.

Ne prenons pas pour argent comptant les propos de Napoléon ; il faut savoir les interpréter. Mais de cet ensemble naît un Napoléon différent de celui de ses biographes, plus près de la réalité, plus humain, plus vrai.

Dis-moi ce que tu dis, je te dirai qui tu es.

Jean TULARD,
membre de l'Institut.

AVANT-PROPOS

Comme Ingres en a fait la frustrante expérience, et sauf exception, on est décidément plus connu par son métier que par ses faiblesses. La faiblesse de Lucian Regenbogen, ophtalmologiste de réputation mondiale, c'est Napoléon. Ce n'est pas une passion bien originale, certes : la destinée fabuleuse et le génie du petit gentilhomme corse ont fasciné beaucoup de monde. Mais ce qui me semble original, c'est qu'il a mis au service de la sienne, outre une patience et une minutie de bénédictin, son esprit scientifique, curieux et classificateur. S'effaçant humblement derrière son héros, Regenbogen offre au lecteur, avec ce formidable Napoléon par lui-même, bien plus qu'une n-ième biographie de l'Empereur : une source historique, un roman d'action et une étude psychologique tout à la fois.

Ce faisant, il renoue avec un genre littéraire connu depuis l'Antiquité. Plutarque en est sans doute l'inventeur, avec ses *Regum et Imperatorum Apophtegmata*, au troisième tome des *Moralia*. Le verbe grec *apophthegestai* signifie exprimer une idée de manière simple, claire et généralement spontanée. Par ailleurs, l'auteur des *Vies parallèles* a rédigé un livre de *Maximes* de souverains et grands capitaines, tels que Philippe de Macédoine ou Alexandre le Grand, et a recueilli les paroles mémorables, les « apophtegmes », de Romains célèbres – Marius, Pompée, Cicéron, César, Auguste.

À quoi peuvent-ils bien servir, ces florilèges de bons mots, de jugements à l'emporte-pièce, de sentences péremptoires, tombés des lèvres augustes des importants et pieusement rapportées, plus ou moins exactement d'ailleurs, par de moins importants qu'eux ? À en croire Karl Marx dans son *Idéologie allemande*, les hommes sont comme ils s'expriment. Les spécialistes n'ont pas fini de débattre sur ce qu'il entendait par « s'exprimer » (*sich ausdrücken*) : s'agit-il seulement de ce que l'on dit, ou bien convient-il d'en étendre la signification à d'autres formes d'« expression » (publique, artistique, etc.) ? Franchement, je n'en sais rien. Mais je sais que sans Plutarque, ses maximes et ses apophtegmes, l'historiographie de l'Antiquité eût été plus pauvre. Et aussi que j'ai lu les maximes et les apophtegmes de Lucian Regenbogen avec autant de plaisir, d'intérêt et de profit que ceux de Plutarque. Aux yeux de l'historien de l'Antiquité que je suis, il n'est pas de plus beau compliment.

Zwi Yavetz
Professeur émérite d'Histoire ancienne, Université de Tel-Aviv.
Distinguished Professor, The City University of New York.

INTRODUCTION

L'œuvre de Napoléon Bonaparte est à l'abri d'un jugement définitif parce qu'elle ne cesse de bouger, même aujourd'hui, sous notre regard. Il suffirait de constater combien de fois nous essayons de comparer et de confronter les opinions, les décisions ainsi que les faiblesses de Napoléon avec celles des grandes personnalités de nos jours. Les critiques sur les systèmes de l'Empereur, sur ses préméditations et sa fascination n'expliqueront que partiellement le fleuve interminable de littérature qu'il a inspiré. Le fait que des dizaines de milliers d'ouvrages traitent son sujet, dans tous les pays et dans toutes les langues, démontre bien l'intérêt que le public cultivé porte encore à tout ce qui constitue la légende napoléonienne.

Comment peut-on encore écrire un livre sur Napoléon, après cette quantité énorme d'ouvrages qui lui ont été consacrés ? Nous n'avons pas l'ambition de réaliser un jugement sur son œuvre, mais, attaché par sympathie à la gloire du Premier Empire, attiré par l'imposante grandeur du héros et fasciné par son destin extraordinaire, nous avons seulement osé collectionner, citer et grouper dans un seul volume des propos qui nous semblent représenter le plus fidèlement ses pensées sur la politique, la religion, son entourage, l'armée, les femmes, sa famille, et sur d'autres problèmes importants qui l'ont préoccupé. Parmi les citations choisies entre celles qui méritent d'être mises en lumière, il y a des paroles qui, même dépouillées de leur contexte, imposent leur survie et viennent enrichir le trésor de la pensée et du vocabulaire du monde civilisé. Car, s'il est mondialement reconnu que Napoléon a été le plus génial militaire des temps modernes, doublé d'un habile politicien et d'un extraordinaire administrateur, le fait qu'il fut aussi un écrivain de talent est moins connu du grand public ; il a formulé des lettres, des proclamations et des ordres du jour qui sont de véritables morceaux d'éloquence et il a prononcé des phrases dignes d'un grand prosateur, philosophe et historien. Car il fut un grand chef d'armée et un grand écrivain en même temps, par l'effet des mêmes facultés ! Ses contemporains, éblouis par ses succès militaires, ont laissé à la postérité le soin de rendre justice à son génie littéraire.

Le style concis et passionné de sa parole, son génie à confronter des situations et ses analyses lucides donnent aux dires et écrits de Napoléon un caractère unique. La clarté de son style réunit la force et la finesse, avec des descriptions vives et rapides qui s'adressent davantage à l'âme et à l'imagination. On peut admirer ces qualités extraordinaires dans la célèbre proclamation faite au golfe Juan le 1er mars 1815, à son retour de l'île d'Elbe : « L'aigle avec les couleurs nationales volera de clocher en clocher jusqu'aux tours de Notre-Dame ! » Quelle volonté simple et pure dans cette phrase construite dans un style savant et réfléchi.

Il est possible que plusieurs lecteurs se demanderont si Napoléon est vraiment l'auteur de toutes les citations qu'on lui attribue et que nous avons choisies pour les rapporter ici. Il est difficile de répondre avec exactitude car, après ses deux abdications, des douzaines d'auteurs ont publié des mémoires anti-napoléoniens et ont chargé l'Empereur d'expressions peu flatteuses. À l'opposé, après le retour des cendres de l'Empereur aux Invalides en 1840, une riche littérature véhiculant des opinions enthousiastes mais exagérées porte à son crédit des mots déformés par cette passion. Les conversations avec l'Empereur nous sont relatées par les mémorialistes les plus divers ; parmi eux Las Cases, Gourgaud, Bertrand, Montholon, Roederer, Caulaincourt,

Mollien et d'autres qui, paraît-il, n'auraient pas retouché leurs épreuves. Ainsi avons-nous écarté par exemple : Fleury de Chaboulon, dont les mémoires furent réfutés par Napoléon lui-même, le docteur Antommarchi, trop suspect d'avoir orné à l'excès ses souvenirs des derniers instants de l'Empereur, Bourrienne le secrétaire fripon, Metternich l'ennemi avéré, et quelques autres intimes comme Mme de Rémusat, Chaptal, Constant, etc. qui ont écrit pendant la Restauration des Bourbons pour se faire agréer par le pouvoir anti-napoléonien.

L'Empereur était un excellent orateur en présence de ses soldats. Son style unique, son goût du concret, l'enchaînement logique de ses propos portés par des images irrésistibles sont justement célèbres. En connaissant l'extraordinaire pouvoir des mots sur ses hommes, l'Empereur savait porter à son comble leur enthousiasme. Il connaissait la valeur de son style, et le recommandait à ses compagnons d'armes comme, par exemple, au prince Eugène de Beauharnais en 1806, en lui disait « d'éviter la rhétorique aux soldats chez qui un mot à l'ordre du jour, qui va droit au but, ferait plus que cent volumes de Cicéron et de Démosthène ». Fin psychologue des masses, Napoléon savait d'instinct parler aux soldats, un art qui ne s'apprend pas dans les manuels. Plus que Machiavel, dont il connaissait bien l'œuvre, Napoléon considérait qu'un général devait savoir émouvoir et électriser ses soldats. Il disait que le talent oratoire d'un chef d'armée compte autant que ses qualités de stratège, car dans l'issue d'un combat « la parole peut avoir une importance aussi grande qu'une manœuvre audacieuse ». Ses fameuses tournées à la lueur des feux de bivouac pour s'entretenir familièrement avec les soldats sont à cet égard exemplaires. À Lobstein (1806), se tournant vers eux, il leur dit : « Jeunes gens, il ne faut pas craindre la mort ; quand on ne la craint pas, on la fait rentrer dans les rangs ennemis. » À ces mots on entendit un murmure d'enthousiasme, précurseur de la victoire mémorable, deux jours après, à Iéna. Quand l'Empereur disait, en parcourant les rangs de son armée, au milieu du feu : « Déployez ces drapeaux ! le moment est enfin arrivé ! », le geste, l'action, le mouvement, faisaient trépigner le soldat français (Bertrand, à Sainte-Hélène). Avec sa phrase impétueuse anticipant la victoire, il savait galvaniser son armée, la faisant marcher avec ferveur au combat. Lanson, à juste titre, considère Napoléon comme « le dernier des grands orateurs révolutionnaires ».

Trouvant le mot propre à la chose, ou l'inventant là où « l'usage de la langue ne l'avait pas créé », ses entretiens n'étaient jamais banals. Il est clair que cette qualité d'expression, cette clarté des propos, cette précision des messages qu'il portait aux autres relevaient d'une volonté, d'un contrôle achevé de son personnage et du sens de sa mission. Ses paroles frappent par la puissance de concentration et la conviction qu'elles portent : ses phrases sont un modèle de tournure oratoire qui impressionnaient l'auditeur par leur construction plus même que par l'idée exprimée. Dans le tumulte de ses idées, l'aisance de son élocution, en dépit de l'accent de son enfance, lui donnait le moyen de se servir adroitement de la parole. Pendant une discussion, se confiant sans détour à son instinct, il saisissait à première vue ce que des esprits supérieurs n'apprennent que par l'étude. L'une de ses tournures de phrase habituelles face à ses interlocuteurs était : « Je vois ce que vous voulez : vous désirez arriver à tel but, eh bien, allons droit à la question. »

Même ses plus violents détracteurs s'avouent séduits par la qualité de sa conversation. « Chaque fois que je l'entendais parler, avoue Mme de Staël, j'étais frappée par sa supériorité. » La célèbre femme écrivant ajoutait : « La phrase de Napoléon démontre qu'il a le tact des circonstances comme le chasseur a celui de sa proie. » L'abbé de Pradt remarque que Napoléon était dans une discussion « comme à la tête d'une armée, toujours en action, en avant et sur l'offensive ». La première fois que le cardinal Consalvi le rencontra, il fut stupéfait de l'entendre parler « avec une véhémence et une abondance considérables pendant plus d'une demi-heure, mais sans colère ni dureté de langage ». Un ennemi comme Metternich disait avec admiration que la conversation avec Napoléon avait toujours eu pour lui un charme difficile à définir. Saisissant les objets par leur point essentiel, ses entretiens étaient toujours pleins d'intérêt et d'un solide bon sens, comme par exemple : « Ne soyons ni empereur français, ni ambassadeur d'Autriche, je vous parlerai comme à un homme que j'estime, et ne faisons pas de phrases. »

Antoine Thibaudeau, un ex-révolutionnaire qui ne peut pas être suspecté de sympathie pour l'Empereur, convient qu'il était « original et profond même dans ses plus insignifiantes paroles ». Même Chateaubriand déclarait : « J'étais dans la galerie lorsque Napoléon entra ; il me frappa agréablement. Son sourire était caressant et beau, il n'avait aucune charlatanerie dans le regard, rien de théâtral et d'affecté... Bonaparte m'aborda avec simplicité sans me faire des compliments, il me parla comme si j'eusse été de son intimité et comme s'il n'eût fait que continuer une conversation déjà commencée entre nous. »

Il paraît certain que Napoléon n'avait pas toujours eu une parfaite maîtrise de la langue et qu'il disait « section » pour « session », « enfanterie » pour « infanterie », « enfin que » pour « afin que », « point fulminant » pour « point culminant », « amnistie » pour « armistice », rentes « voyagères » pour « viagères » et « îles Philippiques » pour « Philippines ». Il aimait prononcer les mots avec une certaine emphase, un peu à la manière italienne, en renforçant la partie finale des mots. Mais avec sa voix d'une intonation profonde et ce regard qui « traversait » les têtes – comme disait l'archichancelier Cambacérès –, Napoléon savait charmer l'assistance en faisant oublier les petites incorrections verbales qui embarrassaient son langage. Quand il le voulait, sa parole était assortie d'un sourire fascinateur et d'une douceur infinie, mais ses traits pouvaient devenir terribles au moindre mouvement de colère, et sa voix devenait alors un peu rauque. Quand il changeait d'expression, pouvant passer rapidement de la gaieté à la colère, « son teint paraissait presque pâlir à sa volonté », comme disait le conseiller d'État Miot de Melito, témoin de quelques scènes privées terribles. Ce talent de tragédien faisait également partie du personnage ! Molé, conseiller d'État et ministre de la justice, qui eut de nombreuses et passionnantes entrevues avec Napoléon, ne voit pas en lui un acteur, mais un surprenant esprit qui ne dédaigne rien de la mise en scène, non plus que de « ce grand jeu de l'acteur qui, de Roscius (le plus célèbre comédien de l'ancienne Rome) à Talma (le plus grand comédien de l'époque du Premier Empire), a prouvé sa puissance ».

Pendant le Consulat, Bonaparte était un très aimable causeur, recherchant les conversations élevées et instructives avec des hommes supérieurs. À cette époque, une partie de son temps est consacrée aux conférences à l'Institut, noyau de « l'Institut d'Égypte », une de ses créations. Appartenant à la classe de mathématiques, il se plaît dans ce milieu avec Andreossy, Furier, Gérard, Monge, Nouet et d'autres. Quand il leur parle histoire ou mathématiques, Bonaparte les intéresse toujours par ce qu'il raconte ou par ses questions.

Le Conseil d'État avait la prédilection de Napoléon ; avec son enthousiasme calculé, et surtout avec un grand contrôle de lui-même, il s'y exprimait très librement, s'estimant – comme il le disait – « en famille » ; on découvre aussi – grâce à la sténographie de Lecouteulx-Canteleu entre 1804-1806, publiée par M. Marquiset – ses vrais sentiments sur bien des sujets moraux et politiques. Dans ces notes se confirme le goût que Napoléon avait de s'instruire au feu roulant des questions pertinentes liées par une logique sans faille. Dans ce milieu il appréciait la rhétorique et aimait écouter parler. Un homme moins sûr de lui eût craint de révéler son ignorance sur beaucoup de sujets qu'il ne pouvait connaître qu'imparfaitement. Mais il était convaincu d'en savoir très vite plus que ses informateurs. L'Empereur avait l'art d'assimiler si complètement ce qu'il entendait qu'il restituait ensuite dans d'autres conversations ce qu'il avait acquis, d'une manière si originale qu'on ne pouvait en reconnaître que difficilement la source.

Sa pensée était puissante et vive ; elle bondissait par sauts inattendus au-delà des transitions, et, à en juger par la manière dont il l'exprimait, elle semblait poursuivre plusieurs raisonnements simultanément. On ne s'étonne point alors que ce qu'il exprimait parfois soit teinté de confusion ou d'incohérence, mais généralement les éruptions impétueuses de son génial cerveau inspiraient à ses interlocuteurs une grande admiration.

Napoléon aimait dicter parce qu'il avait la parole facile et le verbe incisif, bien que grammaticalement sa langue n'ait jamais été très châtiée. La dictée était pour lui le mouvement de sa pensée, et peu lui importait que les mots se répétassent dans une phrase tantôt interminable, ou qu'ils manquassent dans une phrase si courte qu'elle se trouvait dépourvue de verbe. Il dictait sans interruption, et il était impossible de lui faire répéter un mot mal entendu ou de lui suggérer de ralentir. Il commençait toujours lentement, puis, s'échauffant en parlant, il dictait aussi vite qu'il l'aurait fait dans une conversation ordinaire. À chaque début de phrase il ralentissait un peu, le temps de chercher ses mots, mais, sitôt les premières propositions trouvées, il reprenait sa dictée endiablée. Il avait une mémoire prodigieuse et une rapidité de pensée qui lui permettaient de dicter très rapidement pendant deux ou trois heures de suite, en marchant à grands pas de long en large. Souvent il groupait ses divers secrétaires, tel que Fain, Méneval et le ministre secrétaire d'État, et leur dictait simultanément des textes différents, passant de l'un à l'autre. En dictant, ses plus fréquentes tournures de phrase consistaient à entasser des verbes divers afin de souligner les nuances de ses idées, ou à accoler au substantif un adjectif et au verbe un complément ou un adverbe. La phrase naissait en lui toujours forte et concise, mais conservait la familiarité et la chaleur que la parole lui aurait données. En homme pressé, tiraillé de tous côtés par mille affaires, il dictait en exprimant sa pensée comme elle venait ; le premier mot qui arrivait était le bon et il était dit sans aucun souci de forme. Il semblait toujours s'adresser de vive voix au destinataire de la lettre. Son esprit était si fulgurant, pendant qu'il dictait, que parfois les mots eux-mêmes semblaient trop lents à traduire ses idées ; ainsi abordait-il une nouvelle pensée avant que la précédente n'ait été entièrement exprimée, en portant à l'exaspération ses secrétaires. Après la campagne de Russie et l'apparition de la sténographie, un de ses secrétaires, Jouanne, fut responsable des dictées de l'Empereur. Formidable épistolier, celui-ci dicta, rappelons-le, plus de 40 000 lettres, ordres, décrets et bulletins avec le souci constant de marquer l'histoire de son verbe et de ses pensées.

Napoléon connaissait le sens des mots, comme en témoigne son soin à les choisir afin de marquer sa pensée d'une clarté, d'une précision et d'une sobriété sans égales. Préoccupé par le souci d'être bien compris par ses interlocuteurs, il ne cherchait pas les effets de style et ne s'égarait pas parmi les images inutiles ; son éloquence s'épanouissait dans la magie de l'improvisation où dominaient, suivant le cas, la chaleur, la sévérité ou l'ardeur à convaincre. Ses propositions sont claires et vigoureuses et cependant chacune d'entre elles contient beaucoup plus que ce que supposerait l'apparente simplicité de leur expression. Par l'amalgame de ses idées juxtaposées, il créait l'image qui portait en elle la force d'une conviction. Il en mimait le sens : il avait une physionomie pour chacune des pensées qui agitaient son esprit, et la mobilité de son regard, liée à la parole, semblait « hors du domaine de l'imitation ». Sa conversation, quand il était en verve et passionné par un sujet, captivait ses interlocuteurs et les réduisait alors à l'état d'auditeurs. Il assaillait brusquement tout interlocuteur de questions souvent imprévues. Quand une idée l'obsédait, elle devenait, selon l'expression de Fain et de Talleyrand, une « idée dominante », parlant d'elle sans cesse, mais cela ne l'empêchait pas, grâce à la concentration étonnante de son esprit, de penser avec autant de force à d'autres affaires.

Quand il entrevoyait sa postérité, il ne doutait pas de l'importance de la moindre de ses paroles : il redoublait alors l'emploi d'expressions justes, l'association insolite mais pertinente de mots, qui donnaient aux phrases qu'il élaborait une force incroyable. Son langage tirait une puissance impressionnante de ce qu'il était clair, coloré et pénétrant. « Mon grand talent disait-il ce qui me distingue le plus, c'est de voir clair en tout ; c'est même mon genre d'éloquence que de voir sous toutes ses faces le fond de la question : c'est la perpendiculaire plus courte que l'oblique » (cité par Gourgaud, en 1818). Il sut profiter de ce talent exceptionnel.

Tout ce qu'il disait était en réalité supérieurement porteur d'un effet prévu, jusqu'à travers des questions qu'il posait apparemment à l'improviste à ceux qui l'entouraient, et qui les déroutaient ; Napoléon « était l'homme de la spontanéité réfléchie, comme écrivait le cardinal Consalvi, mais parfois aussi irréfléchie quand la parole, échappant à son contrôle, créait soudain une situation embarrassante ». Napoléon avait conscience de ces impulsions et s'en méfiait, sans qu'il puisse toujours retenir les mots qui le trahissaient. Après une telle « bourrasque » le calme revenait, pendant lequel il désavouait son emportement et ses paroles excessives. Voilà l'essentiel d'une lettre que Decrès, ministre de la marine, reçoit de Napoléon le lendemain d'une discussion dans laquelle il a subi la fureur impériale : « Une fois la colère passée, il n'en reste plus rien. J'espère donc que vous ne m'en gardez pas rancune... » D'ailleurs Napoléon restait convaincu que « la froideur est la plus grande qualité d'un homme destiné à commander ».

Charmant et spirituel, l'Empereur a toujours su s'adapter à son audience et à son « milieu » : chacune de ses phrases était appropriée avec une justesse saisissante non seulement à la circonstance qui le motivait, mais encore à l'intelligence de ceux qui devaient l'écouter. Concernant les causeries familiales, la duchesse Laure d'Abrantès lui reprochait parfois des commérages « vraiment bourgeois », comme si la parole d'un homme de génie ne devait jamais quitter les sommets de la pensée. Dans ce genre futile, sa conversation était alors beaucoup moins brillante. Dans l'intimité, il portait jusqu'au défaut le goût du bavardage et il aimait rêver tout haut sa vie ; Joséphine lui reprochait comme une faute de goût le fait que, dans la chaleur d'une conversation, il puisse lui échapper des indiscrétions sur sa personne ou sur ses projets. Une des choses qui étonnaient le plus Mme Walewska, c'était d'entendre Napoléon, avant de se coucher, causer avec son valet de chambre, en se faisant raconter par lui les commérages de la ville.

Le déjeuner, qui généralement durait très peu, pouvait se prolonger quand il recevait des personnages intéressants – généralement hommes de lettres, de science ou de théâtre – avec lesquels il aimait bavarder. Parfois c'était après le café, dans le salon de Joséphine comme dans celui de Marie-Louise, que l'Empereur retrouvait des grands dignitaires avec leurs épouses ou quelques personnages importants ou plaisants comme Monge, Laplace, Fontanes, Ségur, Chaptal, etc. avec lesquels il s'attardait un peu. Quand la réunion était uniquement formée de femmes, Napoléon dirigeait la conversation, aimant – d'après Méneval – critiquer leurs toilettes, raconter des histoires tragiques ou satiriques et des contes de revenants. Toutefois, face à certaines femmes intelligentes et cultivées, il préférait leur conversation à la raideur craintive et à la servilité intéressée que bien des hommes lui montraient.

À Sainte-Hélène, l'Empereur, s'adressant à la postérité, a su trouver le ton juste et l'élévation de pensée capables de frapper l'imagination populaire et de transformer en légende sa propre épopée. D'ailleurs, la légende napoléonienne a été élaborée par l'Empereur lui-même dans les textes qu'il destinait à ses soldats et dans ces bulletins de la Grande Armée qui constituent le récit officiel des campagnes de l'Empire. Comme prisonnier, à partir de ses longues méditations et dans une solitude qui les favorisait, il a su livrer à ceux qui l'entouraient sa vision des événements avec une pertinence et une justesse qui ne laisse de séduire. Tout ce qui a pu en être plus ou moins fidèlement recueilli souligne l'art avec lequel Napoléon s'efforçait de concilier son idéologie et l'histoire de sa vie. À tant espérer, à tant se répéter, à tant souligner, restait-il fidèle à son ancienne conviction que « les déclamations passent et les actions restent ? »

L'Empereur parlait peu par aphorismes ; cependant c'est le genre que ses contemporains lui ont fréquemment prêté dans les opinions et les observations qu'ils avaient notées. Tant de citations célèbres lui ont été attribuées qu'on pourrait douter qu'il en fût toujours l'auteur. Ainsi, pour celles que nous avons retenues, nous avons indiqué dans la majorité des cas quand et dans quelles circonstances elles furent énoncées.

Sans doute une dissertation cohérente et logique sur l'œuvre de Napoléon serait-elle d'une lecture plus agréable que ce florilège très hétérogène de tant de circonstances variables et de pensées parfois contradictoires ; mais, tel qu'il est, ce bouquin, avec les citations chronologiques, peut nous restituer des images de l'Empereur en fonction des temps forts de sa vie qui lui offrirent tant d'interlocuteurs. Voici, par exemple, Bonaparte au Conseil d'État en 1802, avant d'être nommé consul à vie, déclarant – pour calmer les anciens Jacobins inquiets – que l'hérédité est « absurde ». Puis, consul à vie, et préparant la prochaine étape de son ascension, affirmant à quelques conseillers d'État que seule l'hérédité peut empêcher la contre-Révolution. Toujours au

Conseil d'État, il s'efforce de démontrer le caractère civil de sa dictature, ce qui ne l'empêche pas à Sainte-Hélène de déclarer à Gourgaud : « En dernière analyse, pour gouverner il faut être militaire : on ne gouverne qu'avec des éperons et des bottes. » Mais encore, au début des Cent-Jours, s'adressant à Benjamin Constant – dont le concours lui était nécessaire –, Napoléon disait : « Des élections libres ? Des discussions publiques ? Des ministres responsables ? La liberté ? Je veux tout cela... » Mais Gourgaud nous rapporte de Sainte-Hélène l'aveu de l'Empereur sur ce sujet : « Je ne me suis occupé de la Constitution au retour de l'île d'Elbe que pour obéir à la mode ; victorieux, j'aurais renvoyé les Chambres. » Donc, beaucoup de citations donnent l'impression qu'elles opposent la pensée du dictateur triomphant à celle du souverain modéré à son retour de l'île d'Elbe, ou à celle de l'Empereur déchu à Sainte-Hélène. En réalité ses affirmations visaient des situations différentes et, à les étudier, on est amené à constater que, malgré les apparences, Napoléon a peu changé durant sa carrière. À Sainte-Hélène, il disait à Las Cases : « Je n'étais point maître de mes actes parce que je n'avais pas la folie de vouloir tordre les événements à mon système, mais au contraire je pliais mon système sur la contexture imprévue des événements, ce qui m'a donné souvent des apparences de mobilité et d'inconséquence. » On constate que ses divergences d'opinion, à des époques différentes, n'affectent pas la philosophie politique et la permanence de ses principes fondamentaux, mais seulement les moyens de les appliquer durant sa carrière de général, de consul, d'empereur ou de prisonnier à Sainte-Hélène.

Le présent travail veut souligner le talent verbal de Napoléon Bonaparte, l'homme le plus extraordinaire des temps modernes et duquel les phrases retenues nous permettent d'évoquer ce que fut son génie. Avec le recul du temps, il est possible que les grandes batailles des deux dernières guerres mondiales puissent éclipser les fameuses campagnes de l'Empire ; mais le temps ne pourra pas atténuer la portée de certains mots et métaphores poétiques de Napoléon qui demeureront aussi longtemps que survivra la langue française.

APHORISMES

LA POLITIQUE

1797

On ne conduit un peuple qu'en lui montrant un avenir ; un chef est un marchand d'espérance.

1799

Il faut prendre le ton qui convient pour que les peuples obéissent, et obéir, en général, c'est craindre. [En Égypte]

Il faut toujours aller au-devant de ses ennemis et leur faire bonne mine ; sans cela ils croient qu'on les redoute et cela leur donne de l'audace.

Gouverner par un parti, c'est se mettre tôt ou tard dans sa dépendance ; on ne m'y prendra pas ! Je suis national.

Dans une grande affaire, on est toujours forcé de donner quelque chose au hasard.

1800

Un gouvernement nouveau a besoin d'éblouir et d'étonner ; dès qu'il ne jette plus d'éclats, il tombe.

Ma politique est de gouverner les hommes comme le grand nombre veut être gouverné. C'est là, je crois, la manière de reconnaître la souveraineté du peuple.

Je traite la politique comme la guerre ; j'endors une aile pour battre l'autre.

La bonne politique est de faire croire aux peuples qu'ils sont libres.

1801

Les grands orateurs qui dominent les assemblées par l'éclat de leurs paroles sont, en général, les hommes politiques les plus médiocres ; leur force est dans le vague, la pratique les tue.

À la guerre comme en politique, le moment perdu ne revient plus.

1802

Tout le secret du gouvernement consiste à savoir quand il faut quitter la peau du lion pour prendre celle du renard.

Celui qui gouverne doit avoir de l'énergie sans fanatisme, des principes sans démagogie et de la sévérité sans cruauté.

1803

Il est plus facile d'arrêter de parler politique que de modérer.

1804

L'indécision des principes est aux gouvernements ce que la paralysie est aux mouvements des membres.

La faiblesse du pouvoir suprême est la plus affreuse calamité des peuples.

En politique une absurdité n'est pas toujours un obstacle.

Il n'y a qu'un seul agent de gouvernement, la politique ; elle conseille aujourd'hui une chose, demain une autre. Elle a des remèdes différents pour des maux semblables.

1806

La haute politique n'est que le bon sens appliqué aux grandes choses.

1808

La politique n'a pas de cœur, elle n'a que de la tête.

Il faut que la morale et les idées politiques de la génération qui s'élève ne dépendent plus de la nouvelle du jour ou de la circonstance du moment.

1810

On gouverne mieux les hommes par leurs vices que par leurs vertus.

1812

Quand on n'est pas le plus fort, il faut être le plus politique.

1815

Quand on veut se mêler de gouverner, il faut savoir payer de sa personne, au besoin savoir se laisser assassiner.

Les hommes qui ont changé l'univers n'y sont jamais parvenus en changeant les chefs, mais toujours en remuant les masses.

L'anarchie ramène toujours au gouvernement absolu.

1816

La force défensive d'une nation est dans l'unité et la permanence de son gouvernement.

En guerre, comme en politique, tout mal, fût-il dans les règles, n'est excusable qu'autant qu'il est absolument nécessaire : tout ce qui est au-delà est crime.

1817

Les gouvernements ne tiennent leur parole que quand ils y sont forcés, ou que cela leur est avantageux.

La saignée entre dans les combinaisons de la médecine politique.

1820

Ce n'est point à un incident de gouverner la politique, mais bien à la politique de gouverner les incidents.

LES COLLABORATEURS

1799

De Clovis jusqu'au comité de salut public, je me sens solidaire de tout.

Quand je fais un plan militaire, je suis dans une agitation tout à fait pénible. Cela ne m'empêche pas de paraître fort serein devant les personnes qui m'entourent. Je suis comme une fille qui accouche, et, quand ma résolution est prise, tout est oublié.

1802

Il n'est pas nécessaire d'avoir cent hommes pour discuter les lois faites par trente : ils bavardent sans rien faire.

1803

Je veux que le fils d'un cultivateur puisse se dire : je serai un jour cardinal, maréchal de l'empire ou ministre.

1804

L'art le plus difficile n'est pas de choisir les hommes, mais de donner aux hommes que l'on a choisis toute la valeur qu'ils peuvent avoir.

Il y a deux leviers pour remuer les hommes : la crainte et l'intérêt.

1805

Il n'y a pas de général qui ne se croie avoir les mêmes droits au trône que moi. Il n'y a pas d'homme influent qui ne croie m'avoir tracé ma marche au 18 Brumaire. Je suis donc obligé d'être très sévère vis-à-vis de ces hommes-là. Si je me familiarisais avec eux, ils partageraient bientôt ma puissance et le trésor public. Ils ne m'aiment point, mais ils me craignent, et cela me suffit.

Vous devez partir du principe qu'il faut avoir pour me garder quatre quartiers de noblesse, c'est-à-dire quatre blessures reçues sur le champ de bataille.

Mon intention est de rendre si riches les généraux et officiers qui m'ont bien servi que je n'entends pas qu'ils déshonorent par la cupidité le plus noble métier, en s'attirant la déconsidération.

J'ai fait des courtisans, je n'ai jamais prétendu me faire des amis. Pour moi je considère qu'un grand homme ne doit avoir ni cœur ni couilles.

1806

À la première affaire, ou vous recevrez un boulet de canon, ou vous serez général : l'un ou l'autre vous attend.

1808

Un homme que je fais ministre ne doit plus pouvoir pisser au bout de quatre ans. C'est un honneur et une fortune éternelle pour sa famille.

1810

Pour bien faire la police, il faut être sans passion. Méfiez-vous des haines ; écoutez tout et ne vous prononcez jamais sans avoir donné à la raison le temps de revenir.

L'ambition est le principal mobile des hommes ; on dépense son mérite tant qu'on espère s'élever.

1811

Je ne connais d'autres titres que ceux qui sont personnels ; malheur à ceux qui n'ont point de ceux-là ! Les hommes qui m'entourent ont acquis les leurs au champ d'honneur ; ils ont donné les preuves de leur savoir-faire.

Le commerce est un état honorable sous la prudence et l'économie. Le négociant ne doit pas gagner la fortune comme on gagne une bataille ; il doit gagner peu et constamment.

Je suis mon ministre. C'est moi qui mène mes affaires. Je suis donc assez fort pour tirer un bon parti des hommes médiocres. De la probité, de la discrétion et de l'activité, voilà tout ce que je demande.

1812

Je me fais plus méchant que je ne suis parce que j'ai remarqué que les Français sont toujours prêts à vous manger dans la main. C'est le sérieux qui leur manque et, par conséquence, ce qui leur impose le plus.

Les nations, comme l'histoire, ne tiennent guère compte que des succès.

1813
L'art de la police est de ne pas voir ce qu'il est inutile qu'elle voie.

1814
Ces gens-là [les maréchaux] n'ont ni cœur ni entrailles ; je suis moins vaincu par la fortune que par l'égoïsme et l'ingratitude de mes frères d'armes.

1816
Puisque je suis condamné à vivre [à Sainte-Hélène], j'écrirai l'histoire. Je rendrai justice aux braves qui se sont couverts de gloire, aux hommes d'honneur qui ont bien servi la France. J'immortaliserai leurs noms ! C'est pour moi une dette et je l'acquitterai.

L'autorité ne doit voir point les personnes ; elle ne doit voir que les choses, leur poids et leurs conséquences.

1817
Un homme n'est qu'un homme. Ses moyens ne sont rien si les circonstances et l'opinion ne le favorisent pas.

Les hommes ne sont vraiment grands que par ce qu'ils laissent d'institutions après eux.

1818

J'ai tiré la plupart de mes généraux de la boue. Partout où j'ai trouvé le talent et le courage, je l'ai élevé et mis à sa place car mon principe était de tenir la carrière ouverte aux talents.

Les rois n'aiment que les gens qui leur sont utiles et seulement tant qu'ils le sont.

1820

Ils étaient plusieurs [généraux] que j'avais faits trop grands : je les avais élevés au-dessus de leur esprit.

La diplomatie est la police en grand costume.

L'ARMÉE

1796

Malheur au général qui vient sur le champ de bataille avec un système.

La vraie sagesse pour un général est dans une résolution énergique.

Un général en chef ne doit jamais laisser reposer ni les vainqueurs ni les vaincus.

À la guerre il n'y a qu'un moment favorable ; le grand talent est de le bien saisir.

1800

Un homme qui n'a pas de considération pour les besoins du soldat ne devrait jamais les commander.

Dans la guerre, rien ne s'obtient que par le calcul : tout ce qui n'est pas profondément médité dans les détails ne produit aucun résultat.

Les guerres inévitables sont toujours justes.

La santé est indispensable à la guerre et ne peut être remplacée par rien.

Les premières qualités du soldat sont la constance et la discipline, la valeur n'est que la seconde.

1802
Pour être à la tête des armées il faut avoir une grande connaissance des hommes.

Les soldats n'ont qu'un sentiment : l'honneur ! Il faut donc donner de l'aliment à ce sentiment-là, il leur faut des distinctions.

S'il suffisait pour être général d'avoir de la force et de la bravoure, chaque soldat pourrait prétendre au commandement. Le soldat qui fait de grandes choses est celui qui réunit des qualités civiles.

1804
De tous les hommes, le soldat est le plus sensible aux bienfaits.

1805
Dans une armée française, la plus forte punition est la honte.

La force d'une armée, comme la quantité de mouvement en mécanique, s'évalue par la masse multipliée par la vitesse.

Il faut être ferme, avoir le cœur ferme, sinon il ne faut pas se mêler ni de guerre ni de gouvernement.

L'ARMÉE

1806

Mes armées n'ont cessé de vaincre que quand je leur ai ordonné de ne plus combattre.

On désire la paix comme si la paix voulait dire quelque chose ; ce sont les conditions qui font tout.

Il n'y a plus d'ennemis après la victoire, mais seulement des hommes.

L'art de la guerre est un art simple et tout d'exécution. La part des principes y est minime : rien n'y est idéologie.

1807

Un père qui perd ses enfants ne goûte aucun charme de la victoire ; quand le cœur parle, la gloire n'a plus d'illusions.

À la guerre l'audace est le plus beau calcul du génie.

Le soldat français est raisonneur : parce qu'il est intelligent, il juge sévèrement le talent et la bravoure des officiers.

Je gagne mes batailles avec les rêves de mes soldats endormis.

1809

On ne va pas chercher une épaulette sur un champ de bataille quand on peut l'avoir dans une antichambre.

Je m'en vais à Vienne seul avec mes petits conscrits, mon nom et mes grandes bottes.

La force morale plus que le nombre [des soldats] décide de la victoire.

1811
À la guerre, des événements non calculés peuvent arriver tous les quinze jours.

1815
Je n'ai pour moi que le peuple et toute l'armée jusqu'aux capitaines ; le reste me craint, mais je ne puis y compter.

1816
La stratégie est la science de l'emploi du temps et de l'espace. Je suis, pour mon compte, moins avare de l'espace que du temps. Pour l'espace, nous pouvons toujours le regagner. Le temps perdu, jamais.

1820
Le génie militaire est un don du ciel, mais la qualité essentielle d'un général en chef est la fermeté de caractère et la résolution de vaincre à tout prix.

LA FRANCE

1795

La République française ne veut point être reconnue [par les plus grandes puissances européennes] ; elle est en Europe ce qu'est le soleil sur l'horizon ; tant pis pour qui ne veut pas la voir et ne veut pas en profiter.

Cette ville [Paris] est toujours la même ; tout pour le plaisir, tout aux femmes, aux spectacles, aux bals, aux promenades, aux ateliers des artistes.

1797

On ne conserve à Paris le souvenir de rien, et, si je reste sans rien faire, je suis fichu.

La vraie puissance de la République française doit consister désormais à ne pas admettre qu'il existe une seule idée nouvelle qui ne lui appartienne.

1799

On ne fait de grandes choses en France qu'en s'appuyant sur les masses ; d'ailleurs, un gouvernement doit aller chercher son point d'appui là où il est.

1800

La première des vertus est le dévouement à la patrie.

1802

Cette ville [Paris] a toujours fait le malheur de la France... ses habitants sont ingrats et légers.

Ce n'est pas comme général que je gouverne, mais parce que la nation croit que j'ai les qualités civiles propres au gouvernement.

Si j'ai jamais eu la folie de croire à l'attachement des Parisiens, j'en suis bien revenu. Au reste, ils ont toujours été de même et n'ont jamais aimé personne.

1804

Il est bien important que le peuple de Paris ne se croie pas la nation.

Je n'ai pas accepté l'empire sur l'avis de la ville de Paris qui change d'intérêt et d'opinion deux fois du matin au soir.

Je n'ai qu'une passion, qu'une maîtresse : c'est la France ! Je couche avec elle... je jure que je ne fais rien que pour la France.

1805

Je veux faire des quais de Paris des voies romaines avec, de distance en distance, les statues de tous les grands hommes d'Europe.

1806

Si je mourais tranquillement dans mon lit et que j'eusse le temps de faire un testament, je conseillerais au peuple français de ne point me donner un militaire pour successeur.

1807

Même si j'épousais la Madone, je ne parviendrais pas à étonner les Parisiens.

1809

Celles de mes journées que je passe loin de la France sont des journées perdues pour mon bonheur.

Ce n'est pas possible, cela n'est pas français.

1812

Avec les Français les longues expéditions ne sont pas faciles. La France est trop belle ! Ils n'aiment point à s'en éloigner autant, et à rester si longtemps séparés d'elle.

1815

Français, j'arrive parmi vous reprendre mes droits qui sont les vôtres [après le retour de l'île d'Elbe].

1816

Si j'avais pu gouverner la France pendant quarante ans, j'en aurais fait le plus bel empire qui eût jamais existé !

Il est dans le caractère français d'exagérer, de se plaindre et de tout défigurer dès qu'on est mécontent.

La vaillance et l'amour de la gloire sont chez les Français un instinct, une espèce de sixième sens.

Il n'est rien qu'on n'obtienne des Français par l'appât du danger ; il semble leur donner de l'esprit.

1820

En France, on n'admire que l'impossible.

La France, je l'ai le premier saluée du nom de la « grande nation ». Je l'ai montrée telle au monde ; elle va demeurer toujours si son caractère national redevient en harmonie avec tous ses avantages physiques et ses moyens moraux.

Je n'ai point usurpé la couronne ; je l'ai relevée dans le ruisseau. Le peuple l'a mise sur ma tête. Je voulais que le titre de Français fût le plus beau, le plus désirable de la terre.

J'ai voulu pour la France le sceptre du monde, et pour le lui assurer il me fallait un pouvoir sans contradiction.

Notre ridicule défaut national est de n'avoir pas de plus grand ennemi de nos succès et de notre gloire que nous-mêmes.

1821

Avant vingt ans, lorsque je serai mort et enfermé dans ma tombe, vous verrez en France une autre révolution.

Je désire que mes cendres reposent sur les bords de la Seine, au milieu de ce peuple français que j'ai tant aimé.

LES FEMMES

1791
 Je crois l'amour nuisible à la société, au bonheur individuel des hommes. Enfin, je crois que l'amour fait plus de mal que de bien.

 Les femmes sont partout royalistes, ce n'est pas étonnant ; la liberté est une femme plus jolie qu'elles, qui les éclipse.

1792
 Les femmes les plus jolies sont celles qui sont les plus difficiles à avoir.

1798
 Profitez des faveurs de la fortune lorsque ses caprices sont pour vous ; craignez qu'elle ne change pas d'esprit ; elle est femme.

1800

L'amour est une sottise faite à deux !

Il vaut mieux que les femmes travaillent de l'aiguille que de la langue, surtout pour se mêler des affaires politiques.

1802

Une femme n'a jamais de charme lorsqu'elle se fait craindre.

1805

Une belle femme plaît aux yeux, une bonne femme plaît au cœur : l'une est un bijou, l'autre est un trésor.

Une femme honnête a toujours le droit que lui donne sa vertu.

La chasteté est pour les femmes ce que la bravoure est pour les hommes : je méprise un lâche et une femme sans pudeur.

Pour être aimé il faut que les femmes doutent et craignent sur l'étendue et la durée de leur empire.

Pour une femme qui nous inspire quelque chose de bien, il y en a cent qui nous font faire des sottises.

1806

Je pense que dans le cas de banqueroute la femme doit être privée de tous ses droits matrimoniaux parce qu'il est dans nos mœurs qu'une femme partage les malheurs de son mari, et parce qu'alors elle sera intéressée à ne pas l'entraîner dans des folles dépenses.

L'adultère n'est pas un phénomène, c'est une affaire de canapé, il est très commun.

Les hommes sont faits pour le grand jour. Les femmes sont faites pour l'intimité de la famille et pour vivre dans leur intérieur.

1810

L'amour n'existe pas réellement. C'est un sentiment factice, né de la société.

L'amour ne résiste pas à l'absence.

L'amour devrait être un plaisir et non pas un tourment.

L'amour de la femme, je le crois nuisible à la société comme au bonheur individuel des hommes.

Je ne veux nullement à ma cour de l'empire des femmes. Elles ont fait tort à Henri IV et à Louis XIV ; mon métier à moi est bien plus grave que celui de ces princes, et les Français sont devenus trop sérieux pour pardonner à leur souverain des liaisons affichées et des maîtresses en titre.

Ne croyez pas que je n'ai pas le cœur sensible comme les autres hommes, mais dès la première jeunesse je me suis habitué à rendre muette cette corde qui, chez moi, ne rend plus aucun son.

1812

J'ai un cœur, mais c'est un cœur de souverain ; je ne m'apitoie pas sur les larmes d'une duchesse, mais je suis touché des maux des peuples.

À la guerre comme en amour, il faut se voir de près.

1815
Les amours des rois ne sont pas des tendresses de nourrice.

L'amour devrait être l'occupation de l'homme oisif, la distraction du guerrier, l'écueil du souverain.

1816
Une femme qui couche avec son mari exerce toujours une influence sur lui.

Les couvents de femmes attaquent la population dans sa racine. On ne peut pas calculer la perte pour un État des dix mille femmes cloîtrées ; on pourrait tout au plus permettre les vœux à cinquante ans.

1817
On a vu des femmes faire la guerre comme soldats, alors elles sont courageuses, susceptibles de beaucoup d'exaltation, et capables de commettre des atrocités inouïes.

Le divorce est entièrement au désavantage des femmes ; si un homme a eu plusieurs épouses, il n'y paraît pas, tandis qu'une femme qui a eu plusieurs maris est toute fanée.

On a, de tout temps, crié contre les filles publiques et cependant il en faut. Sans cela, les hommes s'attaqueraient dans la rue aux femmes honnêtes.

Est-ce que les princesses doivent aimer ? Ce ne sont que des marchandises politiques.

LA FAMILLE

1799

Les guerriers d'Égypte sont comme ceux du siège de Troie ; leurs femmes ont gardé le même genre de fidélité [pendant la campagne d'Égypte].

1800

Mon héritier naturel, c'est le peuple français. C'est là mon enfant ! Je n'ai travaillé que pour lui.

1801

Il faut que les individus divorcés ne puissent se remarier qu'après un délai de cinq ans, afin que ce ne soit pas la perspective d'un autre mariage qui les porte au divorce.

1802

Le mariage n'est pas toujours, comme on le suppose, la conclusion de l'amour. Une jeune personne consent à se marier pour se conformer à la mode, pour arriver à l'indépendance et à un établissement ; elle accepte un mari d'un âge disproportionné, dont l'imagination, les goûts et les habitudes ne s'accordent pas avec les siens. La loi doit donc lui ménager une ressource pour le moment où, l'illusion cessant, elle reconnaît qu'elle se trouve dans les liens mal assortis, et que sa volonté a été séduite.

La conséquence de l'adultère n'est pas toujours un enfant. Si une femme couche avec son mari et avec un autre homme, on doit présumer que l'enfant appartient au mari.

L'adoption n'est qu'un supplément aux effets du mariage, une fiction qui doit nous rapprocher le plus possible. On ne doit donc pas la permettre au célibataire.

1804

Ma femme [Joséphine] est une bonne femme, qui ne leur fait [à la famille Bonaparte] point de mal. Elle se contente de faire un peu l'impératrice, d'avoir des diamants, des belles robes... les misères de son âge ! Je ne l'ai jamais aimée en aveugle : si je la fais impératrice, c'est par justice ! J'ai un cœur d'homme et je suis surtout un homme juste ; si j'avais été jeté dans une prison au lieu de monter au trône, elle aurait partagé mes malheurs. Il est juste qu'elle participe à ma grandeur.

À voir vos prétentions, on croirait que je vous prive de l'héritage de feu roi notre père [après le couronnement, devant les prétentions de sa famille].

LA FAMILLE

1810

L'avenir d'un enfant dépend de sa mère.

Je me trouve suffisamment honoré de descendre des Bonaparte : ma famille date du 18 Brumaire [la date du coup d'État].

1812

Le génie n'est pas héréditaire.

1816

Rien de déshonorant dans la différence entre une femme et son mari ; chacun a ses propriétés et ses obligations. Vos propriétés, mesdames, sont la beauté, la grâce, la séduction. Vos obligations, la dépendance et la soumission.

Le mariage avec une Autrichienne [Marie-Louise], ce que les meilleures têtes considéraient comme le chef-d'œuvre de ma politique, m'a précipité du trône. J'ai posé le pied sur un abîme recouvert de fleurs.

La circonstance de mon mariage avec Mme de Beauharnais [Joséphine] m'a mis en point de contact avec tout un parti qui était nécessaire à mon système de fusion, un des principes les plus grands de mon administration. Sans ma femme, je n'aurais jamais pu avoir avec ce parti aucun rapport naturel.

Mon origine étrangère, contre laquelle on a essayé de crier en France, m'a été bien précieuse : elle m'a fait regarder comme un patriote par tous les Italiens et m'a grandement facilité mes succès en Italie.

Dans un ménage on ne se perd point de vue quand on passe la nuit ensemble ; autrement on devient bientôt étrangers.

Un fils de Joséphine m'eût été nécessaire et m'eût rendu heureux non seulement comme résultat politique, mais comme douceur domestique.

Rien n'est plus contraire à l'esprit de famille qu'une famille divisée.

Le manque de jugement et les défauts d'éducation peuvent porter une femme à se croire en tout l'égale de son mari.

Je n'ai pas eu le bonheur de Gengis Khan avec ses quatre fils, qui ne connaissaient d'autre rivalité que celle de le bien servir.

Si ma famille eût été plus connue, si nous eussions été plus riches, plus en évidence, même en suivant la route de la révolution, jamais je n'eusse commandé une armée ; ou, si je l'eusse commandée, je n'eusse jamais osé tout ce que j'ai fait.

1820

Je suis très honnête homme ; j'ai la bêtise de croire à la sainteté des liens de famille.

C'est à ma mère que je dois ma fortune et tout ce que j'ai fait de bien.

C'est une de mes fautes que d'avoir cru mes frères nécessaires pour assurer ma dynastie.

Mes frères ont été beaucoup plus rois que moi ! Ils ont eu les jouissances de la royauté, je n'en ai eu que les fatigues.

LA FAMILLE

Quelque chose que fasse une mère, ses enfants n'ont aucun droit à lui adresser des reproches.

L'essentiel, quand on a des fils, est de leur donner une bonne éducation ; se priver de sa fortune pour eux est une vraie folie. Vous avez économisé toute votre vie en leur faveur, et deux beaux yeux de danseuse ou un coup de cornet dissipent votre fortune.

Un père ne doit jamais donner, de son vivant, son bien à ses enfants : c'est se mettre dans leur dépendance, et les enfants sont toujours ingrats ; au lieu qu'en gardant la disposition de son bien, le père est sûr que ses enfants ne lui manqueront pas.

Ma seule faute dans cette alliance [le mariage avec Marie-Louise] a été vraiment d'avoir apporté un cœur trop bourgeois.

Je n'ai pas trouvé de coopération dans ma famille. Si je n'avais pas voulu l'utiliser, j'aurais réussi plus aisément.

LUI-MÊME

1795
Je puis bien pardonner, mais oublier c'est autre chose.

1796
De nos jours personne n'a rien conclu de grand ; c'est à moi de donner l'exemple.

1797
Dans le monde il n'y a qu'une alternative : commander ou obéir. On prétend que, pour bien savoir commander, il a fallu d'abord bien savoir obéir. Quelle erreur ! Je n'ai jamais obéi, moi, j'ai toujours commandé.

1798
Je mesurais mes rêveries au compas de mon raisonnement.

Quand j'avais l'honneur d'être lieutenant en second, je déjeunais avec du pain sec, mais je verrouillais ma porte sur ma pauvreté.

1800

Je suis bien vieux en cœur humain.

Je n'ai qu'un besoin, c'est celui de réussir.

1801

C'est avec horreur que je fais la guerre.

1802

Savez-vous pourquoi je laisse tant discuter au Conseil d'État ? C'est parce que je suis le plus fort du Conseil dans la discussion. Je me laisse attaquer parce que je sais me défendre.

1804

Je n'ai pas succédé à Louis XVI, mais à Charlemagne.

1808

C'est la volonté, le caractère, l'application et l'audace qui m'ont fait ce que je suis.

1809

Je suis le plus esclave des hommes, obligé d'obéir à un maître qui n'a point de cœur : le calcul des événements et la nature des choses.

1810

Je suis l'instrument de la providence ; elle me soutiendra tant que j'accomplirai ses desseins, puis elle me cassera comme un verre.

On m'appelle heureux parce que je suis habile ; ce sont les hommes faibles qui accusent de bonheur les hommes forts.

Je ne puis pas bien écrire parce que je suis dans deux courants : l'un des idées, l'autre de la main. Les idées vont plus vite, alors adieu les caractères.

Il faut toujours se réserver le droit de rire le lendemain de ses idées de la veille. Il m'arrive de me contredire, chose toute naturelle dans une controverse.

1812

On me croit sévère et même dur. Tant mieux, cela me dispense de l'être.

1814

Hommes et moi, ça fait 150 000 hommes.

Le boulet qui doit me tuer n'est pas encore fondu [pendant la campagne de France].

1815

Il y a des circonstances où j'ai besoin de mettre ma confiance en quarantaine.

La fibre populaire répond à la mienne ; je suis sorti des rangs du peuple, ma voix agit sur lui.

1816

J'avais le goût de la fondation, mais je n'ai jamais eu celui de la propriété.

Les événements ont prouvé que j'avais fait une grande faute dans le choix de mes moyens ; car la faute est dans les moyens bien plus que dans les principes.

Quel roman pourtant que ma vie !

Je crois que la nature m'avait calculé pour les grands revers ; ils m'ont trouvé une âme de marbre, la foudre n'a pu mordre dessus, elle a dû glisser.

L'eau, l'air et la propreté sont les principaux articles de ma pharmacopée.

1818

Ma gloire n'est pas d'avoir gagné quarante batailles ; ce que rien n'effacera, ce qui vivra éternellement, c'est mon code civil et les procès-verbaux au Conseil d'État.

1820

J'ai toujours été heureux, jamais mon sort n'a résisté à ma volonté.

Je suis construit pour le travail. J'ai connu les limites de mes jambes, j'ai connu les limites de mes yeux, je n'ai pu connaître les limites de mon travail.

Toujours seul au milieu des hommes, je rentre pour rêver avec moi-même et me livrer à toute la vivacité de ma mélancolie.

Fussè-je mort à Moscou, ma renommée serait celle du plus grand conquérant qu'on ait connu. Mais les sourires de la fortune étaient à leur fin.

LES AUTRES NATIONS

1797

L'empire autrichien est une vieille servante habituée à être violée par tout le monde.

1799

Les grands noms ne se font qu'en Orient [avant l'expédition d'Égypte].

Comment deux nations [la France et l'Angleterre], les plus éclairées de l'Europe, ne sentent-elles pas que la paix est le premier des besoins comme la première des gloires ?

1805

Votre maître [François II, empereur d'Autriche] a voulu me faire ressouvenir que j'étais un soldat ; j'espère qu'il conviendra que le trône et la pourpre impériale ne m'ont pas fait oublier mon premier métier [à l'occasion de la victoire d'Austerlitz].

1806

J'ai rendu à tous les rois le service de leur apprendre à contenir l'esprit du siècle.

Un roi doit se défendre et mourir dans ses États. Un roi émigré et vagabond est un sot personnage.

Les Allemands lèvent plus promptement que nous leurs armées ; ils ont moins d'élan mais plus d'obéissance.

Vous [les Hongrois] avez des mœurs nationales, une langue nationale ; reprenez votre existence comme nation.

1807

Les Romains donnaient leurs lois à leurs alliés ; pourquoi la France ne ferait-elle pas adopter les siennes ?

1811

Il est possible que la Russie se donne la guerre sans la désirer ; c'est le propre des nations de faire des sottises.

1812

Grattez le Russe et vous trouverez le Tartare.

1816

La paix est un mariage qui dépend d'une réunion de volontés.

Les Prussiens n'ont pas fait à Iéna la résistance qu'on attendait de leur réputation. Du reste, les multitudes de 1814 et de 1815 n'étaient que de la canaille auprès des vrais soldats de Marengo, d'Austerlitz et d'Iéna.

La vraie sagesse des nations, c'est l'expérience.

Bien qu'on m'ait salué, en leur nom, de moderne Attila, de Robespierre à cheval, tous [les rois d'Europe] savent mieux dans le fond de leur cœur que, si je l'avais été, je règnerais encore peut-être ; mais eux, bien sûrement et depuis longtemps, ils ne règneraient plus.

L'Angleterre et la France ont tenu dans leurs mains le sort de la terre, celui surtout de la civilisation européenne. Que de mal nous nous sommes fait et que de bien nous pouvions faire.

Les Russes à Austerlitz s'y montrèrent des troupes excellentes qu'on n'a jamais retrouvées depuis. L'armée russe d'Austerlitz [1805] n'aurait pas perdu la bataille de la Moskova [1812].

À Austerlitz, j'ai laissé la liberté à [l'empereur] Alexandre [de Russie], que je pouvais faire mon prisonnier. Après Iéna, j'ai laissé le trône à la maison de Prusse, que j'avais abattue. Après Wagram, j'ai négligé de morceler la monarchie autrichienne.

La malheureuse guerre d'Espagne a divisé mes forces, multiplié mes efforts, attaqué ma moralité en Europe. Mais pourtant on ne pouvait laisser la péninsule aux machinations des Anglais et aux intrigues des Bourbons.

Cette combinaison [la guerre d'Espagne] m'a perdu. Toutes les circonstances de mes désastres viennent se rattacher à ce nœud fatal ; elle a ouvert une école aux soldats anglais. C'est moi qui ai formé l'armée anglaise dans la péninsule.

Il ne suffit pas qu'un peuple dise : « Je veux être libre de la liberté que prêchent les apôtres du libéralisme » ; il faut qu'il en soit digne par son éducation.

La première classe chez les Anglais avait de l'orgueil, chez nous, elle avait le malheur de n'avoir que de la vanité ; là gisait la grande différence caractéristique entre les deux peuples.

Il suffirait d'une demi-douzaine de Fox et de Cornwallis [hommes d'État anglais] pour faire la fortune morale d'une nation... avec de telles gens, je me serais toujours entendu ; nous eussions été bientôt d'accord. Non seulement nous aurions eu la paix avec une nation foncièrement très estimable, mais encore nous aurions fait ensemble de très bonne besogne.

J'ai pu imposer bien des millions au peuple allemand, c'était nécessaire ; mais je me serais bien gardé de l'insulter par du mépris. Je l'estimais.

1817

La Russie devrait pourtant faire cause commune avec notre pays ; le gouvernement russe est bien plus grand et plus libéral que le gouvernement autrichien. Rostopchine, qui a brûlé Moscou, a laissé dans son palais des papiers qui prouvent que la Russie en voulait à l'Angleterre au moins autant que la France.

Je voulais rétablir la Pologne. Depuis Austerlitz, j'avais moyen de désintéresser deux puissances, la Prusse et l'Autriche ; mais j'ai échoué avec la troisième, la Russie.

1820

L'exemple des États-Unis est absurde ; si les États-Unis étaient au centre de l'Europe, ils ne résisteraient pas deux ans à la pression des monarchies.

Si la Suisse existe comme république fédérative au milieu des monarchies de la vieille Europe, c'est que sa possession ou son partage sont une des questions les plus épineuses de la politique des grandes puissances.

En mourant je laisse deux vainqueurs, deux hercules au berceau : la Russie et les États-Unis d'Amérique.

Une de mes grandes pensées avait été l'agglomération, la concentration des mêmes peuples géographiques qu'on dissout et morcelle. J'eusse voulu faire de chacun de ces peuples un seul et même corps de nation ; c'est avec un tel cortège qu'il eût été beau de s'avancer dans la bénédiction des siècles. Je me sentais digne de cette gloire.

Avec un allié sincère, la France serait maîtresse du monde.

LA CULTURE

1796

Dans une tragédie, quand l'action commence les acteurs sont en émoi, au troisième [acte] ils sont en sueur, et tout en nage au cinquième.

1797

Les vraies conquêtes sont celles que l'on fait sur l'ignorance.

1799

Venez à moi, mon gouvernement sera celui de la jeunesse et de l'esprit.

1800

Un talent, dans quelque genre qu'il soit, est une vraie puissance.

1802

Tout ce qui n'est pas fondé sur les bases physiques et mathématiques exactes doit être proscrit par la raison.

Nous sommes trente millions d'hommes réunis par les lumières, la propriété et le commerce.

Les baïonnettes se baissent devant le prêtre qui parle au nom du ciel et devant l'homme qui s'impose par la science.

1804

Le grand art d'écrire, c'est de supprimer ce qui est inutile.

Partout où j'ai trouvé le talent et le courage, je l'ai élevé et mis à sa place. Mon principe était de tenir la carrière ouverte aux talents.

1806

Il n'y a que deux puissances au monde : le sabre et l'esprit. À la longue, le sabre est toujours vaincu par l'esprit.

De toutes les institutions, la plus importante est l'institution publique [l'enseignement]. Tout en dépend, le présent et l'avenir.

Quant aux grades de l'université, il ne faut pas accorder si facilement celui du docteur [médecin] : le postulant doit être examiné sur des matières plus difficiles, par exemple sur la comparaison des langues.

Il est ridicule de commander une églogue à un poète comme on commande une robe de mousseline.

1807

Pour le bien de la littérature, les excès qui blessent les amours-propres valent peut-être mieux qu'une stupide admiration.

Je regarde les savants et les hommes d'esprit comme des coquettes ; il faut les voir, causer avec eux, mais ne prendre ni les unes pour sa femme, ni les autres pour ses ministres.

La poésie est l'enfant de la société. La société seule, en se reformant au moyen de la tranquillité publique et du bonheur intérieur, peut ramener les poètes au bon goût, à cette aménité et à cette fleur de grâce qui embellissent les lettres et les arts.

Rien n'apprend mieux à bien parler la langue [française] que la lecture de la critique du *Cid* et des commentaires de Voltaire sur Corneille.

1808

Si Corneille vivait, je le ferais prince.

1809

Les lettres, la science, le haut enseignement, c'est là un des attributs de l'Empire, et ce qui le distingue du despotisme militaire.

1812

Je m'occuperai de l'instruction, et ce sera mon premier soin à la paix, car c'est la garantie de l'avenir.

Ce pays [la France] ne peut pas plus se passer de raisonnement et d'esprit qu'il ne peut se passer d'air.

La plus grande faute qu'un homme pourrait faire, ce serait de vouloir gouverner, en dehors des lumières du temps, cette nation, la plus intelligente de la terre.

1816

La tragédie échauffe l'âme, élève le cœur, peut et doit créer des héros. Sous ce rapport, peut-être, la France doit à Corneille une partie de ses belles actions.

Si l'on m'en eût laissé le temps, bientôt il n'y aurait plus eu des métiers en France, tous eussent été des arts.

Il n'y a point d'esprit qui soit propre à tout.

1817

Le génie agit par inspiration.

La science, qui nous prouve que la Terre n'est pas le centre des mouvements célestes, a porté un grand coup à la religion.

1820

Les Romains soumirent la Grèce par la force de leurs armes, mais ils furent subjugués insensiblement par l'influence irrésistible de l'esprit, des arts et des sciences des vaincus.

Un gouvernement, en appelant à soi toutes les intelligences, travaille dans son propre intérêt.

Le sot a un grand avantage sur l'homme d'esprit : il est toujours content de lui-même.

LA NOBLESSE
ET LA MONARCHIE

1796

Ma noblesse date de Montenotte [première victoire de Bonaparte en Italie].

1800

L'homme supérieur n'est sur le chemin de personne.

1801

Il ne faut pas croire que je me laisserai faire comme Louis XVI ! Je suis soldat, fils de la Révolution et je ne souffrirai pas qu'on m'insulte comme un roi.

1802

On cite toujours Brutus comme l'ennemi des tyrans ; eh bien, Brutus n'était qu'un aristocrate ; il ne tua César que parce que César voulait diminuer l'autorité du Sénat pour accroître celle du peuple. Voilà comme l'ignorance ou l'esprit de parti cite l'histoire !

1804

L'Assemblée constituante a été bien sotte d'abolir la noblesse, ce qui a humilié tout le monde. Moi, je fais mieux : j'anoblis tous les Français, chacun peut être fier.

Je ne connais d'autres titres que ceux qui sont personnels ; malheur à ceux qui n'ont point de ceux-là ! Les hommes qui m'entourent ont acquis les leurs au champ d'honneur, ils ont donné des preuves de leur intelligence et de leur talent.

1805

Le trône de France était vacant : Louis XVI n'a pas su s'y maintenir. La République s'est emparée du sol de la France ; c'est elle que j'ai déplacée. L'ancien trône était enseveli sous ses décombres ; j'ai dû en fonder un nouveau. Les Bourbons ne sauraient régner sur cette création. Ma force consiste dans ma fortune ; je suis nouveau comme l'Empire, il y a donc entre l'Empire et moi homogénéité parfaite.

1807

La royauté est un rôle : les souverains doivent toujours être en scène.

Ils [les Bourbons] n'ont rien appris, ils n'ont rien oublié.

1808

Il n'existe pas une noblesse sans prérogatives et sans hérédité. La mienne est donnée comme récompense des services civils ou militaires, et elle ne sera héréditaire qu'autant qu'il plaît au souverain de confirmer le fils ou le neveu successeurs.

1810

L'art de la police, afin de ne pas punir souvent, est de punir sévèrement.

1812

La seule différence entre moi et les autres souverains, c'est que les difficultés les arrêtent et que j'aime à les surmonter quand il m'est démontré que le but est grand, noble, digne de moi et de la nation que je gouverne.

1814

Le trône sans la nation n'est rien que quatre morceaux de bois couverts d'un morceau de velours. La nation est dans le trône, le trône est dans la nation, ou sans cela il n'y a pas de monarchie.

Dans la position où je suis, je ne trouve de noblesse que dans la canaille que j'ai négligée et pas dans la noblesse que j'ai faite.

S'ils sont sages, les Bourbons ne changeront que les draps de mon lit ; ils se serviront des hommes que j'ai formés. Ceux qui les entourent ne sont que des passions et des haines habillées.

1816

Il est noble et courageux de surmonter l'infortune.

Pour avoir possédé un trône et distribué des couronnes, je n'ai point oublié ma condition première ; mon canapé et mon lit de campagne, que voilà, me suffisent.

J'ai dessouillé la Révolution, ennobli les peuples et raffermi les rois. J'ai excité toutes les émulations, récompensé tous les mérites et j'ai reculé les limites de la gloire.

La démocratie enlève la souveraineté ; l'aristocratie seule la conserve. La mienne n'avait point encore pris les racines sur l'esprit qui devait lui être propre.

J'aurais montré la différence entre un empereur constitutionnel et un roi de France ; les rois de France n'ont jamais eu rien d'administratif ni de municipal... ils ne se sont jamais montrés que des grands seigneurs qui ruinaient leurs gens d'affaires.

Par ma création de la noblesse, je venais à bout de substituer des choses positives et méritoires à des préjugés antiques et détestés. Mes titres nationaux rétablissaient précisément cette égalité que la noblesse féodale avait proscrite. Tous les genres de mérites y parvenaient.

Je faisais disparaître la prétention choquante de la noblesse du sang ; idée absurde en ce qu'il n'existe réellement qu'une seule espèce d'hommes, puisqu'on n'en a pas vus naître les uns avec des bottes aux jambes, et d'autres avec un bât sur le dos.

J'étais mieux servi par Mme de Montmorency et Mme de Mortemart [ancienne noblesse] que par les bourgeoises. Ces dernières craignaient de passer pour des femmes de chambre. La duchesse de Montebello [veuve du maréchal Lannes, de la nouvelle noblesse] était comme cela, elle n'aurait pas ramassé la jarretière de l'impératrice.

Tout en m'entourant de la vieille noblesse, qui est la vraie aristocratie, je donnais la première place, le commandement des armées, à des plébéiens ; les nobles étaient flattés et les plébéiens voyaient bien que je considérais les premiers pour la politique.

1817

Il est vrai que j'ai élevé quelques hommes de la vieille noblesse par esprit d'égalité, mais on a beau dire, je n'ai jamais eu une grande confiance en eux.

Il n'y a pas de peuples qui ont eu plus de rois assassinés que les Français, qui ne sont certes pas faciles à gouverner.

1818

La noblesse, avant la Révolution, se composait en grande partie d'hommes ignorants, frivoles, arrogants et corrompus.

1820

La vieille noblesse m'a servi ; elle s'est lancée en foule dans mes antichambres, il n'y a pas de places qu'elle n'ait acceptées, demandées, sollicitées. Le cheval faisait des courbettes, il était bien dressé, mais je le sentais frémir.

C'est dans la morale que se trouve la vraie noblesse ; hors d'elle, elle n'est nulle part.

1821

Ce que la France veut surtout, c'est l'égalité. Ce qu'elle ne veut pas, ce sont les prétentions, l'orgueil des nobles. C'est là ce qui a rendu la noblesse antipathique, elle conserve un orgueil féodal ; elle est loin du peuple, même lorsqu'elle est sans fonction.

Créant ma noblesse, c'était la meilleure manière de consolider les intérêts de la Révolution et de satisfaire le peuple, attendu que la plupart de ceux que j'en revêtis étaient sortis de ses rangs. Sans cela mon gouvernement aurait été envahi par l'ancienne noblesse.

LA RELIGION

1799
La supériorité de Mahomet est d'avoir fondé une religion en se passant de l'enfer.

Souvenez-vous que je marche accompagné du dieu de la guerre et du dieu de la fortune.

1800
Il n'y a que la religion qui puisse faire supporter aux hommes des inégalités de rang parce qu'elle console tout.

Nulle société ne peut exister sans morale ; il n'y a pas de bonne morale sans religion ; il n'y a donc que la religion qui donne à l'État un appui ferme et durable.

Les conquérants habiles ne sont jamais brouillés avec les prêtres.

Une société sans religion est comme un vaisseau sans boussole.

1801

La religion chrétienne sera toujours l'appui le plus solide de tout gouvernement assez habile pour pouvoir s'en servir.

Si vous ôtez la foi au peuple, vous n'avez que des voleurs de grand chemin.

1802

La religion ce n'est pas pour moi le mystère de l'incarnation ; c'est le mystère de l'ordre social.

Je suis bien loin d'être athée, mais je ne puis croire tout ce que l'on m'enseigne en dépit de ma raison, sous peine d'être faux et hypocrite.

La religion rattache au ciel une idée d'égalité qui empêche que le riche ne soit massacré par le pauvre.

On croit en Dieu parce que tout le proclame autour de nous et que les plus grands esprits y ont cru.

1804

Le zèle religieux qui anime les prêtres leur fait entreprendre des travaux et braver des périls qui seraient au-dessus des forces d'un agent civil.

Le paradis est un lieu central, où les âmes de tous les hommes se rendent par des routes différentes ; chaque secte a sa route particulière.

Le changement de religion n'est plus regardé comme inquiétant. Le paradis a bien des chemins, et l'honnête homme a toujours su trouver le sien depuis Socrate jusqu'aux quakers. Voilà ma profession de foi.

1813

L'athéisme était un principe destructeur de toute organisation sociale qui ôte à l'homme toutes ses consolations et toutes ses espérances.

1816

Le sentiment religieux est si consolant que c'est un bienfait du ciel que de le posséder.

L'honnête homme ne doute jamais de l'existence de Dieu ; car, si la raison ne suffit pas pour le comprendre, l'existence de l'âme l'adopte.

Si le pape n'avait pas existé, il eût fallu le créer pour cette occasion, comme les consuls romains faisaient un dictateur dans les circonstances difficiles.

Le changement de religion, inexcusable pour des intérêts privés, peut se comprendre peut-être par l'immensité de ses résultats politiques. Henri IV avait dit : « Paris vaut bien une messe. »

1817

Les conquérants doivent être tolérants et protéger toutes les religions.

Ce qui est supérieur en Mahomet, c'est qu'en dix ans il a conquis la moitié du globe, tandis qu'il a fallu trois cents ans au christianisme pour s'établir.

1818

En Chine, le peuple adore son souverain comme un Dieu, c'est ce qui doit être. Il est ridicule que les papes exercent leur puissance sur les sujets d'un souverain.

1819

L'homme ne doit jurer de rien sur tout ce qui concerne ses derniers instants. En ce moment [à Sainte-Hélène], sans doute, je crois bien que je mourrai sans confesseur ; et néanmoins voilà untel qui me confessera peut-être.

Je ne voulais accorder aux prêtres aucune influence et aucun pouvoir sur les affaires civiles, mais les obliger à se tenir à leurs affaires spirituelles.

Mon système était de n'avoir point de religion prédominante mais de tolérer tous les cultes.

1820

Si Jésus n'avait pas été crucifié, il ne serait pas Dieu.

La religion, c'est le repos de l'âme, c'est l'espérance. C'est l'ancre de sauvetage des malheureux.

Quel fluide magique nous environne et nous cache les choses qu'il nous importe le plus de connaître.

Les peuples passent, les trônes s'écroulent, l'Église demeure.

RÉFLEXIONS

1792
Il y a deux leviers pour remuer les hommes : la crainte et l'intérêt.

1793
Tant vaut ne rien faire que de faire les choses à demi.

Quiconque se bat contre sa patrie est un enfant qui tue sa mère.

1795
L'homme esclave est à peine l'ombre de l'homme libre.

La vie est un songe léger qui se dissipe.

1796
Ceux qui ne savent pas se servir des circonstances sont des niais.

Il y a en général une présomption défavorable à ceux qui ont l'argent.

1799

Rien de plus difficile que de se décider.

1803

L'intérêt n'est que la clef des actions vulgaires.

1804

L'ambition est la plus forte de toutes les passions.

La mort n'est rien, mais vivre vaincu et sans gloire, c'est mourir tous les jours...

L'impossible est le refuge des poltrons.

1805

Le meilleur moyen de tenir sa parole est de ne jamais la donner.

L'art d'être tantôt très audacieux et tantôt très prudent est l'art de réussir.

1806

La sévérité prévient plus de fautes qu'elle n'en réprime.

La grande immoralité, c'est de faire un métier qu'on ne sait pas.

On ne mettra jamais l'opinion en prison, et en la comprimant on l'exaspère.

Il faut être lent dans la délibération et vif dans l'exécution.

RÉFLEXIONS

1810

Quand on a été fourbe, il ne faut pas devenir sot.

Le courage est une vertu qui échappe à l'hypocrisie.

1812

Du sublime au ridicule il n'y a qu'un pas.

1813

Ne pas oser, c'est ne rien faire qui vaille.

1814

L'ingratitude est le plus vilain défaut du cœur.

1815

Le mensonge passe, la vérité reste.

1816

Les plus petites circonstances conduisent les plus grands événements.

L'homme n'a pas d'amis ; c'est son bonheur qui en a.

1817

Dans les révolutions, il y a deux sortes de gens : ceux qui les font et ceux qui en profitent.

1820

Tout commencer, c'est pour ne rien finir.

Notre crédulité est dans le vice de notre nature.

Une tête sans mémoire est une place sans garnison.

Il faut glisser sur les parties faibles.

CITATIONS

L'homme de génie est un météore destiné à brûler pour éclairer son siècle.

Napoléon Bonaparte. Discours de Lyon, 1800

J'   1792

ai lu ta proclamation ; elle ne vaut rien. Il y a trop de mots et pas assez d'idées. Tu cours après le pathos. Ce n'est pas ainsi qu'on parle aux peuples. Ils ont plus de sens et de tact que tu ne crois. Ta prose fera plus de mal que de bien.

À Lucien, son frère, en critiquant un de ses écrits.

Lucien, le troisième frère de la famille Bonaparte, après des études faites à Autun, Brienne et Aix, regagna la Corse alors en pleine effervescence, et devint le secrétaire de Paoli, le grand révolutionnaire corse. Lucien fréquenta dès 1791 le club jacobin d'Ajaccio et en devint l'un des orateurs les plus exaltés.

🐝

1794

Ma conscience est le tribunal où j'évoque ma conduite.

Jeune, Napoléon Bonaparte empruntait ses images littéraires à Maximilien Robespierre qu'il admirait à cette époque. Le frère de celui-ci, Augustin, avait remarqué Bonaparte pour son zèle jacobin et pour ses conceptions stratégiques.

J'ai été un peu affecté par la catastrophe de Robespierre, que j'aimais et auquel je croyais. Mais, fût-il mon père, je l'eusse moi-même poignardé s'il aspirait à la tyrannie.

À Tilly, ministre de France à Gênes.

La chute de Maximilien Robespierre en juillet entraîna la disgrâce de Bonaparte qui avait été le protégé d'Augustin, le frère de Maximilien.
Arrêté le 11 août, Bonaparte fit cette déclaration qui entraîna sa libération.

※

1796

Effacez cela, monsieur, écrivez seulement : « Je possède mon épée. »

Au notaire Raguideau.

Le mariage – strictement civil – de Napoléon Bonaparte et de Joséphine de Beauharnais eut lieu le 9 mars (19 ventôse an IV), en présence des témoins Barras et Tallien. La veille, se rendant devant maître Raguideau pour établir leur contrat de mariage à la mairie du IIe arrondissement, le notaire commença à lire le contrat et, quand il arriva à la phrase où était écrit : « Le futur mari déclare ne rien posséder », Napoléon rectifia avec véhémence.

Après le Couronnement (1804), le même Raguideau fut nommé notaire de la famille impériale.

Soldats, vous êtes nus, mal nourris... je veux vous conduire dans les plus fertiles plaines du monde. De riches provinces, de grandes villes seront en votre pouvoir. Vous y trouverez honneur, gloire et richesse.

Proclamation du quartier général de Nice, le 27 mars, à l'ouverture de la première campagne d'Italie.
Bonaparte fut nommé le 2 mars par Barras, sur la recommandation de Carnot, commandant de l'armée d'Italie, composée de 40 000 soldats, avec mission de fixer l'ennemi dans la péninsule, pendant que les forces principales de la République (l'armée d'Allemagne) tentaient de forcer la route vers Vienne par la vallée du Danube. En réalité les opérations de l'armée d'Italie jouèrent un rôle plus décisif dans l'issue de la guerre. Un peu sacri-

fiée au profit des armées d'Allemagne, l'armée d'Italie manquait de tout, et le général Bonaparte ne pouvait songer à habiller et nourrir ses soldats que dans les plaines fertiles d'Italie.

Un mauvais général vaut mieux que deux bons.

Bonaparte pensait aux armées soumises à plusieurs commandants ayant des idées différentes. Dans la première campagne d'Italie, Bonaparte eut devant lui l'armée austro-sarde forte de 70 000 hommes placée sous le double commandement de deux vieux généraux : Colli, un Sarde octogénaire, et Beaulieu, un Autrichien septuagénaire, qui ne se portaient pas une sympathie réciproque. Les Sardes furent écrasés par Bonaparte à Montenotte et Mondovi, et les Autrichiens à Dego, Millesimo et Lodi.

Bonaparte répéta cette phrase pour régler ses rapports avec le Directoire qui projetait de diviser le commandement de l'armée d'Italie entre lui et le général Kellermann. Devant la menace de démission de Bonaparte, le Directoire renonça à ce projet.

Soldats, dénués de tout, vous avez suppléé à tout ; vous avez gagné des batailles sans canons, passé des rivières sans ponts, fait des marches forcées sans souliers, bivouaqué sans eau-de-vie et souvent sans pain. Mais, soldats, vous n'avez rien fait puisqu'il vous reste encore à faire. Les plus grands obstacles sont franchis sans doute, mais vous avez encore des combats à livrer, des villes à prendre, des rivières à passer. En est-il d'entre vous dont le courage s'amollisse ?

Le 26 avril, du quartier général à Cherasco, dans la proclamation aux troupes, quelques jours avant la bataille de Lodi contre les Autrichiens du général Beaulieu.

Non fu grand cosa !

Durant l'entretien avec l'évêque de Lodi, le soir même de la bataille (10 mai). Pourtant, après Lodi, les ambitions militaires et politiques de Bonaparte grandiront sans cesse.

La main qui donne est au-dessus de celle qui reçoit.

> *Dicton italien, cité par Bonaparte pendant la première campagne d'Italie pour souligner la dépendance pécuniaire du Directoire envers l'armée d'Italie qui lui procura des millions et des trésors, butin des pays conquis.*

Tout prêtre qui se mêle des affaires politiques ne mérite point les égards qui sont dus à son caractère.

Au cardinal Mattei.

> *À Bologne, le 23 juin, fut signée la convention d'armistice avec le Saint-Siège. Le pape paiera 21 millions, dont les trois quarts en espèces et un quart en marchandises.*

Que l'on frappe les riches, c'est une nécessité de guerre, mais les pauvres, c'est une infamie.

> *Bonaparte protesta contre la contribution prélevée sur toute la population de la ville de Vérone (170 000 sequins), où des blessés français furent massacrés le jour de Pâques, le 17 avril, pendant la première campagne d'Italie. Les cinquante principaux responsables du massacre furent déportés en Guyane.*

Les braves militaires font la guerre et désirent la paix... avons-nous assez tué de monde et causé assez des maux à la triste humanité !

> *S'adressant à l'archiduc Charles, chef de l'armée autrichienne et frère de l'empereur François II, pour l'inviter à négocier. Un armistice fut signé à Leoben (18 avril) ou, pendant les pourparlers, Bonaparte se révéla aussi bon diplomate que militaire.*

Sans armée, sans force et sans discipline, il n'est ni indépendance politique ni liberté civile.

> *À la Garde nationale de la République Cisalpine qui fut créée le 9 juillet.*

1797

Mon pouvoir tient à ma gloire, et ma gloire aux victoires que j'ai remportées. Ma puissance tomberait si je ne lui donnais pour base encore de la gloire et des victoires nouvelles. La conquête m'a fait ce que je suis, la conquête seule peut me maintenir.

> *Réflexion pendant la première campagne d'Italie.*
> *Quand de nouvelles troupes furent envoyées de Vienne, Bonaparte quitta Milan pour les défaire à Borghetto, Castiglione, Arcole et Rivoli.*

N'ira pas loin celui qui sait d'avance où il veut aller.

> *À mesure que les succès militaires s'accumulaient pendant la première campagne d'Italie, l'horizon s'élargissait devant le général Bonaparte en lui offrant des résultats aussi extraordinaires qu'imprévus au début de cette campagne.*

La haine des traîtres, des tyrans et des esclaves sera dans l'histoire notre plus beau titre à la gloire et à l'immortalité.

> *Au quartier général à Passeriano, le 22 septembre, vers la fin de la première campagne d'Italie.*

Vous oubliez donc que vous négociez ici au milieu de mes grenadiers... je vous briserai !

> *À Passeriano, le 11 octobre, pendant son entretien avec le représentant autrichien Cobenzl qui – après quelques jours – se déclara prêt à signer le traité de paix de Campoformio. Il paraît que pendant cet entretien, parlant de l'Autriche, Bonaparte a dit : « L'Empire [autrichien] est une vieille servante habituée à être violée par tout le monde. »*

En me trouvant séparé de l'armée, je ne serai consolé que par l'espoir de me revoir bientôt avec vous, luttant contre de nouveaux dangers.

> *Le traité de Campoformio avec les Autrichiens (17 octobre) marquait la fin de la première campagne d'Italie et de la première coalition. Ce traité*

stipulait que, pour sa ratification et pour régler les problèmes allemands, on devait réunir un congrès à Rastadt où Bonaparte arriva, comme plénipotentiaire de la République française, le 26 novembre.

Proclamation d'adieu à l'armée en partant pour le congrès de Rastadt.

Tous les hommes de génie et tous ceux qui ont obtenu un rang dans la république des lettres sont frères quel que soit le pays qui les ait vus naître.

Bonaparte rentra à Paris le 5 décembre. Il souhaitait que les savants et les hommes de lettres, qui jusqu'alors avaient vécu à l'écart du pouvoir, se rassembleraient un jour autour de lui.

L'Europe est une taupinière. Il n'y a jamais eu de grands empires et de grandes révolutions qu'en Orient où vivent six cents millions d'hommes.

De retour à Paris, Bonaparte était devenu l'idole des foules françaises. Il fut reçu différemment par les directeurs : chaudement par Barras et La Revellière, amicalement par Rewbell et froidement par les autres.

Le général proposa alors d'organiser une expédition en Égypte.

Si l'une des raisons officielles de cette conquête était de s'attaquer aux intérêts de l'Angleterre en Égypte et puis aux Indes, le Directoire y trouva le moyen d'éloigner le général Bonaparte qui semblait vouloir s'attribuer à Paris un pouvoir de plus en plus grand. Aussi, ravi de s'en débarrasser, l'autorisera-t-il, le 5 mars 1798, à entreprendre cette campagne.

Le suffrage des hommes distingués qui composent l'Institut m'honore. Je sais bien qu'avant d'être leur égal je ne serai longtemps que leur écolier.

Bonaparte fut élu à la première classe de l'Institut, le 25 décembre, par 305 voix, c'est-à-dire l'unanimité moins 7 voix. Assistant le lendemain à sa première séance entre les savants Monge et Berthollet, il montra grande fierté de cette distinction.

✻

1798

Il faudrait que ce fût le général lui-même, comme sur terre, qui pût le premier observer l'ennemi ; mais, sur mer, l'amiral ne peut jamais quitter son armée, parce qu'il n'est jamais sûr de pouvoir la rejoindre, une fois qu'il l'a quittée.

> *Au vice-amiral Brueys, sur l'organisation de la flotte française et les obligations de ses commandants.*
> *Bonaparte se rendit à Toulon, le 4 mai, pour surveiller les préparatifs de l'expédition d'Égypte.*

Soldats ! Vous allez entreprendre une conquête dont les effets sur la civilisation et le commerce du monde sont incalculables.

> *Le corps expéditionnaire d'Égypte quitta Toulon le 19 mai et, après avoir pris Malte, la flotte arriva en vue d'Alexandrie le 1ᵉʳ juillet.*
> *Proclamation du général Bonaparte, à bord du vaisseau l'Orient, à l'avant-veille du débarquement à Alexandrie.*

Songez que du haut de ces monuments quarante siècles vous contemplent.

Cité par Las Cases en 1816.

> *Au pied des pyramides d'Égypte, Bonaparte s'adressa à l'armée avant de livrer bataille le 21 juillet contre les Mameluks. Ceux-ci furent écrasés, et les Français entrèrent au Caire en triomphateurs.*

Nous sommes donc réduits à rester en Égypte. C'est bien ! Il faut savoir relever la tête au-dessus d'une mer en furie : elle finira par se calmer ! Peut-être sommes-nous destinés à changer la face des choses en Orient. Il nous faudra mourir ici ou sortir grands comme les anciens.

> *Réflexion de Bonaparte apprenant, avec sang-froid et même avec une apparente indifférence, la mauvaise nouvelle de la catastrophe navale d'Aboukir.*

> *Le 1ᵉʳ août, la flotte anglaise, commandée par l'amiral Nelson, avait détruit presque toute la flotte de l'amiral Brueys, mouillée en rade d'Aboukir, rendant ainsi l'armée française prisonnière en Égypte. Réduit à ses propres ressources, Bonaparte s'occupa alors activement de l'organisation du pays conquis.*

La gloire est fade ; à vingt-neuf ans, j'ai tout épuisé.

D'Égypte, à son frère Joseph.

> *En Égypte, un doute s'insinuait dans l'esprit de Bonaparte et s'ajoutait à ses préoccupations : celui de l'infidélité de son épouse Joséphine qui était restée à Paris.*

Soldats, votre destinée est belle, parce que vous êtes dignes de ce que vous avez fait et de l'opinion que l'on a de vous. Vous mourrez avec honneur, comme les braves dont les noms sont inscrits sur cette pyramide, ou vous retournerez dans votre patrie couverts de lauriers et de l'admiration de tous les peuples.

Proclamation du quartier général, au Caire, le 22 septembre.

La faiblesse et les bons traitements n'honorent que le vainqueur ; ils déshonorent le vaincu qui doit avoir de la réserve et de la fierté.

Au général Kléber, son adjoint, sur le comportement des Français
et de leurs adversaires.

> *La dissension entre les commandements français provoquait des difficultés qui diminuèrent le prestige de l'armée et encouragèrent les indigènes à l'insoumission et à la résistance. Le 21 octobre, une révolte contre les Français éclata au Caire.*

Par respect pour Moïse et la nation juive dont la cosmogonie nous retrace les âges les plus reculés et parce que le couvent du mont Sinaï est habité par des hommes instruits et policés, au milieu de la barbarie des déserts.

Au Caire, le 19 décembre.

Ordre de Napoléon pour une exemption totale de tous tributs ainsi qu'une liberté complète dans l'exercice de leur culte accordées à ces juifs.

※

1799

L'homme d'État n'a pas le droit d'être sentimental.

Bonaparte quittait Le Caire et prenait la route de la Syrie pour anéantir une armée turque venue l'attaquer. Il fut stoppé à Saint-Jean-d'Acre, ville que la vigueur de sa défense rendait imprenable. Y apprenant qu'une deuxième armée turque s'apprêtait à débarquer en Égypte, il se prépara à retourner en toute hâte au Caire et, à cette occasion, ordonna à Kléber de brûler les moissons et de massacrer les prisonniers qu'on ne pouvait pas transporter.

Il faut endormir le fanatisme afin de pouvoir le déraciner.

À Kléber, sur les méthodes qu'il devait employer envers la population autochtone en Égypte. Par ailleurs Bonaparte recommanda expressément aux soldats la plus parfaite tolérance religieuse.

Le nom d'Aboukir était funeste à tout Français ; la journée du 7 thermidor l'a rendu glorieux. La victoire que l'armée vient de remporter accélère son retour en Europe.

Dans l'ordre du jour du quartier général d'Alexandrie, le 1ᵉʳ août.

Bonaparte attaqua l'armée turque fraîchement débarquée à Aboukir, le 25 juillet, la repoussant à la mer et faisant son chef prisonnier.
Malgré cette victoire, les espoirs de Bonaparte de rapatrier son armée ne seront réalisés que beaucoup plus tard.
Pendant l'échange des prisonniers, après la victoire d'Aboukir, sir Sydney Smith donna à Bonaparte des journaux l'informant de l'anarchie qui régnait en France. Laissant par pli cacheté le commandement à Kléber,

> *Bonaparte s'embarqua secrètement sur la frégate Muiron, le 22 août, et, échappant aux croisières anglaises, arriva en France (Fréjus) le 9 octobre.*

Je ne puis vous rendre ce service ; là où je suis, je commande ou je me tais.

> *Réponse du général Bonaparte, après son retour d'Égypte, à une relation qui le priait, à Paris, d'appuyer une demande auprès du Directoire.*

La France est un trop noble pays, trop intelligent pour se soumettre à la puissance matérielle et pour inaugurer chez elle le culte de la force.

> À Roederer, futur conseiller d'État.

> *Avant le coup d'État du 18 Brumaire, voulant conserver l'apparence de la légalité, le général Bonaparte tenait à montrer qu'il connaissait les limites de la force armée.*
> *Bonaparte espérait que pendant ce coup de force tout se passerait sans l'intervention de ses troupes, mais les événements imposèrent de battre la charge, et la garde du Corps législatif entra dans la salle de séance pour chasser les députés.*
> *Le lendemain du coup d'État, un groupe de membres du Conseil des Cinq-Cents décréta la création d'une commission consulaire exécutive composée de Sieyès, Roger Ducos et Bonaparte.*

Que m'importe que deux peuples soient séparés par des fleuves, qu'ils parlent des idiomes différents ? À des nuances près, la France, l'Espagne, l'Italie, l'Allemagne, l'Angleterre ont les mêmes mœurs, les mêmes habitudes, la même religion.

> À Roederer, en prévoyant l'unification de l'Europe.

Si demain nous échouons, ces mêmes gens viendront applaudir à mon exécution.

CITATIONS

À Roederer.

À la veille du coup d'État de 18 Brumaire an VIII (9 novembre 1799), traversant Paris tandis que la foule était en délire.

Qu'avez-vous fait de cette France que je vous avais laissée si brillante ? Je vous ai laissé la paix, et j'ai retrouvé la guerre ! Je vous ai laissé des victoires, et j'ai retrouvé des revers.

Le matin du 18 Brumaire, Bonaparte, nommé la veille général en chef de la place de Paris, suivi par son état-major, s'était rendu au Conseil des Anciens où il avait tenu un discours confus et grandiloquent.
À la sortie, Bonaparte rencontra Bottot, le secrétaire du directeur Barras, venu pour s'informer sur les intentions du général. Alors, devant la foule, Bonaparte interpella Bottot avec ces mots critiques, formulés comme un réquisitoire contre le Directoire.
Le matin du jour suivant, Bonaparte prenait la route de Saint-Cloud où le coup d'État s'était déroulé dramatiquement mais sans une goutte de sang.

Si je lâche la bride à la presse, je ne resterai pas trois mois au pouvoir.

À Roederer.

Bonaparte avait très tôt compris l'importance du rôle joué par la presse dans la formation de l'opinion. Il apporta un soin jaloux à la surveiller et à l'inspirer. Il pensait déjà à rédiger le célèbre arrêté du 17 janvier 1800 qui supprima une soixantaine de journaux parisiens et n'en laissera vivre que treize. À Paris, avec le temps, quatre journaux seulement survécurent, s'inspirant tous du Moniteur *qui joua le rôle d'un journal officiel.*

La vraie politique n'est autre chose que le calcul des combinaisons et des chances.

Talleyrand, une semaine après l'installation de Bonaparte comme consul, fut nommé ministre des relations extérieures (21 novembre). Napoléon était fasciné par la renommée de cet homme qui, à cette époque, lui était dévoué, et lui faisait part, au Luxembourg, de ses vues politiques.

Citoyens, la révolution est fixée aux principes qui l'ont commencée, elle est finie ! Il faut en commencer l'histoire et voir ce qu'il y a de réel et de possible dans l'application des principes et non ce qu'il y a de spéculatif et d'hypothétique.

> Au Conseil d'État, quelques semaines après le coup d'État de 18 Brumaire.

Allons, allons, citoyens ministres, réveillons-nous ! Il n'est que deux heures du matin, il faut gagner l'argent que nous donne le peuple français.

> Aux membres du Conseil d'État.
>
> *Dès les premiers jours du Consulat, Bonaparte prolongeait les séances du Conseil d'État jusque très tard dans la nuit, parfois jusqu'au petit matin. Il secouait les ministres conseillers avec ces mots.*

Venez à moi, mon gouvernement sera celui de la jeunesse et de l'esprit.

> *Après le coup d'État, Bonaparte s'adressa aux jeunes chefs royalistes vendéens, voulant réconcilier les Français déchirés depuis dix ans pendant la Révolution.*

Et comment avez-vous imaginé, monsieur Sieyès, qu'un homme de quelque talent et d'un peu d'honneur voulût se résigner au rôle d'un cochon à l'engrais de quelques millions ?

> *Apostrophant les membres de la commission chargée de rédiger la nouvelle constitution, parmi lesquels se trouvait l'ex-directeur Sieyès qui proposait à Bonaparte, sous le couvert d'un pouvoir exécutif fort, le titre de grand électeur, résidant à Versailles, avec des fonctions secondaires.*

Quand ma résolution est prise, tout est oublié, hors ce qui peut la faire réussir.

> *Une phrase répétée par Bonaparte et citée plusieurs fois par Roederer (1799), Fain (1808) et Bertrand (1821).*

Rendre la République chère aux citoyens, respectable aux étrangers, formidable aux ennemis, telles sont les obligations que nous avons contractées en acceptant la première magistrature.

> *Le 25 décembre, Bonaparte annonça aux Français les principes et le programme du Consulat.*

🐝

1800

Ce n'est pas tout d'être aux Tuileries, il faut y rester.

> *Le 19 février, le palais des Tuileries redevint le siège du gouvernement. Bonaparte quitta le matin le palais de Luxembourg et, le soir de son installation aux Tuileries, après la présentation des principales autorités civiles et militaires, fit cette réflexion à son secrétaire Bourrienne.*

C'est triste comme la grandeur.

À Roederer.

> *Après son installation aux Tuileries, le premier consul répondit avec philosophie à Roederer qui faisait remarquer que le palais semblait triste.*
> *Deux jours après, Bonaparte recevait tous les ambassadeurs des puissances entretenant des relations avec la France.*
> *Les deux autres consuls, Cambacérès et Lebrun, quitteront les Tuileries, et Bonaparte restera le seul locataire du palais, occupant l'ancien appartement du roi au premier étage.*

Je ne suis qu'un magistrat de la République qui n'agit que sur les imaginations de la nation ; lorsque ce moyen me manquera, je ne serai plus rien ; un autre me succédera.

> *Réflexion faite devant Volney, membre de l'Institut, un de ces savants dont le général Bonaparte aimait à s'entourer après son retour d'Égypte. Pendant le Consulat, les relations entre eux furent parfaitement cordiales, puis la froideur s'installa lorsque Volney désapprouva le consulat à vie.*

Tentez l'impossible, mais passez.

> Réponse courte et précise, le 19 mai, au général Berthier.

Bonaparte partit, le 6 mai, vers la deuxième campagne d'Italie, pendant que le général Moreau franchissait le Rhin et que le général Masséna restait assiégé à Gênes. Outre les difficultés naturelles de la traversée des Alpes (la neige, la glace et les avalanches), le fort de Bard lui fermait le passage obligé de la vallée de la Doire. Abandonnant le fort à sa résistance, Berthier le contourna en empruntant des chemins découverts dans la montagne. L'armée entière passera le Saint-Bernard le 26 mai.

Pourquoi ne m'est-il pas permis de pleurer ?

> Phrase prononcée par Bonaparte à l'annonce de la mort du général Desaix.

La bataille de Marengo (14 juin) contre l'armée autrichienne conduite par le général Melas était presque perdue pour les Français à cinq heures de l'après-midi, quand l'intervention du général Desaix, aidé par la cavalerie de Kellermann, changea complètement l'issue du combat. Jamais une victoire de Napoléon n'avait été aussi près d'être une défaite ! Malheureusement Desaix tomba, à la tête de la 9ᵉ demi-brigade légère, tué par une balle en plein cœur. Les deux généraux étaient unis par une amitié authentique depuis 1797.

C'est sur le champ de bataille de Marengo, au milieu des souffrances et environné de quinze mille cadavres, que je conjure votre majesté d'écouter le cri de l'humanité et de ne pas permettre qu'une génération de deux braves et puissantes nations s'entr'égorge pour des intérêts qui lui sont étrangers.

> *À la sanglante bataille de Marengo, les Français ont perdu 6 000 hommes, dont Desaix et Champeaux, et les Autrichiens 9 400 soldats. Le lendemain de la bataille, Bonaparte s'adressait à l'empereur François II d'Autriche, souhaitant transformer l'armistice entre les deux armées en une paix véritable. Le 15 juin, le général autrichien Skal demandait la suspension des hostilités, et la paix fut signée par le général Berthier, le même jour, à Alexandrie.*

Je suis un soldat sorti du peuple, et je me suis élevé moi-même. Puis-je être comparé à un Louis XVI ? J'écoute tout le monde, mais ma tête est mon seul conseil. Il y a une classe d'hommes qui a fait plus de mal à la France que les plus forcenés révolutionnaires : les phraseurs et les idéologues. Esprits vagues et faux, il vaudrait mieux qu'ils reçoivent quelques leçons de géométrie.

À Mollien, directeur de la Caisse d'amortissement.

Après Marengo, Bonaparte arrivait à Paris, le 2 juillet, accompagné de son aide de camp Duroc et de son secrétaire Bourrienne.

Violer le droit de propriété d'un seul, c'est le violer pour tous.

À Cambacérès, deuxième consul

Bonaparte se montrait résolu à donner la sécurité foncière aux propriétaires.

La présence du général est indispensable : c'est la tête, c'est le tout d'une armée ! Ce n'est pas l'armée romaine qui a soumis la Gaule, mais César ; ce n'est pas l'armée carthaginoise qui faisait trembler l'armée républicaine aux portes de Rome, mais Hannibal ; ce n'est pas l'armée macédonienne qui a été sur l'Indus, mais Alexandre ; ce n'est pas l'armée française qui a porté la guerre sur la Weser et sur l'Inn, mais Turenne ; ce n'est pas l'armée prussienne qui a défendu sept ans la Prusse contre trois des plus grandes puissances de l'Europe, mais Frédéric le Grand.

À Miot de Mélito, secrétaire général du ministère de la guerre.

Bonaparte considérait Hannibal, César, Alexandre le Grand, Turenne et Frédéric II de Prusse comme les plus grands chefs d'armée de l'histoire.

Mon héritier, c'est le peuple français.

À Roederer.

Au début du Consulat, Bonaparte ne paraissait pas beaucoup se soucier de n'avoir pas d'enfants.

Je n'ai point l'esprit de famille ; ce que j'ai craint le plus pendant que j'étais à Marengo, c'était qu'un de mes frères ne me succédât si j'étais tué.

À Roederer.

> *Bonaparte, qui fit plus tard la fortune de sa famille, était trop avisé à cette époque pour croire que la France, au cas où il disparaîtrait, accepterait pour chef l'un de ses frères.*

César avait bien raison de citer sa fortune et de paraître y croire. C'est un moyen d'agir sur l'imagination de tous sans blesser l'amour-propre de personne.

À Miot de Mélito.

> *Napoléon avait un sens impressionnant de la propagande, qui aurait pu servir d'exemple aux grands hommes politiques du vingtième siècle.*

Vos calculs sont bons, mais vos raisonnements vous trompent.

À Mollien, cité par Méneval.

> *Napoléon avait une propension à remarquer chez les autres un penchant à raisonner faux.*

Vous ne devez pas souhaiter votre retour en France ; il vous faudrait marcher sur cent mille cadavres. Sacrifiez votre intérêt au repos et au bonheur de la France ; l'histoire vous en tiendra compte.

> *Géniale réponse diplomatique au comte de Provence (futur roi Louis XVIII) qui se trouvait à Londres et qui proposait au général Bonaparte de rétablir la monarchie en France et de travailler pour les Bourbons. Avant de donner sa réponse, le 7 septembre, Bonaparte avait attendu que la victoire de Marengo le confirmât dans son pouvoir.*

Les Français ne peuvent être gouvernés que par moi. Je suis persuadé que personne d'autre que moi, fût-ce Louis XVIII, fût-ce Louis XIV, ne pourrait gouverner en ce moment.

À Roederer.

Napoléon se montrait bien résolu à accéder au pouvoir suprême car, si les campagnes d'Italie et d'Égypte avaient largement démontré ses aptitudes militaires, sa vive intelligence et sa capacité de travail tendaient à prouver qu'il pouvait s'occuper aussi des affaires civiles de la France.

Pourquoi l'armée française est-elle la plus redoutée au monde ? C'est parce que les officiers ont émigré et qu'ils ont été remplacés par les sous-officiers qui sont devenus généraux. C'est avec des sous-officiers que l'on mène une armée nationale, parce qu'ils sont sortis du peuple.

À Mollien.

À cette époque, Bonaparte promettait à l'armée qu'il ne cesserait d'y appliquer les principes démocratiques légués par la Révolution.

Une grande réputation, c'est un grand bruit ; plus on en fait, plus il s'étend loin ! Les lois, les institutions, les monuments, les nations, tout cela tombe. Mais le bruit reste et retentit dans d'autres générations.

À Roederer.

Remarque du premier consul sur l'importance de la propagande dans la politique d'État, à l'intérieur comme à l'extérieur de la France.

Bonaparte avait conscience, depuis le début du régime, de la force que pouvaient avoir la presse, les écrits et les pamphlets pour conquérir l'opinion publique.

Je veux qu'il y ait des riches, car c'est l'unique moyen d'assurer l'existence des pauvres, mais je ne veux pas leur donner des titres, car la richesse est en premier lieu le fruit du vol et de la rapine. Comment fonder sur la richesse ainsi acquise une notabilité ?

À Mollien.

Le premier consul définissait ainsi sa conception des valeurs de l'échelle sociale dans le nouveau régime.

On ne peut gouverner l'homme que par l'imagination ; sans l'imagination, c'est une brute ! Ce n'est pas pour cinq sous par jour ou pour une chétive distinction que l'on se fait tuer ; c'est en parlant à l'âme que l'on électrise l'homme.

Au Conseil d'État.

Pendant les discussions sur le Code civil, le premier consul montrait sa manière puissante d'analyser la psychologie humaine.

Lorsque des factions divisaient la France, la justice était mal administrée. Il y a dix ans que cet état dure ! Vous le ferez cesser car vous n'examinerez jamais de quelle part sera l'homme qui vous demandera justice, mais les droits de chacun seront pesés avec la plus sévère impartialité. C'est aux armes à assurer la paix avec les puissances étrangères ; la justice est le moyen d'assurer la paix entre citoyens. Les lois pénales devraient être rédigées en style lapidaire et avec la concision du décalogue. La loi doit se borner à poser un principe général ; ce serait en vain qu'on voudrait y prévoir tous les cas.

S'adressant aux présidents des tribunaux du département de la Seine.

La réorganisation de la justice constitua l'une des réalisations les plus stables du système consulaire puis impérial. La réforme de l'organisation judiciaire fut le résultat d'un très important travail législatif. Le nouvel édifice judiciaire toucha tout à la fois la justice civile, la police et la justice répressive, et se montra si solide qu'il résista plus d'un siècle aux évolutions et aux critiques.

Je me sers de tous ceux qui ont la volonté et la capacité de marcher avec moi.

Roederer fut l'un des principaux agents du coup d'État de 18 Brumaire et, au début du Consulat, Napoléon tira profit de la désignation de Roederer au Conseil d'État. Des relations très étroites liaient les deux hommes : Roederer jouait le rôle d'une éminence grise du régime, et son influence sur Napoléon fut notable pendant les premières années, alors que ses convictions s'accordaient très bien avec celles du premier consul.

Celle qui a fait le plus d'enfants...

> *Réponse à Mme de Staël qui demandait au premier consul, pendant une réception chez Talleyrand, quelle était à ses yeux la plus remarquable femme du monde.*
>
> *Madame de Staël, femme célèbre par son esprit et ses écrits, exerça une grande influence dans le cercle « constitutionnel » où brillait Benjamin Constant avec qui elle se lia intimement. La baronne de Staël, lors du coup d'État de Bonaparte, était déjà connue par divers ouvrages politiques et littéraires. Certainement, au début du Consulat, Mme de Staël eût aimé jouer un rôle auprès de Napoléon, mais très vite des différences idéologiques les opposèrent. Rancunière et vindicative, Mme de Staël usera de tous ses moyens pour créer des difficultés à Napoléon. Son salon deviendra le lieu de rendez-vous des adversaires de Bonaparte.*

L'ambition est le principal mobile des hommes : on dépense son mérite tant qu'on espère s'élever.

À Chaptal, conseiller d'État, futur ministre de l'intérieur.

> *Accordant des revenus aux titulaires des grandes fonctions pour stimuler leur ambition.*

Gouverner la France après dix ans d'événements aussi extraordinaires est une tâche difficile.

À Cambacérès.

> *Le 18 octobre, à Paris, le premier consul discutait des conséquences nationales de la Révolution.*

C'est en me faisant catholique que j'ai fini la guerre de Vendée, en me faisant musulman que je me suis établi en Égypte, en me faisant ultramontain que j'ai gagné les esprits en Italie. Et, si je gouvernais le peuple juif, je rétablirais le temple de Salomon.

> *Exprimant, au Conseil d'État, ses opinions sur les meilleures méthodes pour la pacification et l'unification interne en France et dans d'autres pays.*
> *Le règlement de la question religieuse était pour Bonaparte un facteur de pacification du pays. Les enquêtes du gouvernement révélaient combien la*

masse des populations paysannes aspirait au retour d'une vie religieuse normale.

Tu mens... je vois que tu serais bon pour la diplomatie.

À Hédouville.

Hédouville, d'une famille d'ancienne noblesse, rentra en France après sa radiation des listes d'émigration. Il fut reçu par le premier consul qui lui demanda s'il avait émigré. Alors qu'il bredouillait une excuse, Napoléon l'apostropha avec cette phrase.

Hédouville fut envoyé comme ministre plénipotentiaire en Russie entre 1801 et 1804, et devint, après son retour de Saint-Pétersbourg, membre du Sénat.

Je sens en moi de l'infini.

À Desmarets, chef de la police.

Il ne faut point de général dans cette place [de premier consul] : il faut un homme civil. L'armée obéira plutôt au civil qu'au militaire. Un premier consul militaire qui ne saurait pas gouverner laisserait tout aller au gré de ses lieutenants.

À Roederer.

Tandis qu'il était premier consul, Bonaparte fut averti que plusieurs généraux se disputaient ou se partageaient déjà la succession du pouvoir. Parmi eux, Jourdan, Augereau, Bernadotte et Moreau. Malgré cette situation, il faisait bonne contenance, s'efforçant de gouverner avec calme.

Jusqu'à présent le peuple m'a gâté, il va au-devant de mes désirs comme moi au-devant des siens ; et je suis plein de reconnaissance pour lui.

À Roederer.

L'anniversaire de 18 Brumaire approchant, l'opinion manifestait sa gratitude au premier consul, malgré les excitations des meneurs anarchistes, et Bonaparte se réjouissait de la confiance que le peuple lui témoignait.

Je veux la ligne du Rhin.

> À Luchessini, ministre de Prusse à Paris.

Pendant l'audience du corps diplomatique, le 9 novembre.
Le Rhin fut reconnu comme frontière naturelle de la France par le traité de Bâle (1795) puis par celui de Lunéville (1801).

Je songe à l'ordre social que j'ai mission de rétablir, à l'honneur national que j'ai mission de laver d'une souillure abominable.

> À Fouché, ministre de la police.

Après avoir échappé à un attentat dirigé contre lui rue Saint-Nicaise (24 décembre), le premier consul s'emporta contre les anarchistes (130 jacobins, accusés d'y avoir participé, furent déportés sans jugement) ; mais plus tard, découvrant les vrais coupables du complot, il en voulut plus encore aux royalistes.
Bonaparte expliquait que ce terrible incident avait eu des répercussions non seulement sur l'ordre intérieur de la France, mais aussi sur les négociations engagées à cette époque avec les gouvernements d'Europe.

※

1801

N'est-ce pas que je suis le fils de la poule blanche ?

> À sa mère, Letizia Bonaparte.

Après avoir échappé à l'attentat de la rue Saint-Nicaise, Bonaparte utilisait cette expression corse qui signifie « avoir de la chance ».

Mon défaut est de ne pouvoir supporter les injures.

> A Roederer.

De sensibilité corse, Napoléon ne parvenait pas toujours à retenir sa colère quand il se sentait insulté.

Vous vous amusez à refaire le lit des Bourbons. Je vous le prédis, vous n'y coucherez pas dix ans.

> À Louis Lemercier, homme de lettres pro-royaliste et très cultivé.

Bonaparte eut avec Lemercier d'excellentes relations pendant le Consulat, qui se détérioreront sous l'Empire.

Un père riche et aisé doit toujours à ses enfants la gamelle paternelle.

> Remarque faite au Conseil d'État, notée par Thibaudeau.

N'y a-t-il pas assez longtemps que les linons sont en disgrâce ?

> Visitant les fabriques de toile à Saint-Quentin, en février.

Pendant le Consulat, grâce à Bonaparte, les affaires en France reprirent de toute part, spécialement dans l'industrie cotonnière qui atteindra une activité jusque-là inconnue, conséquence du progrès technique et de la conquête de débouchés extérieurs.

C'est déjà la corruption du pouvoir.

Réponse à Roederer, qui faisait remarquer que les dîners très brefs du général Bonaparte avant le coup d'État se prolongeaient de quelques minutes depuis le Consulat.

La tenue, c'est encore l'ordre.

> À Chaptal.

Depuis le Consulat, Napoléon ne tolérait plus le manque de tenue des ministres, généraux, préfets et évêques, qui s'étaient habitués à cet état de choses pendant le Directoire. Il redit cette phrase à plusieurs reprises.

CITATIONS

Après avoir replacé les anciennes limites de la Gaule, le peuple français devait rendre la liberté aux peuples qui lui étaient unis par une commune origine et par le rapport des intérêts et des mœurs.

> *Suite aux victoires de Marengo (Bonaparte) et de Hohenlinden (Moreau), un congrès se réunit à Lunéville (9 février) pour traiter la paix avec l'Autriche. La France obtint la cession de la Belgique, la possession de la rive gauche du Rhin, la création des « républiques sœurs » et l'établissement de la République Cisalpine en Italie.*

Français, une paix glorieuse a terminé la guerre du continent. Vos frontières sont reportées aux limites que leur avait marquées la nature... Ces succès, vous les devez surtout au courage de nos guerriers, à leur patience dans les travaux, à leur passion pour la gloire, à leur amour pour la liberté, pour la patrie.

> *Dans la proclamation aux Français sur le traité signé à Lunéville par Joseph Bonaparte pour la France et par le chancelier d'Autriche Cobenzl. Le traité complétait en fait celui de Campoformio (17 avril 1797) qui avait marqué la fin de la deuxième campagne de Bonaparte en Italie.*

Le génie ne se perfectionne pas, mais l'art de bien combiner les choses est perfectionné chaque jour par l'observation et l'expérience.

> À Chaptal, ministre de l'intérieur.

Que m'importe l'opinion des salons et des caillettes. Je ne l'écoute pas ! Je n'en connais qu'une, c'est celle des gros paysans. Tout le reste n'est rien.

> Au Conseil d'État, noté par Thibaudeau.

> *Napoléon, considérant les vertus et les traditions comme la base de la valeur des paysans français, tenait à s'appuyer sur eux.*

Le grand art du gouvernement, c'est de ne pas laisser vieillir les hommes.

À Chaptal.

Bonaparte fut très fier de la moyenne d'âge très jeune de ses ministres, de ses généraux, et en général de tous ses collaborateurs pendant le Consulat.

Dans mon intérieur, je suis l'homme de cœur : je joue avec les enfants, je cause avec ma femme, je leur fais des lectures, je leur lis des romans.

À Roederer.

Une fois les querelles conjugales des premières années apaisées, Napoléon fut pour Joséphine un mari paisible, recherchant la tranquillité dans son ménage.

Je suis français !

Réponse sèche au roi d'Étrurie (au château de Neuilly) qui s'adressait en italien au premier consul en lui disant : « Ma, in sommo, siete italiano, siete nostro. »
Cité par Leroux-Cesbron.

Leurs enfants seront les nôtres. Nous les adopterons, et cette adoption nous consolera de ne pas en avoir.

À Joséphine.

Bonaparte proposa d'unir Hortense, la fille de Joséphine, à son frère Louis, espérant que ce mariage (qui eut lieu en 1802 et fut un échec) produirait des héritiers mâles qui auraient pu, dans un avenir lointain, lui succéder.

Peignez-moi calme sur un cheval fougueux.

Au peintre David.

Parfois Napoléon ne se bornait pas à passer commande aux artistes et à leur indiquer le thème du tableau ; il entrait même dans les détails. Les tableaux étaient exposés à une place de choix lors des salons d'exposition.

CITATIONS

> *En septembre, David exposa dans son atelier le portrait de Bonaparte passant les Alpes au Grand-Saint-Bernard, donnant de lui l'image d'un surhomme.*

Je traiterai si bien ceux que je placerai dans le Conseil qu'avant peu cette distinction deviendra l'objet de l'ambition de tous les hommes de talent qui désireront y parvenir.

À Roederer.

> *La Constitution du 22 février an VIII (1799) confia le gouvernement à trois consuls nommés pour dix ans et leur adjoignit un corps consultatif, le Conseil d'État.*
> *Bonaparte voulut que le Conseil d'État soit le principal organe de gouvernement et qu'il attirât tous les hommes de mérite. Bonaparte, premier consul, nomma 29 conseillers et fixa leur traitement annuel à 25 000 francs, analogue à celui des sénateurs.*

La société ne peut exister sans l'inégalité des fortunes, et l'inégalité des fortunes sans religion. Quand un homme meurt de faim à côté d'un autre qui regorge, il lui est impossible d'accepter cette différence s'il n'y a pas là une autorité qui lui dise : « Dieu le veut ainsi ! Il faut qu'il y ait des pauvres et des riches dans le monde ; mais ensuite, et pendant l'éternité, le partage se fera autrement. »

À Portalis, secrétaire d'État chargé des affaires concernant les cultes durant les discussions sur le Concordat.

> *La question religieuse empoisonna la vie politique et la vie quotidienne de beaucoup de Français. Bonaparte comprit que sans l'Église il ne rallierait jamais la masse des citoyens, et vit surtout l'utilité sociale de la religion, la considérant comme un moyen de gouvernement. Par ailleurs, le pape Pie VII souffrit profondément de l'état dans lequel se trouvaient les catholiques en France.*

Cela lui est aisé ! Si le pape [Pie VII] venait me dire : « L'ange Gabriel m'est apparu cette nuit et m'a ordonné telle chose », je suis obligé de croire.

À Portalis.

Parmi les réflexions de Bonaparte sur les difficultés rencontrées dans les discussions avec le pape Pie VII sur le Concordat de 1801. Bonaparte ouvrit les négociations le 25 juin 1800, mais le Concordat ne fut signé que le 15 juillet 1801. Cette lenteur s'explique par les points de vue divergents de Bonaparte, qui aborda la question religieuse sur un plan politique, et de la papauté, qui l'envisageait sur un plan spirituel.

La plupart des sentiments sont des traditions ; nous les éprouvons parce qu'ils nous ont précédés.

À Roederer.

Parmi ses réflexions sur la religion durant les discussions du Concordat.

Ni vainqueurs, ni vaincus.

À Thibaudeau, préfet du département des Bouches-du-Rhône.

Formule qui illustrait son désir de maintenir la balance égale entre les deux catégories de clergés : les prêtres assermentés et insermentés.

J'étais ici dimanche dernier, me promenant dans cette solitude, dans ce silence de la nature, quand le son de la cloche de Rueil vint tout à coup frapper mon oreille. Je fus ému ! Tant est forte la puissance des premières habitudes et de l'éducation ! Je me dis alors : « Quelle impression cela ne doit-il pas faire sur les hommes simples et crédules ! » Que vos philosophes, que vos idéologues répondent-ils à cela ? Il faut une religion au peuple.

Discutant avec le conseiller d'État Thibaudeau, dans le parc de Malmaison, pendant les négociations pour le Concordat.

Vous ne croyez pas aux miracles ? Eh bien, moi, je vais faire venir trois miracles ! Vous avez dit que vous ne signeriez pas le Concordat que voici, et vous l'allez signer : premier miracle ! Vous êtes moine et n'avez que 12 à 15 000 francs de revenu, et vous serez archevêque avec plus de 100 000 francs de traitement : deuxième miracle ! Vous aurez enfin un chapeau de cardinal : troisième miracle !

> *Pendant les négociations pour le Concordat, le premier consul s'adressait à un docteur en théologie qui suscitait des embarras, disant que jadis il y avait eu des miracles, mais plus maintenant.*

Je cherche en vain où placer les limites entre les autorités civiles et religieuses. L'existence de ces limites n'est qu'une chimère ; le gouvernement civil condamne à mort un criminel, mais le prêtre lui donne l'absolution et lui promet le paradis.

À Portalis.

> *Parmi les réflexions du premier consul avant la signature du Concordat. Cette phrase prouve que Napoléon n'avait pas une ligne de conduite très nette devant le pouvoir ecclésiastique sur lequel il était mal renseigné par ses hommes de confiance. De plus, Portalis, juriste catholique, était persuadé que le nouveau régime du Consulat avait besoin de l'appui de la religion, et il alla jusqu'à renseigner faussement Napoléon et à interpréter ses instructions dans le sens qui convenait aux prélats.*

Les Anglais m'ont manqué à Paris le 3 nivôse, ils ne m'ont pas manqué à Saint-Pétersbourg.

À Roederer.

> *L'attentat contre le premier consul à Paris, le 24 décembre 1800, et l'assassinat du tsar Paul Ier de Russie (ami de la République française et sympathisant de Bonaparte) le 23 août 1801 à Saint-Pétersbourg, changèrent complètement les relations entre ces deux pays, faisant basculer la Russie dans le camp de l'Angleterre.*
> *Bonaparte attribuait les deux crimes aux intrigues anglaises.*

Eh bien ! Qu'elle vienne le reprendre !

> *Réplique du premier consul, le 23 septembre, à la remarque du diplomate russe Markof qui disait que l'Europe s'opposait à l'occupation du Piémont (depuis décembre 1798) par les soldats français.*

Un individu qui sera marié mineur, dans un temps où il n'avait pas grande prévoyance, s'apercevra par la suite qu'il s'est trompé, qu'il n'a pas trouvé dans l'être qu'il a choisi les qualités qu'il espérait, et il pourra dissoudre son mariage sans flétrir cet être et sans se déshonorer lui-même. Si vous aviez fixé l'âge du mariage à vingt et un ans, ce serait différent.

Cité par Thibaudeau.

S'adressant au Conseil d'État au sujet du divorce par consentement mutuel et de l'âge du mariage fixé à quinze ans pour les filles.

Il faut montrer à ces orgueilleux Bretons que nous ne sommes pas réduits à la besace.

À Lauriston, aide de camp de Bonaparte, chargé de porter à Londres la ratification des préliminaires de paix avec l'Angleterre.
En novembre, à Paris, Napoléon voulut recevoir avec la plus grande pompe lord Cornwallis, plénipotentiaire anglais envoyé pour discuter des possibilités de paix entre l'Angleterre et la France.

꙲

1802

J'adhère à vos vœux ; je conserverai encore, pendant le temps que les circonstances le voudront, la grande pensée de vos affaires.

Subtile réplique donnée à Lyon, le 25 janvier, à la délégation de la Consulte cisalpine qui proposait à Bonaparte la présidence de la République italienne.

L'athéisme est un principe destructeur de toute organisation sociale, qui ôte à l'homme toutes ses consolations et toutes ses espérances.

À Roederer.

Durant les négociations du Concordat, sur le règlement de la question religieuse.

La plupart des Français furent reconnaissants au premier consul de réaliser la paix religieuse depuis si longtemps espérée. Par le Concordat, Bonaparte supprima une des causes majeures du soulèvement du peuple contre la Révolution, ce qui diminua du même coup l'influence des royalistes.

Le Concordat fut adopté par le Tribunat, le 8 avril, par 78 voix contre 7, et la première fête religieuse fut célébrée officiellement à la cathédrale Notre-Dame, à Pâques (18 avril).

La volonté de la nation est que l'on n'empêche point le gouvernement de faire le bien.

À Cambacérès.

La question du Concordat se heurta longtemps à l'opposition des anciens révolutionnaires dans le cadre du Sénat et du Corps législatif, et son application se révéla aussi difficile que sa négociation avec le pape.

J'ai rétabli la religion parce qu'elle existait. Je ne puis refaire une noblesse qui n'existe plus.

À Beugnot, conseiller d'État et préfet.

À l'époque où Bonaparte concevait l'idée d'organiser une sorte de noblesse démocratique, fondée sur des individus qui auraient rendu des services au pays, et non sur la noblesse de l'Ancien Régime.

Depuis quand le Conseil [d'État] se tient-il chez madame Récamier ?

À son frère Lucien Bonaparte.

Dans les salons de la belle Juliette Récamier, l'épouse du banquier, se croisaient beaucoup de ministres et de personnalités importantes du nouveau régime, des membres de la famille Bonaparte ainsi que des sympathisants de l'Ancien Régime. Son célèbre salon, qui se transformait en un foyer d'opposition, fut fermé en 1803 sur l'ordre du gouvernement.

Une constitution doit être faite de manière à ne pas gêner l'action du gouvernement et à ne pas le forcer à la violer.

Au Conseil d'État.

La Constitution de l'an X (août 1802) organisa les pouvoirs publics dans le cadre de la nomination de Bonaparte comme premier consul à vie.

Je ne suis pas un caractère d'opéra.

À Roederer.

Le premier consul se déroba aux manifestations populaires chaque fois qu'il le put.

Pour embellir Paris, il y a plus à démolir qu'à bâtir.

À Fain, chef de la division des archives.

Bonaparte manifestera souvent son désir de faire de Paris la plus belle capitale du monde. Les rois qui s'étaient intéressés à Paris (Philippe-Auguste, Henri IV, Louis XIV) n'avaient pensé qu'à des réalisations partielles, alors que Napoléon envisageait un remodelage général de la capitale.

Le gouvernement garantit à la nation la paix du continent, et il lui est permis d'espérer la paix maritime.

Dans le message du premier consul adressé au Sénat et au Corps législatif exposant la situation de la France et ses espoirs de paix avec l'Angleterre. La paix fut signée, après de longues négociations, à Amiens, le 27 mars 1802. Cette paix prévoyait l'annexion par l'Angleterre de l'île de Ceylan et de la Trinité en même temps que la renonciation britannique à l'Égypte et à l'île de Malte. La France s'engageait aussi à évacuer la Hollande et les ports napolitains. Le traité passa sous silence les transformations opérées en Europe au profit de la France.

CITATIONS 109

Si la nation française ne m'élit pas roi, je n'emploierai jamais l'influence anglaise pour le devenir.

> *L'Angleterre considéra la paix d'Amiens comme onéreuse, car elle fut forcée d'abandonner l'île de Malte.*
>
> *Napoléon disait que la possession de cette île semblait tellement importante à l'Angleterre que son ambassadeur à Paris osa lui proposer de le reconnaître roi de France s'il acceptait de céder Malte à l'Angleterre. Bonaparte refusa avec indignation.*

Une bonne idée ne se lie pas toujours à un bon jugement, mais un jugement suppose toujours de bonnes idées.

À Chaptal, ministre de l'intérieur.

Je vous déclare que, si vous nommez Daunou sénateur, je prendrai cela pour une injure personnelle, et vous savez que je n'en ai jamais souffert aucune.

> *Le Sénat était chargé de remplacer ou de réélire les membres sortants des deux Assemblées. Bonaparte, recevant en audience la plupart des membres du Sénat, leur reprochait d'avoir repoussé les candidats du gouvernement et de vouloir nommer Daunou, considéré comme un jacobin et un adversaire personnel du premier consul. En fixant Sieyès, qu'il jugeait responsable de cette proposition, le premier consul conclut brusquement.*

Ne me faites pas faire des choses ridicules.

À Portalis, à Malmaison.

> *Pendant le conseil extraordinaire (10 avril) on délibéra pour savoir si le consul qui irait à Notre-Dame le dimanche de Pâques, le 18 avril, pour la messe pontificale à l'occasion de la promulgation du Concordat, baiserait la patène (vase sacré).*

Le propre du militaire est de tout vouloir despotiquement ; celui de l'homme civil est de tout soumettre à la discussion, à la vérité, à la raison.

Noté par Thibaudeau.

Discutant, au Conseil d'État, de la supériorité des civils sur les militaires dans les affaires d'État.

Il n'y aura pas d'état politique fixe s'il n'y a pas un corps enseignant avec des principes fixes. Tant qu'on n'apprendra pas dès l'enfance s'il faut être républicain ou monarchique, catholique ou irréligieux, l'État ne formera point une nation.

À Portalis.

Parlant de l'influence et l'insolence de certains prêtres de Paris envers le nouveau régime et de l'importance sociale primordiale du corps enseignant.

Napoléon porta un intérêt particulier à la formation des futurs cadres de la nation.

L'intérêt de ma gloire et celui de mon bonheur sembleraient avoir marqué le terme de ma vie publique, au moment où la paix du monde est proclamée... Vous jugez que je dois au peuple un nouveau sacrifice ; je le ferai si ce vœu du peuple me commande ce que votre suffrage autorise.

Réplique du premier consul à la députation qui fut chargée de lui présenter, le 8 mai, le décret du sénatus-consulte qui prolongeait de dix autres années la durée du consulat conféré à Bonaparte.

Le recours au peuple a le double avantage de légaliser la prorogation et de purifier l'origine de mon pouvoir ; autrement il aurait toujours paru équivoque.

À Thibaudeau.

Le Conseil d'État décida le 10 mai qu'un plébiscite populaire aurait lieu sur la question du consulat à vie. Les suffrages des trois millions et demi de citoyens adoptèrent le sénatus-consulte confiant à Bonaparte le consulat à vie avec le droit de se choisir un successeur.

La France entière sollicitait la fin des déplorables querelles et le rétablissement des autels. J'espère que, dans votre vote, vous serez unanimes comme elle. La France verra avec une vive joie que ses législateurs ont voté la paix des consciences, la paix des familles, cent fois plus importante pour le bonheur des peuples que celle à l'occasion de laquelle vous venez féliciter le gouvernement.

Allocution devant la délégation du Corps législatif, plaidant la cause du projet de Concordat qui devait passer prochainement.

Les baïonnettes se baissent devant le prêtre qui parle au nom du culte et devant l'homme qui impose par sa science. J'ai prédit à des militaires, qui avaient quelques scrupules, que jamais le gouvernement militaire ne prendrait en France, à moins que la nation ne fût abrutie par cinquante ans d'ignorance ; toutes les tentatives échoueront, et leurs auteurs en seront victimes.

À Portalis.

Expliquant qu'en France, comme dans tous les autres pays, la force militaire céderait toujours devant les qualités du gouvernement civil.

Mourez jeune, j'y consens ! Mais non pas si vous viviez sans gloire, sans utilité pour la patrie, sans laisser de trace de votre existence, car c'est n'avoir pas existé.

À Jérôme, le benjamin de la famille Bonaparte.

Napoléon décida que son frère Jérôme ferait carrière dans la marine, et celui-ci participa à des croisières en Méditerranée et en Atlantique.

Un soldat doit savoir vaincre la douleur et la mélancolie des passions. S'abandonner au chagrin sans résister, se tuer pour s'y soustraire, c'est abandonner le champ de bataille avant d'avoir vaincu.

À Saint-Cloud.

Dans l'ordre du jour sur le suicide d'un grenadier pour des raisons d'amour. Cet événement s'était produit deux fois en un mois dans le même corps d'armée.

L'amitié n'est qu'un mot, je n'aime personne. Je n'aime pas mes frères, Joseph peut-être un peu : encore, si je l'aime, c'est par habitude, c'est parce qu'il est mon aîné. Duroc ? Ah oui ! Lui aussi je l'aime, mais pourquoi ? Son caractère me plaît. Il est froid, sec, sévère ; et puis Duroc ne pleure jamais ! Quant à moi cela m'est bien égal ; je sais que je n'ai pas de vrais amis. Tant que je serai ce que je suis, je m'en ferai tant que je voudrai, en apparence.

À Roederer.

Parmi les pensées du premier consul sur l'amitié en général et ses relations avec ses collaborateurs et avec sa famille.

Tout le traité d'Amiens et rien que le traité d'Amiens !

Recommandation nette de Bonaparte aux dérobades de l'Angleterre.

Dans les premiers temps le traité d'Amiens entre la France et l'Angleterre fut accueilli avec enthousiasme dans les deux pays. Par la suite, l'Angleterre, mécontente de l'influence croissante de la France dans les affaires de l'Europe, et voyant dans l'attitude de la Russie et de l'Autriche le meilleur encouragement de ne pas appliquer le traité, commença à formuler des prétentions étrangères aux articles signés à Amiens.

※

1803

Plus je lis Voltaire plus je l'aime. Jusqu'à seize ans je me serais battu pour Rousseau contre tous les amis de Voltaire. Aujourd'hui, c'est le contraire.

Cité par Roederer.

Napoléon parlait de ses goûts littéraires, pendant un dîner à Saint-Cloud avec Joséphine et Roederer.
Voltaire, écrivain et maître du récit vivant, fut l'idole de la bourgeoisie libérale anticléricale. Rousseau, qui considérait que l'homme était né naturellement bon, mais que la société corrompait cette bonté, influença les idées politiques qui amenèrent les grands changements de la Révolution.

Si vous faites la guerre, faites-la avec activité et sévérité ; c'est le seul moyen de la rendre moins longue, par conséquent moins déplorable pour l'humanité.

Parmi les conseils donnés à ses généraux.

Vous n'avez pas d'armée, mais vous avez ce qui peut la produire : une population nombreuse, des campagnes fertiles et l'exemple qu'a donné, dans toutes les circonstances essentielles, le premier peuple d'Europe.

Utilisant la langue italienne devant la Consulte cisalpine, Bonaparte la complimenta, comparant les Italiens avec leurs prédécesseurs, les Romains.

Chaque vent qui souffle d'Angleterre ne m'apporte que haine ou outrage.

Napoléon appréciait peu les critiques et les libelles du journaliste français Peletier, émigré à Londres, contre le premier consul et sa politique.
À Lord Withworth, ambassadeur d'Angleterre à Paris, pendant la période où la France et l'Angleterre, s'accusant réciproquement de ne pas respecter le traité d'Amiens, à savoir que les Anglais avaient conservé l'île

> *de Malte et que les Français n'avaient pas évacué la Hollande. Cette paix ne fut qu'une trêve de quelques mois.*

S'ils [les Anglais] sont les premiers à tirer l'épée, je serai le dernier à la remettre au fourreau.

> *Au cours de la violente algarade du premier consul apostrophant le représentant de l'Angleterre à la réception du corps diplomatique (13 mars) et qui marqua le prélude de la rupture de paix entre la France et l'Angleterre.*
> *Dans le rapport de lord Withworth.*

La France ne peut reculer là-dessus [Malte] sans reculer sur tout le reste. Ce serait contraire à l'honneur. Si l'on cédait sur ce point, ils demanderaient Dunkerque. Nous ne serons pas les vassaux des Anglais. Tant pis pour eux !

> *Le 15 mars, au Conseil d'État, Bonaparte rapporta les paroles qu'il avait adressées à lord Withworth, parce que l'Angleterre n'acceptait pas d'évacuer l'île de Malte comme prévu dans le traité d'Amiens. Le traité fut dénoncé et l'ambassadeur anglais quitta Paris le 12 mai.*

En trois jours, un temps brumeux et des circonstances un peu favorables peuvent me rendre maître de Londres, du parlement et de la banque d'Angleterre.

> À Luchessini, ambassadeur de Prusse en France.

> *Bonaparte envisagea une expédition en Angleterre après la paix de Lunéville. Le premier consul espérait ainsi intimider l'Angleterre et hâter la conclusion des préliminaires de paix (qui fut signée à Amiens). En mai 1803, quand la paix fut rompue par les Anglais, Napoléon décida de reprendre son projet d'invasion, et il rassembla à Boulogne une armée immense qu'il soumit à un entraînement intensif. La flotte de débarquement, composée de 2 365 bâtiments de toutes espèces, montée par 12 000 marins, devait suffire au transport d'une armée de 160 000 hommes, de 10 000 chevaux, de 650 pièces d'artillerie et de 15 jours de vivres de campagne.*

Cependant une traversée de la Manche par surprise, aidée par la brume, devait se révéler impossible.

Le Français habite sous un beau ciel, boit un vin ardent et capiteux, et se nourrit d'aliments qui excitent l'activité de ses sens. L'Anglais, au contraire, vit sur un sol humide, sous un soleil presque froid, boit de la bière et consomme beaucoup de laitages. Le sang des deux peuples n'est pas composé des mêmes éléments ; leur caractère ne saurait être non plus le même. L'un [les Français] est vain, léger, audacieux, amoureux par-dessus tout de l'égalité ; l'autre [les Anglais] a de l'orgueil plutôt que de la vanité, il est naturellement grave et ne s'attaque pas à des distinctions frivoles, mais aux abus sérieux. Comment donner les mêmes institutions à deux peuples si différents ?

Au Conseil d'État, noté par Pelet de la Lozère.

Rien de plus facile que d'arriver à Londres à l'aide de tant de mauvais sujets dont cette ville fourmille.

À l'ambassadeur russe Markof, à Saint-Cloud, le 12 juin.

La lutte contre l'Angleterre fut une préoccupation constante de Napoléon, qui prolongeait ainsi la politique française du XVIIIe siècle. Lorsque l'Angleterre rompit la paix d'Amiens, Napoléon prépara contre elle à Boulogne une expédition importante. Le très capable vice-amiral Latouche-Tréville reçut le commandement de la flotte, mais il mourut malencontreusement, et les autres amiraux français ne purent rendre possible la traversée de la Manche.

La Manche est un fossé qui sera franchi lorsqu'on aura l'audace de le tenter.

À Cambacérès, le 16 novembre, à Boulogne.

Bonaparte crut sérieusement à la possibilité de l'invasion de l'Angleterre. L'expression « le fossé » tendait à minimiser les dangers liés à la traversée de la Manche.

Tout individu né en France est français.

> Article du Code civil proposé par Bonaparte.

Quand la police est avertie que je veille, elle ne s'endort pas.

> À Fouché.

> *La lumière de la chambre de travail du premier consul, toujours allumée, témoignait aux gens de passage que Bonaparte ne dormait pas, ou très peu, pendant la nuit.*

※

1804

Je vous ai toujours dit qu'il me fallait dix ans... je ne fais que commencer ; il n'y a rien d'achevé.

> À Roederer.

> *Après la découverte de la conjuration de Georges Cadoudal, ancien chef des chouans (qui projetait un enlèvement à main armée du premier consul), Bonaparte fut pris d'une sorte d'angoisse à l'idée qu'on pouvait l'assassiner avant qu'il eût terminé son œuvre. Cette pensée acheva de le surexciter. Le complot de Cadoudal fut en grande partie fomenté par les Britanniques. D'ailleurs Cadoudal et ses complices avaient été amenés clandestinement en France par un bâtiment anglais.*

Je n'ai point d'ambition, ou, si j'en ai, elle m'est tellement innée, elle est si bien attachée à mon existence qu'elle est comme le sang qui coule dans mes veines, comme l'air que je respire.

> À Roederer, en lui remettant les documents concernant la trahison du général Pichegru.

> *Le complot de Cadoudal avait pour projet de faire disparaître le premier consul et d'installer en France un gouvernement provisoire comprenant l'ancien général Pichegru passé aux royalistes. Pichegru se suicida en prison de si étrange manière qu'on parla d'assassinat. Cadoudal fut arrêté et exécuté avec onze de ses complices, le 12 juin.*

> *Au temps du Consulat, Bonaparte répéta souvent que son ambition du pouvoir ne comportait ni orgueil ni jalousie.*

Mon sang après tout valait autant que leur.

> *Devant sa famille, parmi les raisons données par Bonaparte pour justifier son attitude dans la triste affaire du duc d'Enghien.*
>
> *Henri Bourbon, duc d'Enghien et cousin de Louis XVI, émigré depuis 1789, séjourna à Ettenheim avec la permission officielle de l'électeur de Bade. Un rapport mal interprété convainquit Bonaparte que le prince devait donner le signal d'une action contre-révolutionnaire. Un conseil du gouvernement, auquel assistèrent, hormis les trois consuls, Fouché, Talleyrand et le grand juge Régnier, décida l'arrestation du duc d'Enghien. En violation du droit international, le duc fut enlevé et ramené en France, jugé rapidement et sommairement pour conspiration contre la vie du premier consul, et fusillé dans les douves du château de Vincennes dans la nuit de 20 au 21 mars.*

Je suis environné de complots. Il faut imprimer la terreur ou périr.

> *À Fouché, venu lui dire qu'on ne pouvait pas condamner le duc d'Enghien sans preuves solides.*
>
> *Bonaparte se disait menacé par les émigrés, ayant appris que le duc avait auprès de lui, à Ettenheim, le général Dumouriez, et qu'il avait l'intention de prendre le commandement des conjurés si le duc de Berry ne réussissait pas dans son plan de débarquement.*
>
> *Napoléon revendiqua toujours la responsabilité de la mort du prince, montrant ainsi son intransigeance envers ses ennemis.*

Vous êtes devenu bien avare du sang des Bourbons.

> *Durant la soirée du jugement du prince d'Enghien, plusieurs intimes de l'empereur tentèrent de sauver la vie du prisonnier. Napoléon répondit malicieusement à l'archichancelier Cambacérès, « régicide » (il avait voté la mort de Louis XVI), qui insistait courageusement pour sauver la vie du prince.*

Il a fallu faire voir aux Bourbons, au cabinet de Londres, à toutes les cours de l'Europe, que ceci n'est pas un jeu d'enfants. Les circonstances dans lesquelles nous nous sommes trouvés n'étaient point de nature à être traitées chevaleresquement. Cette manière dans les affaires d'État serait puérile.

> *Devant Lecouteulx de Canteleu, banquier et vice-président du Sénat, le 26 mars, à Malmaison.*
>
> *Le premier consul justifiait ainsi l'enlèvement et l'exécution du duc d'Enghien.*

Je suis la Révolution.

> *Mise en garde des royalistes, des émigrés et des Britanniques, après les exécutions du duc d'Enghien et de Cadoudal. Le premier consul, en disant ces mots, pensait que son pouvoir reprendrait de nouvelles forces en se montrant solidaire des rigueurs et des grandeurs de la Révolution.*

Je ne puis pas permettre qu'on me menace sans frapper. Ce qui serait indifférent pour un roi de vieille race est très sérieux pour moi.

> À Chaptal, ministre de l'intérieur.
>
> *Réflexion du premier consul concernant les attentats contre sa personne. Les peines capitales servirent de préparation psychologique à l'instauration de l'Empire, en montrant aux ennemis que ce régime était soutenu par le peuple français et qu'il était irréversible.*

Nous sommes faits pour diriger l'opinion publique et non pour la discuter.

> Au Conseil d'État, cité par Marquiset.
>
> *Une des plus grandes réussites de Napoléon fut de savoir travailler l'opinion publique afin de la persuader de l'infaillibilité de son destin.*

CITATIONS

Il n'y a point d'ordre judiciaire en France parce que les juges ne sont pas assez nombreux pour faire corps, et parce que les fainéants sont aussi bien payés que les travailleurs ; il faudrait que le traitement pût varier en raison du travail.

Au Conseil d'État, cité par Pelet de la Lozère, conseiller d'État.

Ce furent les tribunaux de première instance qui concentrèrent l'essentiel des réformes. Il fut établi un tribunal par arrondissement (plus un tribunal à Paris) soit quatre cents tribunaux, à raison d'une moyenne d'un tribunal pour soixante-quinze mille habitants.

La conscription forme des armées de citoyens. Le recrutement volontaire forme des armées de vagabonds et de mauvais sujets. L'honneur conduit les premiers, la discipline seule commande aux seconds.

À Chaptal.

Parmi ses opinions concernant la conscription des soldats et la formation de l'armée.
Les pressantes nécessités de la guerre, même pendant la Révolution, donnèrent l'idée d'organiser un service militaire généralisé et obligatoire en temps de paix pour tous les Français âgés de dix-huit à vingt et un ans. La célèbre loi Jourdan-Delbrel institua la conscription en France, en 1798, et elle représentera la loi du recrutement militaire français jusqu'en 1814. Le service durait en principe cinq ans.

Sans la conscription il ne peut y avoir ni puissance ni indépendance nationales.

Aux préfets.

Napoléon expliquait que le succès et la force de la France tenaient à ce qu'elle disposait d'une armée nationale due à la conscription. La loi fut appliquée avec fermeté pendant le Consulat et l'Empire, provoquant parfois de vives résistances dans le pays. Le service fut vicié par le « tirage au sort » qui désignait ceux qui partaient sous les drapeaux, et par le « remplacement » qui permettait d'échapper à la conscription en achetant un volontaire.

La conscription est la loi la plus affreuse et la plus détestable pour les familles ; mais elle fait la sûreté de l'État.

> Au Conseil d'État (au mois de mai), cité par Pelet de la Lozère.

Il faut savoir donner pour prendre.

> À Chaptal.

Proposant la réduction de l'impôt foncier.

J'accepte le titre que vous croyez utile à la gloire de la nation. Je soumets à la sanction du peuple la loi d'hérédité. J'espère que la France ne se repentira jamais des honneurs dont elle environnera ma famille. Dans tous les cas, mon esprit ne serait plus avec ma postérité le jour où elle cesserait de mériter l'amour et la confiance de la grande nation.

> *Dans la réponse majestueuse donnée à la délégation conduite par Cambacérès et qui annonçait à Saint-Cloud, le 18 mai, la décision du Sénat de nommer Napoléon empereur des Français, à l'unanimité moins trois voix.*
>
> *Napoléon répondit d'un ton ferme et réclama un plébiscite populaire pour approuver la décision des assemblées. La séance dura 15 minutes seulement.*

Et vous, soldats, vous jurez de défendre au péril de votre vie l'honneur du nom français, votre patrie, votre empereur.

> *Le 16 août, au camp de Boulogne où campaient deux cent mille hommes préparant le débarquement en Angleterre, eut lieu la distribution solennelle des premières croix de la Légion d'honneur destinées aux braves de l'armée. Après la formule du serment, Napoléon s'adressa ainsi aux soldats.*

Je suis sûr que, si je parcourais la France avec le pape, tout le monde me laisserait pour voir le pape.

Au Conseil d'État.

Napoléon imagina une grandiose cérémonie pour son couronnement, où l'Église devait jouer un rôle important. Son idée d'inviter le pape à Paris se heurta à une vive opposition au Conseil d'État, où plusieurs membres objectèrent que la venue du pontife en France fortifierait l'influence du clergé. Napoléon finit par imposer son idée que le pape ne pourrait que rehausser l'éclat du couronnement et qu'ainsi les partisans des Bourbons ne pourraient plus contester la légalité spirituelle de son règne.

Le pape vint en France pour sacrer Napoléon et arriva à Fontainebleau le 25 novembre.

Le nom de roi est usé car il apporte avec lui de vieilles conceptions et ferait de moi un héritier ; je ne veux descendre ni dépendre de personne. Le titre d'empereur est plus grand, il est un peu inexplicable et impressionne l'imagination.

Une des raisons pour lesquelles Napoléon préféra le titre d'empereur des Français à celui de roi.

Tous ces titres-là font partie d'un système ; et voilà pourquoi ils sont nécessaires.

À Fontanes.

Fontanes, un de ceux qui poussèrent à la création de l'Empire, proposa à Napoléon d'adopter les marques extérieures de l'ancienne monarchie. Napoléon l'approuva, désirant aussi que, dès le début, la cour ait le plus d'éclat possible.

Je monte au trône où m'ont appelé les vœux unanimes du Sénat, du peuple et de l'armée, le cœur plein du sentiment des grandeurs destinées de ce peuple que, du milieu des camps, j'ai le premier salué du nom de grand.

Le 6 novembre, le sénatus-consulte prit acte – ce fut son premier vote unanime – des résultats du plébiscite national sur l'hérédité de la dignité impériale. Quand le Sénat les fit connaître à Napoléon, l'émotion de l'empereur lui inspira ces très nobles paroles qui frappèrent tous les assistants.

Allora mio padre, come trovate la Francia ?

> *Après un échange de notes, le voyage du pape Pie VII fut décidé. Napoléon, qui aimait les contacts directs et improvisés, se rendit au-devant de lui à Fontainebleau et, entrant dans la berline impériale, commença familièrement avec le pape la conversation en italien.*

Joseph, si notre père nous voyait !

> *Le jour du couronnement, dans la galerie du Louvre, Napoléon, au moment de donner le signal de la marche vers la cathédrale, se tourna vers son frère aîné et, tout bas, lui dit ces mots d'orgueil et de piété filiale.*
>
> *Bonaparte fut sacré et couronné par le pape Pie VII à Notre-Dame, le 2 décembre.*

Voyez Alexandre [le Grand] : après avoir conquis l'Asie et s'être annoncé aux peuples comme fils de Jupiter, à l'exception d'Olympias qui savait à quoi s'en tenir, à l'exception d'Aristote et de quelques pédants d'Athènes, tout l'Orient le crut ! Eh bien, moi, si je me déclarais aujourd'hui fils du Père éternel et que j'annonçasse que je vais lui rendre grâce à ce titre, il n'y a pas de poissarde qui ne me sifflât sur mon passage. Les peuples sont trop éclairés aujourd'hui, il n'y a plus rien de grand à faire.

> *Déclaration de l'empereur à ses intimes quelques heures après le couronnement.*

La grandeur et la générosité est de ne pas supposer que de vains noms, des titres donnés pour la forme d'un système politique, puissent changer quelque chose aux rapports d'amitié, de famille ou de société.

À Chaptal.

> *Napoléon expliquait que ses sentiments envers sa famille et ses amis n'avaient pas changé depuis qu'il avait reçu le titre d'empereur.*

Soldats, voilà vos drapeaux ; ces aigles vous serviront toujours de point de ralliement ; elles seront partout où votre empereur le jugera nécessaire pour la défense de son trône et de son peuple. Vous jurez de sacrifier votre vie pour les défendre et les maintenir constamment par votre courage sur le chemin de la victoire ! Vous le jurez !

> *Dans l'après-midi du 5 décembre, au champ de Mars, à Paris, l'empereur distribua solennellement des aigles aux régiments en garnison dans la capitale.*

Cinq ou six familles se partagent les trônes de l'Europe et elles voient avec douleur qu'un Corse est venu s'asseoir sur l'un d'eux. Je ne puis m'y maintenir que par la force.

À Chaptal.

> *Après le couronnement, discutant de l'attitude des rois et empereurs d'Europe devant les changements politiques créés par le nouvel Empire en France.*

Le coq n'a point de force, il ne peut pas être l'image d'un empire tel que la France ! Il faut choisir entre l'aigle, l'éléphant ou le lion. Prenons l'aigle : c'est l'oiseau qui porte la foudre et qui regarde le soleil en face. Les aigles françaises sauront se faire respecter comme les aigles romaines.

Au Conseil d'État, cité par Marquiset.

> *Le 17 décembre, pendant la discussion sur le choix des sceaux de l'Empire.*
> *Un aigle fit partie désormais des armes impériales.*

On ne gouverne pas avec la métaphysique mais avec les résultats de l'expérience des siècles.

À Girardin, député et membre du Tribunat et du Corps législatif.

Réunion de forces, activité et ferme résolution de périr avec gloire, ce sont les trois grands principes de l'art militaire qui m'ont toujours rendu la fortune favorable dans toutes mes opérations.

Au général Lauriston, son ex-aide de camp de Marengo
et futur ambassadeur en Russie.

En lui confiant les « secrets » de ses succès militaires.

L'expérience prouve que le plus grand défaut en administration générale est de vouloir faire trop ; cela conduit à ne point avoir ce dont on a besoin.

À Fouché, redevenu (le 10 juillet) ministre de la police.

C'est au Consulat et à l'Empire que revient le mérite d'avoir édicté un ensemble de règles créant la fonction publique au sens moderne du terme.

Dans les batailles, dans les plus grands périls, sur les mers, au milieu du désert même, j'ai toujours eu en vue l'opinion de cette grande capitale [Paris].

Au corps municipal.

Jamais jusqu'à Napoléon un souverain français n'avait formé des projets aussi grandioses pour Paris. L'empereur envisageait un remodelage général de la capitale qui était en retard sur son temps.

Napoléon aimait beaucoup Paris et tenait le Parisien pour « le plus intelligent des Français ». Pourtant à plusieurs reprises, de 1804 à 1812, et notamment pendant les procès de Moreau et de Cadoudal, l'empereur qualifia le Parisien d'« ingrat et frondeur » de nature.

Monsieur Jeanbon a voulu faire son petit Simplon.

À Jeanbon Saint-André.

Désigné comme commissaire général dans les départements de la rive gauche du Rhin et préfet du Mont-Tonnerre, Jeanbon fit entreprendre de son propre chef la construction de la célèbre route de Coblence à Mayence, une des plus belles chaussées de l'époque.

La route du Simplon assurait la liaison Paris-Rome en traversant les Alpes.

La mort n'est rien ; mais vivre vaincu et sans gloire c'est mourir tous les jours.

À Lauriston.

En essayant de lui communiquer cette philosophie et d'attiser son désir de gloire devant le feu de l'ennemi.

Si la mort ne me surprend pas au milieu de mes travaux, j'espère laisser à la postérité un souvenir qui serve à jamais d'exemple ou de reproche à mes successeurs.

Dans le discours d'ouverture de la session du Corps législatif, le 27 décembre.

1805

Je ne veux pas la guerre, mais j'aime mieux la faire plus tôt que plus tard.

À Talleyrand.

Au début de l'Empire, Napoléon croyait que la France pouvait rentrer dans le concert des puissances européennes et qu'une paix durable pouvait être fondée en Europe. Mais, avec le temps, il se rendit compte que ces puissances n'étaient pas disposées à faire la paix avec la France, ne pouvant se résigner à l'agrandissement de son territoire.

Dieu me la donne, gare à celui qui la touche.

Napoléon fut couronné roi d'Italie le 26 mai, à la cathédrale de Milan, où le cardinal Caprara, archevêque de Milan, présida le sacre. Il monta sur le trône et, posant la couronne de fer des rois lombards sur son front, répétant le geste de Notre-Dame, prononça ces paroles traditionnelles.

Les soldats ne doivent jamais être témoins des discussions des chefs.

Au maréchal Moncey, à Saint-Cloud.

C'est la volonté, le caractère, l'application et l'audace qui m'ont fait ce que je suis.

À son frère Jérôme Bonaparte.

L'ordre civil ne se maintient que par l'exécution des lois. Sous mon règne, les lois ne seront jamais accessibles à l'impunité.

À Régnier, grand juge.

La réorganisation de la justice fut le résultat d'un très important travail législatif et constitua l'une des réalisations les plus durables du système consulaire et impérial.

Dans toute autre position que celle de vice-roi d'Italie, faites-vous gloire d'être français ; mais vous devez ici [en Italie] le faire oublier, et vous n'aurez réussi qu'en persuadant que vous aimez les Italiens : ils savent qu'on n'aime que ce qu'on estime.

Parmi les instructions que Napoléon donna au jeune prince Eugène de Beauharnais, fils de Joséphine, quand celui-ci, le 7 juin à Milan, fut déclaré vice-roi d'Italie, chargé de présider le conseil des ministres, le Conseil d'État et de diriger l'administration sous le strict contrôle de l'empereur.

Il faut déployer plus de caractère en administration qu'à faire la guerre.

À son beau-fils Eugène, vice-roi d'Italie.

CITATIONS

Un officier de marine doit toujours être à la mer et point à Paris.

Au maréchal Murat.

Critiquant le comportement de certains commandants de la marine française qui se trouvaient trop fréquemment dans la capitale.

Si nous sommes maîtres douze heures de la traversée, l'Angleterre a vécu.

À Decrès, ministre de la marine.

Apprenant que l'amiral Villeneuve avait combattu avec succès l'escadre anglaise de Calder au large du cap Finistère le 22 juillet, opérant la jonction entre les flottes française et espagnole, les espoirs de Napoléon grandirent. Mais, quelques jours plus tard, Villeneuve se réfugia à Cadix et, n'ayant pas le courage de forcer l'entrée de la Manche, ne permit pas à l'empereur de franchir le canal pour débarquer en Angleterre.

Pour moi, je n'ai qu'un besoin, c'est celui de réussir.

À Decrès, ministre de la marine.

Je compte sur vos talents, votre fermeté et votre caractère dans une circonstance si importante. Partez et venez ici ! Nous aurons vengé six siècles d'insultes et de honte.

Attendant à Boulogne, au mois d'août, la flotte franco-espagnole sans laquelle la traversée de la Manche était impossible, Napoléon s'adressa au vice-amiral Ganteaume, commandant de l'escadre de Brest, en employant des images héroïques, chères aux orateurs révolutionnaires et inspirées du théâtre de Corneille.

Quand la France aura deux ou trois amiraux qui veuillent mourir, ils [les Anglais] deviendront bien petits.

À Decrès, ministre de la marine, au camp de Boulogne.

Parce que l'Angleterre, par sa maîtrise de la mer, avait rendu impossible le plan de Napoléon de traverser la Manche, le camp de Boulogne devenait inutile. À la fin du mois d'août, à cause des menaces continentales de la troisième coalition, l'armée française quitta Boulogne, en partance vers le Rhin. Napoléon croyait alors simplement remettre à plus tard l'expédition d'Angleterre. Il ne pourra jamais l'entreprendre.

Il n'y a que quinze jours que nous avons passé le Rhin... Vos neveux mêmes, d'ici à cinq cents ans, viendront se ranger sous ces aigles qui vous rallient, sauront en détail tout ce que votre corps aura fait demain et de quelle manière votre courage les aura à jamais illustrées ! Ce sera l'objet perpétuel de leurs entretiens, et vous serez cités d'âge en âge à l'admiration des générations futures.

Napoléon quitta Paris le 4 septembre, se dirigeant vers le front par Strasbourg. Le verbe employé par l'empereur à ses soldats à la veille de la bataille d'Elchingen (14 octobre), et la vigueur avec laquelle le maréchal Ney conduisit l'opération, lui valant plus tard le titre de duc, décidèrent du sort de la base autrichienne d'Ulm.

Si vous ne capitulez pas sur-le-champ, je prendrai la ville d'assaut, je serai forcé de faire ce que je fis à Jaffa [pendant la campagne d'Égypte], où la garnison fut passée au fil de l'épée. Prince, épargnez à la brave nation autrichienne et à moi la nécessité d'un acte aussi effrayant : la place n'est pas tenable.

Après la bataille d'Elchingen, les Autrichiens furent rejetés sur Ulm, le 15 octobre. Napoléon, voulant épargner le sang que l'assaut général de cette ville menaçait de faire couler, fit appel au prince Liechtenstein qu'il estimait et qui se trouvait à Ulm.

Sous cette menace, le général Mack, commandant en chef, capitula le 17 octobre, avec 19 généraux, 40 000 hommes et 80 pièces de canon. Cette armée défila le 19 octobre et déposa ses armes devant l'empereur.

C'est ma maîtresse [l'Italie], avec laquelle je veux coucher seul.

À Brünn, quelques jours avant la bataille d'Austerlitz, l'empereur évoquait avec les négociateurs autrichiens Stadion et Giulay l'éventualité d'un armistice. Ceux-ci voulaient savoir si Napoléon était prêt à offrir à l'Autriche des compensations en Italie. L'empereur leur répondit sur un ton soldatesque et sans réplique.

CITATIONS

Le soldat français est plus difficile à conduire qu'un autre ; ce n'est point une machine qu'il s'agit de mouvoir, c'est un être raisonnable qu'il faut diriger.

Réflexion sur la psychologie du soldat français, avant la bataille d'Austerlitz.

Eh quoi ! Bruxelles aussi ? Mais, monsieur, nous sommes en Moravie, et vous seriez sur les hauteurs de Montmartre que vous n'obtiendriez pas Bruxelles.

Le prince Dolgorouki, favori du tsar, fut envoyé par les Austro-Russes chez l'empereur avant la bataille d'Austerlitz pour exposer les conditions des alliés en cas de paix, notamment le retour de la France aux limites de 1791. Napoléon, le recevant dans son bivouac le 29 novembre, affecta au départ une attitude angoissée, mais le congédia bientôt avec ces paroles.

Les positions que nous occupons sont formidables ; et, pendant qu'ils marcheront pour tourner ma droite, ils me présenteront le flanc.

Dans une allocution à ses troupes, Napoléon indiqua avec assurance les mouvements que ses ennemis exécuteraient le lendemain, au cours de la bataille d'Austerlitz.

Avant demain au soir, cette armée sera à moi.

Le 1ᵉʳ décembre, Napoléon, du haut de son bivouac, aperçut avec joie que l'armée russe commençait, à deux portées de canon de ses avant-postes, un mouvement de flanc pour tourner sa droite. Voyant que les Russes abandonnaient les hauteurs de Pratzen, mouvement d'après lui décisif pour le succès des Français, il s'écria à plusieurs reprises.

C'est la plus belle soirée de ma vie.

Durant la nuit qui précéda la bataille d'Austerlitz, Napoléon sortit pour observer les positions de l'ennemi. Des soldats français le reconnurent et allumèrent des torches avec la paille des bivouacs pour éclairer sa marche et pour célébrer l'anniversaire du couronnement qui tombait le lendemain (2 décembre). Alors l'empereur s'exclama.

Soldats, il faut finir cette campagne par un coup de tonnerre qui confonde l'orgueil de nos ennemis.

> *Le 2 décembre, à Austerlitz, Napoléon monta à cheval très tôt le matin. Parcourant lentement le front de son armée, il s'écria.*

J'ai livré vingt batailles aussi chaudes que celle-ci ; mais je n'en ai vu aucune où la victoire a été aussi promptement décidée et les destins si peu balancés.

Aux officiers qui l'entouraient à Austerlitz.

> *Les Russes perdirent 45 000 hommes, 20 généraux, 400 voitures d'artillerie et 45 drapeaux.*

Soldats, je suis content de vous.

> *Au soir du 2 décembre, après la grande victoire d'Austerlitz, l'empereur resta sur le terrain jusqu'à minuit avant de rejoindre son quartier général.*

Soldats, lorsque le peuple français plaça sur ma tête la couronne impériale, je me confiais à vous pour la maintenir toujours dans ce haut éclat de gloire qui seul pouvait lui donner du prix à mes yeux.

Dans la proclamation à l'armée après la victoire d'Austerlitz.

> *Au lendemain de la bataille, l'empereur eut probablement une inflammation oculaire (conjonctivite) qu'il fut obligé de soigner plusieurs jours durant avec des lotions chaudes d'eau de rose.*

Je vous reçois dans le seul palais que j'habite depuis deux mois.

> *Deux jours après Austerlitz, Napoléon reçut dans son bivouac à Zarovice, près d'un moulin, l'empereur François II venu pour négocier la paix. À l'accueil de Napoléon, l'empereur d'Autriche répondit : « Vous tirez si bien parti de cette habitation qu'elle doit vous plaire ! » L'entrevue dura une heure et demie. En remontant à cheval, l'empereur dit à ses compagnons : « Messieurs, nous retournons à Paris, la paix est faite. »*

CITATIONS

Honneur et respect au courage malheureux.

> *En se découvrant à la vue d'un convoi de soldats autrichiens blessés à la bataille d'Austerlitz.*

On peut être battu par mon armée et avoir encore des titres à la gloire.

> *À un commandant de la garde russe, fait prisonnier à Austerlitz, et qui, passant devant l'empereur, se plaignait d'avoir perdu toutes ses pièces d'artillerie.*
>
> *Délicat hommage de Napoléon aux armées de ses adversaires, russes et autrichiens, vaincus à Austerlitz.*

Il vous suffira de dire : « J'étais à la bataille d'Austerlitz » pour qu'on vous réponde : « Voilà un brave ! »

> *Derniers mots de la célèbre proclamation d'Austerlitz, bataille qui mettra fin à la troisième coalition contre la France.*

Soldats, vous avez conquis la paix ; vous allez revoir la France ! Donnez mon nom à vos enfants, je vous le permets ; et si parmi eux il s'en trouve un digne de vous, je lui lègue mes biens et je le nomme mon successeur.

> *Déclaration magistrale et récompense collective à l'armée après la bataille d'Austerlitz.*

Voici des félicitations dont la fortune a changé l'adresse.

> *Réflexion sur les félicitations du ministre prussien Haugwitz, venu pour complimenter les Français à l'occasion de leur victoire d'Austerlitz contre l'armée austro-russe. Dès le début de cette campagne, Napoléon prit toutes les précautions politiques nécessaires pour retarder l'entrée en guerre de la Prusse contre la France.*

On n'a qu'un temps pour la guerre. J'y serai bon encore six ans, après quoi moi-même je devrai m'arrêter.

> *Paroles prononcées après la bataille d'Austerlitz, à propos de l'influence de l'âge sur l'activité de ses généraux et sur la sienne propre. Napoléon avait alors 36 ans.*

Jusqu'à la paix, l'armistice ne doit être considéré que comme un moment de repos et un moyen de se préparer à de nouveaux combats.

> *Après Austerlitz, Napoléon ne poursuivit pas avec la vigueur nécessaire l'armée ennemie, et un armistice fut signé le 6 décembre. C'est alors qu'il prononça cette phrase dans le palais de Schönbrunn à Vienne.*
>
> *Le traité de paix avec l'empereur François II d'Autriche fut signé à Presbourg (Bratislava) le 26 décembre et consacra la fin du Saint-Empire romain germanique. Les Autrichiens renonçaient à l'Istrie, à la Dalmatie et à Venise, qui furent incorporées au royaume d'Italie, et abandonnaient le Tyrol et d'autres régions distribuées par Napoléon aux souverains de Bavière, de Bade et de Wurtemberg.*

L'armistice existe, il est vrai, mais on ne doit jamais s'y fier lorsqu'on est dans la capitale de son ennemi.

Au maréchal Berthier.

> *Après la bataille d'Austerlitz, pendant la période du 12 au 27 décembre, Napoléon se trouvait à Schönbrunn, à Vienne*

Votre sainteté aura pour moi dans le temporel les mêmes égards que je lui porte au spirituel.

> *S'adressant au pape Pie VII après l'occupation d'Ancône, port des États pontificaux, par les troupes françaises.*

Est-elle aussi laide qu'on le dit ? Plus laide que sa sœur, la reine d'Étrurie ? Cela me paraît difficile.

Au général Junot.

Napoléon demandait à Junot, nommé représentant de la France à Lisbonne, une description de la reine du Portugal.

On ne paye pas la bravoure avec de l'argent.

Refusant d'accorder une gratification pécuniaire à un officier.

La dynastie de Naples a cessé de régner ; son existence est incompatible avec le repos de l'Europe et l'honneur de ma couronne.

Du camp impérial de Schönbrunn, le 27 décembre.

Le 10 septembre, les souverains napolitains conclurent une alliance avec la Russie, espérant que la troisième coalition abattrait la France. Après la grande victoire d'Austerlitz, Napoléon envoya une armée française de 45 000 hommes qui envahit le royaume de Naples, où son frère Joseph sera nommé roi le 31 mars 1806.

🐝

1806

Je le préférerais cent fois ! La friponnerie a des bornes, la bêtise n'en a point.

Réponse au ministre du trésor Barbé-Marbois, responsable de la mauvaise situation économique en France (ce qui entraîna sa brutale révocation le 27 janvier). Le ministre espérait qu'au moins l'empereur ne le considérait pas comme un voleur.
Pendant la campagne d'Autriche, la France frôla un désastre économique, quand plusieurs banques firent faillite et que la monnaie française subit une chute importante. Après cette campagne, Napoléon rentra à Paris le 26 janvier.

Voilà comme on n'est jamais dans des principes exacts : tantôt on ne veut point du prêtre et tantôt on le veut trop.

À Fouché, ministre de la police.

Au début du Concordat, l'attitude du clergé français avait répondu à ce que Napoléon attendait de lui. Elle changea ultérieurement en raison de la dispute de Napoléon avec le pape. L'empereur fut progressivement entraîné à une politique de tracasserie vis-à-vis du clergé.

Le plus grand moyen d'un gouvernement, c'est la justice ; si l'ordre judiciaire n'est pas dans la main du gouvernement, il faut des actes arbitraires.

Au Conseil d'État, noté par Molé.

Un beau matin, j'en suis persuadé, on verra ressusciter l'empire de l'Occident parce que les peuples fatigués se précipiteront sous le joug de la nation la mieux gouvernée.

Au Conseil d'État, noté par Molé.

À l'occasion des préparatifs du mariage d'Eugène, vice-roi d'Italie, avec la princesse Augusta de Bavière.

Dans le message au Sénat concernant les relations qui doivent exister entre tous les États fédératifs de l'Empire français.

Vous ne savez pas ce que je fais. Restez donc tranquille. Avec une puissance telle que la Prusse, on ne saurait aller trop doucement.

Recommandant à Murat, qui venait de prendre possession du grand-duché de Berg (30 mars), d'être très conciliant avec les Prussiens.

Le duché de Clèves et Berg fut le premier État-tampon créé outre-Rhin pour détourner la Prusse de l'Ouest.

La législation est un bouclier que le gouvernement doit porter partout où la prospérité publique est attaquée.

Parlant de l'application des nouvelles lois introduites en France pendant l'Empire.

La foi est hors d'atteinte de la loi ; c'est la propriété la plus intime de l'homme, et l'on n'a pas le droit d'en faire rendre compte.

À Fain, secrétaire archiviste, au Conseil d'État.

Je vous recommande de ne faire porter à votre cour que des soieries et des batistes et d'en exclure les cotons et les mousselines.

À sa sœur Élisa Bonaparte.

Une des sœurs de l'empereur, la princesse Élisa Bacciochi, recevant la principauté de Lucques, y fonda une petite cour élégante régie par une stricte étiquette. Napoléon voulut inciter la société dépensière française et celle des cours de ses alliés à préférer les produits français aux produits anglais, par exemple en proscrivant la mousseline et en imposant la soie ou au moins le linon.

L'art du placement des troupes est le grand art de la guerre. Placez toujours vos troupes de manière que, quelque chose que fasse l'ennemi, vous vous trouviez en peu de jours réunis.

À son frère Joseph, roi de Naples.

C'est par de la vigueur et de l'énergie qu'on sauve ses troupes, qu'on acquiert leur estime et qu'on en impose aux méchants.

À Joseph, roi de Naples.

En général la meilleure manière de me louer est de faire des choses qui inspirent des sentiments héroïques à la nation, à la jeunesse et à l'armée.

À Champagny, ministre de l'intérieur.

Essayant de tempérer les discours exagérés et les éloges trop flatteurs qu'on lui faisait.

Il n'y a rien de si tyrannique qu'un gouvernement qui prétend être paternel.

Au Conseil d'État, noté par le conseiller Pelet de la Lozère.

Le commerce a abusé de la liberté ; il a besoin maintenant que le gouvernement veille sur lui.

Au Conseil d'État.

Napoléon n'aimait pas la spéculation. Il fut généralement hostile aux hommes d'argent, se méfiant de leur « esprit aventurier ». Il manifesta souvent l'envie de réglementer cette activité. Un comité fut chargé de rédiger un Code de commerce.

Les états de situation des armées sont pour moi les livres de littérature les plus agréables de ma bibliothèque et ce que je lis avec le plus de plaisir dans mes moments de délassement.

À son frère Joseph, roi de Naples.

Je ne vois pas dans la religion le mystère de l'incarnation, mais le mystère de l'ordre social.

Au Conseil d'État.

Pour Napoléon la pacification religieuse commandait la pacification civile. Partout en France, avec le Concordat, l'impression prévalut que la crise révolutionnaire était enfin terminée.

Je rappellerai un abus véritable, un scandale qui se passe au grand jour : je veux parler de ces spectacles donnés sans cesse dans les églises, de ces messes en musique auxquelles on n'assiste qu'en payant à la porte, où l'on entend les plus belles voix d'opéra accompagnées par l'orchestre. Qu'il y ait quelques places meilleures, quelques sièges plus commodes loués aux personnes qui voudront les payer, j'y consens. Mais il faut que le parterre soit gratis et à tout le monde. Quoi de plus infâme, de plus impolitique, de plus antisocial, de plus antichrétien que de rendre l'accès des églises difficile au peuple.

Au Conseil d'État, noté par Molé, auditeur.

On ne doit pas se régler toujours sur ce qui a existé précédemment comme s'il était impossible de faire mieux.

Au Conseil d'État, noté par Molé.

J'avais rendu tous mes ministères si faciles que je les avais mis à la portée de tout le monde, pour peu qu'on possédât du dévouement, du zèle, de l'activité, du travail. Il fallait en excepter tout au plus celui des relations extérieures, parce qu'il s'agissait souvent, dans celui-là, d'organiser et de séduire.

Au Conseil d'État, noté par Molé.

Le mariage est l'état de perfection dans les idées laïques, comme le célibat dans les idées religieuses.

Au Conseil d'État, noté par Molé.

Tout l'art de la guerre consiste dans une défensive bien raisonnée, extrêmement circonspecte, et dans une offensive audacieuse et rapide.

À Joseph, roi de Naples.

Prévenir pour n'avoir pas à punir.

> *Conseil donné plusieurs fois à Fouché, ministre de la police.*

La Prusse a jeté le masque !

> *Le 12 septembre, sans déclaration de guerre, les colonnes prussiennes entrèrent en Saxe, pays allié de la France. Jusqu'au dernier moment Napoléon ne crut pas que la Prusse se préparait à une guerre contre la France, car un tel événement apparaissait à ses yeux comme une véritable monstruosité. Pour cette raison, les préparatifs militaires français furent retardés de plus d'un mois. Le 20 septembre seulement, Napoléon donna ses instructions à l'armée et adressa un appel à ses alliés allemands.*
>
> *Le 1ᵉʳ octobre, la Prusse envoya un ultimatum qui exigeait que les troupes françaises quittent l'Allemagne.*

On nous donne un rendez-vous d'honneur pour le 8. Jamais un Français n'y a manqué ! Mais comme on nous dit qu'il y a une belle reine qui veut être témoin du combat, soyons courtois et marchons, sans nous coucher, sur la Saxe.

Au maréchal Berthier.

> *Napoléon, recevant de Knobelsdorf l'ultimatum prussien qui expirait le 8 octobre, entendait se diriger vers Berlin, en passant par la Saxe.*
>
> *Après la campagne de 1805 contre l'Autriche (terminée par la bataille d'Austerlitz), la Prusse, inquiète de la politique allemande de Napoléon et craignant l'encerclement, chercha à entraîner l'Angleterre et la Russie dans une guerre contre la France. La reine Louise-Augusta de Prusse poussa son mari, le faible roi Frédéric-Guillaume III, à accélérer les préparatifs des hostilités. Napoléon la considéra comme l'une des responsables de cette guerre.*

Soldats, il n'est aucun d'entre vous qui veuille retourner en France par un autre chemin que celui de l'honneur ; nous ne devons y rentrer que sous des arcs de triomphe.

CITATIONS

Pendant la campagne contre la Prusse, et avant de quitter Würzburg où il avait eu une entrevue avec le roi de Wurtemberg, l'empereur galvanisa ses troupes, anticipant la victoire.

La campagne, une véritable guerre-éclair, fut la plus réussie des campagnes napoléoniennes.

Pourquoi faire égorger nos sujets ? Je ne prise point une victoire qui sera achetée par le sang d'un bon nombre de mes enfants. S'il pouvait être épargné par quelque arrangement compatible avec l'honneur de ma couronne, il n'y a rien que je ne fasse pour épargner un sang si précieux. Il n'y a que l'honneur qui, à mes yeux, soit encore plus précieux que le sang de mes soldats.

Deux jours avant la bataille d'Iéna (14 octobre), Napoléon s'adressa au roi de Prusse pour le convaincre de conclure une paix honorable et d'épargner à son pays les malheurs de la guerre. Le roi Frédéric-Guillaume ne répondit qu'après les batailles perdues à Iéna et à Auerstedt, en demandant un armistice.

– Jeune homme, connaissez-vous la musique ?
– Non, sire, répond le soldat.
– Demain, vous l'entendrez à grand orchestre.

À un jeune soldat venu se réchauffer au feu du bivouac impérial à la veille de la bataille d'Iéna.

Qu'est-ce ? Ce ne peut être qu'un jeune homme qui n'a pas de barbe qui puisse préjuger ce que je dois faire ; qu'il attende d'avoir commandé dans trente batailles rangées avant de prétendre me donner des avis.

Phrase consignée dans le 5e bulletin de l'armée, du 15 octobre, d'Iéna.

Pendant la bataille d'Iéna, où l'empereur ne fit pas donner la Garde pendant l'action, plusieurs voix parmi les soldats se firent entendre : « En avant ! »

La bataille d'Iéna a lavé l'affront de Rossbach et décidé, en sept jours, d'une campagne qui calme entièrement cette frénésie guerrière qui s'était emparée des têtes prussiennes.

Dans le 5ᵉ bulletin de la Grande Armée, d'Iéna.

Les victoires d'Iéna et d'Auerstedt firent 40 000 prisonniers et emportèrent 60 drapeaux et 300 pièces de canon. Presque tous les généraux prussiens furent tués ou blessés.

L'art de la guerre consiste à se trouver en nombre supérieur sur le point où l'on veut combattre.

À Arnault, conseiller titulaire de l'Université.

Parlant de tactique et de stratégie, après la bataille d'Iéna où il avait taillé en pièces les armées prussiennes de Hohenlohe et de Reichel. Le même jour Davout fut vainqueur à Auerstedt. Un armistice fut signé le 16 novembre, à Charlottenburg, mais le roi de Prusse, qui espérait prendre sa revanche avec l'arrivée des Russes, refusa de signer la paix.

Soldats, je ne puis mieux exprimer les sentiments que j'ai pour vous qu'en vous disant que je vous porte dans mon cœur l'amour que vous me montrez tous les jours.

L'empereur fit cette proclamation à Poznan où il passa trois jours, visitant le palais de Sans-Souci et le tombeau de Frédéric II le Grand, avant d'aller à Berlin où il resta de 28 octobre au 25 novembre.

Eh bien, vous tenez cette lettre, jetez-la au feu ; cette pièce anéantie, je ne pourrai plus faire condamner votre mari.

Pendant le séjour de l'empereur à Berlin, le prince Halzfeld, maintenu dans le commandement de la ville, adressa au général prussien Hohenlohe une lettre dans laquelle il renseignait l'ennemi sur les mouvements français. Il fut arrêté et traduit devant une commission militaire qui l'aurait inévitablement condamné à mort.

Sa femme, fille du ministre Schulenburg, enceinte de plus de huit mois, vint se jeter aux pieds de Napoléon, implorant son pardon. L'empereur, tou-

ché par la douleur qui la déchirait, lui dit avec bonté les mots qui sauvèrent la vie de son mari.

Je veux conquérir la mer par la puissance de la terre.

> *Déclaration faite à Berlin, le 21 novembre, à l'occasion de la signature du décret établissant le blocus des îles Britanniques (Blocus continental). Napoléon, se rendant compte avec le temps que l'Angleterre était inaccessible militairement, voulut par ce blocus entraîner les États d'Europe dans une guerre économique contre les produits de l'industrie et du commerce britanniques. La politique du blocus imaginée par Napoléon contre l'économie anglaise fut efficace de 1806 à 1809, mais la maîtrise des mers évita à l'Angleterre cette « asphyxie » économique.*

Je ne proclamerai l'indépendance de la Pologne que lorsque je reconnaîtrai qu'ils la veulent véritablement soutenir, et je verrai qu'ils la veulent et peuvent soutenir quand je verrai trente à quarante mille hommes sous les armes, organisés, et la noblesse à cheval, prête à payer de sa personne.

À Murat.

> *Le 27 novembre, Napoléon fit venir à son quartier deux personnalités polonaises, en leur demandant d'appeler aux armes leurs compatriotes. Le général Dombrowski forma rapidement une force armée de 30 000 hommes qui entrèrent en campagne contre les Prussiens en février 1807 et rendirent par la suite d'importants services aux armées françaises.*
>
> *Napoléon, qui souhaitait récompenser la Pologne, pensa cependant qu'en raison des circonstances politiques une alliance entre la Russie et la France serait plus utile à la paix du monde que la liberté du peuple polonais.*

Accommodez-vous du pays et trouvez tout bien, car rien n'est plus impertinent que de parler toujours de Paris et des grandeurs qu'on sait qu'on ne peut pas avoir ; c'est le défaut des Français, n'y tombez pas.

À Stéphanie de Beauharnais.

> *Stéphanie de Beauharnais, la nièce de l'impératrice Joséphine, devenait princesse en épousant le prince héritier Charles du grand-duché de Bade.*

Pour Napoléon ce mariage devait garantir à la France la fidélité de l'État de Bade dans le rôle d'avant-poste militaire qu'il lui réservait.

Les architectes ont ruiné Louis XIV parce que le grand roi ne savait pas compter.

> *L'empereur donna plus de cent millions de francs aux architectes Percier et Fontaine pour transformer Paris qui devait devenir, d'après lui, la « capitale de l'Europe ». Le Louvre et Versailles sortirent de leurs ruines. Au cours des nombreuses discussions qu'il eut avec ces architectes, Napoléon affirma son goût pour la simplicité, la grandeur, le style antique et la modernité technologique. Les guerres, mais aussi l'esprit d'économie de l'empereur, ne permirent pas à certaines réalisations d'être à la hauteur des projets.*

On n'apprécie la santé que lorsqu'elle vous quitte.

> À la princesse Augusta de Bavière qui avait épousé Eugène de Beauharnais (le fils de Joséphine).

Il faut être lent dans la délibération et vif dans l'exécution.

> Au prince Eugène, vice-roi d'Italie.

J'ai l'habitude de penser trois ou quatre mois d'avance à ce que je dois faire, et je calcule sur le pire.

> À son frère Joseph.

> *Devenu roi de Naples, Joseph fut bien entouré de collaborateurs français intelligents et actifs comme Roederer, Miot, Girardin et Saliceti.*

Je veux que mon sang règne à Naples aussi longtemps qu'en France.

> À Joseph, roi de Naples.

> *L'adoption du modèle français rendit efficaces les institutions nouvelles, et l'économie de Naples en reçut une impulsion importante.*

Le Code civil est le code du siècle ; la tolérance, ce premier bien de l'homme, y est non seulement prêchée, mais organisée.

> *Jugement sur le Code civil que Napoléon considéra toujours comme l'une des plus importantes de ses réalisations.*
> *Ce code, publié en 1804, prit en 1807 le nom de Code Napoléon car l'empereur présida 57 séances sur les 102 que tint la commission. Il intervint de manière décisive sur beaucoup d'articles et veilla ensuite à son application rapide.*
> *Note pour l'exposé de la situation de l'Empire, au Conseil d'État.*

Dans un pays conquis, la bonté n'est pas de l'humanité.

À Joseph, roi de Naples.

> *Napoléon pensait qu'il fallait introduire de l'ordre et une discipline stricte dans les pays conquis, car la faiblesse, mal interprétée par la population du pays, pouvait dégénérer en insurrection qui, à son tour, entraînerait des répercussions violentes.*

Plus on est grand et moins on doit avoir de volonté ; l'on dépend des événements et des circonstances.

À Joséphine.

> *Réflexion sur le rôle déterminant des circonstances dans les grandes affaires d'État.*

Dans le gouvernement il faut de la conséquence : du moment qu'on admet un individu à faire partie de l'ordre politique, il doit en posséder tous les droits.

À Fouché.

> *Consulté au sujet de l'admission des émigrés amnistiés dans les collèges électoraux, l'empereur recommandait de les accepter et qu'on ne prenne de précautions que dans les cas tout à fait exceptionnels.*

On ne fait le bien des peuples qu'en bravant l'opinion des faibles et des ignorants.

À son frère Louis.

Louis Bonaparte était devenu, le 5 juin, roi de Hollande. Ce pays souffrit beaucoup, économiquement, du Blocus continental qui, dans l'esprit de Napoléon, devait contraindre l'Angleterre à faire la paix.

Il est difficile de peindre l'enthousiasme des Polonais. Notre entrée dans cette grande ville [Varsovie] était un triomphe, et les sentiments montrés par les Polonais de toutes les classes depuis notre arrivée ne sauraient s'exprimer. L'amour de la patrie et du sentiment national est non seulement conservé en entier dans le cœur du peuple, mais il a été retrempé par le malheur. Sa première passion, son premier désir est de redevenir nation.

Déclaration dans le 36ᵉ bulletin de la Grande Armée, de Posen, le 1ᵉʳ décembre, tandis que l'armée française poursuivait les Russes qui avaient repassé la Vistule et brûlé les ponts.

Les Polonais attendaient Napoléon avec impatience car, réduits en esclavage depuis l'inique partage de leur pays en 1795, ils frémirent d'espoir après la victoire française à Iéna.

Faites bien sentir que je ne viens pas mendier un trône pour un des miens : je ne manque pas de trônes à donner à ma famille.

À Murat.

Le maréchal Murat arriva à Varsovie le 28 novembre 1806, faisant grand spectacle à son entrée dans la capitale polonaise. Espérant recevoir la couronne de ce pays, il avait insinué que la Pologne accepterait un roi des mains de Napoléon. Le 2 décembre, jour anniversaire du sacre, l'empereur le rappela à l'ordre.

1807

Toute création qui n'exige que du goût et qui est à la portée de tout le monde n'a pas besoin d'être encouragée par l'autorité publique.

Au Conseil d'État.

Critiquant la rémunération par l'État des auteurs d'œuvres littéraires.

Le luxe des riches donne le nécessaire aux pauvres.

Réponse à ceux qui lui faisaient remarquer que le luxe de la cour impériale leur semblait exagéré. Pour Napoléon, une des missions de la cour était de redonner impulsion à certaines branches de l'industrie tombées en désuétude. Le prix de la journée de travail de plusieurs catégories d'ouvriers augmenta dès les premières années de l'Empire.

Le métier de préfet de police ne s'apprend qu'en exerçant... Rien de ce qui est écrit sur cette matière ne donne une idée claire de ce qu'il y a à faire.

À Joseph, roi de Naples.

La discipline et la patience à supporter les fatigues sont les premiers garants de la victoire.

Dans le message au Sénat.

Il faut laisser à la place le nom qu'elle a : « la Concorde » ; voilà ce qui rend la France invincible.

À Champagny, ministre de l'intérieur.

Quand la nouvelle de la victoire d'Iéna parvint à Paris, certains voulurent remplacer le nom de la place de la Concorde par celui de Napoléon. L'empereur refusa.

La véritable gloire consiste à se mettre au-dessus de son état ! Moi, mes amis, j'ai une bonne place, je suis empereur. Je pourrais vivre dans les délices de ma capitale... Eh bien, je fais la guerre pour la gloire de la France, je suis au milieu de vous au bivouac et dans les combats ; je puis être, tout comme vous, atteint par une balle... je me mets au-dessus de mon état.

À ses soldats, avant la bataille d'Eylau.

Quelle audace ! Quelle audace ! Nous laisseras-tu dévorer par ces gens-là ?

Au maréchal Murat.

La bataille d'Eylau, localité sur les routes de Friedland et de Königsberg, s'engagea le 8 février au matin sous une terrible tempête de neige. Pendant la bataille, l'empereur manifesta son admiration pour les soldats russes qui s'avançaient courageusement. À un moment critique, la situation de l'armée française se rétablit grâce à la charge de la cavalerie du maréchal Murat, à qui l'empereur s'était adressé avec ces mots.

La bataille resta indécise, mais la retraite des Russes pendant la nuit en fit une victoire française.

Ce pays est couvert de morts et de blessés ! Ce n'est pas la belle partie de la guerre ; on souffre, et l'âme est oppressée de voir tant de victimes.

Déclaration le surlendemain de la bataille d'Eylau où plusieurs généraux français (Hautpoul, Desjardins, Corbineau, Dahlmann, Bonnet, Vare, etc.) furent tués et où plus de 20 000 hommes sur les 60 000 engagés furent mis hors de combat.

Quel massacre, et sans résultat ; spectacle bien fait pour inspirer aux princes l'amour de la paix et l'horreur de la guerre.

À Osterode, le 2 mars.

Fait unique à l'époque des guerres de l'Empire, Napoléon resta huit jours (du 8 au 16 février) sur le champ de la très sanglante bataille d'Eylau, tenant à apporter un soin particulier à l'évacuation des blessés. L'empereur

> *fut submergé par l'émotion à la vue de ce charnier sanglant, spectacle qui avait encore plus de relief sur fond de neige.*

Les soldats russes, prussiens, allemands gardent leur poste par devoir ; le soldat français par honneur.

> À Chaptal, sénateur et ex-ministre de l'intérieur.
>
> *Réflexion sur le comportement des soldats pendant la bataille d'Eylau.*

Aimer, je ne sais trop ce que cela veut dire en politique.

> *Après la bataille d'Eylau, les Autrichiens, n'osant ni s'allier à Napoléon ni l'attaquer, se décidèrent à jouer le rôle de médiateurs entre la France et les alliés (la Russie, la Prusse et l'Angleterre). L'empereur, qui voulait éviter une intervention hostile de l'Autriche, entretint des relations politiques cordiales avec cette puissance.*

Je le dis avec regret, car mieux que personne j'ai apprécié la valeur personnelle et toute chevaleresque du Polonais : la Pologne n'a pas répondu à mon appel.

> *Même si un assez grand nombre de Polonais servaient déjà dans l'armée française à la veille de la bataille de Friedland, les magnats polonais étaient politiquement divisés et très inconstants dans leurs sentiments.*
> *Par exemple, leur grand héros Tadeusz Kosciuszko, plein de méfiance à l'égard de Napoléon, posa à l'empereur des conditions impossibles.*

Jamais la France n'a reconnu le partage de la Pologne... Unissez-vous, que les factions intérieures cessent et que le passé, dont vous avez été victimes et dont votre histoire fournit tant des preuves, vous serve d'exemple... Votre sort est entre vos mains.

> Aux députés du Palatinat de Poznan, promettant en termes évasifs aux Polonais son aide pour l'indépendance de leur pays.
>
> *Après la difficile campagne de 1807 et le traité de paix de Tilsit, un nouvel État apparaîtra sur la carte de l'Europe : le grand-duché de Varsovie.*

Sachez que la vie est semée de tant d'écueils et peut être la source de tant de maux que la mort n'est pas le plus grand de tous.

À Hortense.

Napoléon cherchait à consoler Hortense, reine de Hollande, qui venait de perdre son enfant.
Napoléon apprit à Finkenstein, son quartier général en Pologne, le décès, survenu dix jours plus tôt à La Haye, de Charles-Napoléon-Louis, le fils aîné de son frère Louis.

Vivre c'est souffrir, et l'honnête homme combat toujours pour rester maître de lui.

L'empereur exigea d'Hortense plus de fermeté après la mort de son fils, qu'il aimait beaucoup lui aussi. Ce triste événement réconcilia Hortense avec son mari, le roi Louis, pendant quelque temps.

Duc de Dantzig, acceptez ce chocolat ; les petits cadeaux entretiennent l'amitié.

Le 26 mai, la garnison prussienne de Dantzig, composée de 17 000 hommes sous les ordres du maréchal Kalkreuth, capitula devant les Français. Après la réussite du siège, le maréchal Lefebvre fut reçu à l'abbaye d'Oliva, près de Dantzig, par l'empereur qui lui donna une enveloppe contenant cent mille écus. Le maréchal fut nommé duc de Dantzig, le premier duc fait par l'empereur et le premier à porter le nom d'une victoire.

À tout mal sans remède, il faut trouver des consolations.

À Joséphine.

Pour consoler la mère d'Hortense de la mort de son petit-fils et pour la prier d'essayer de modérer la douleur de sa fille.

Depuis vingt ans il s'est manifesté une maladie appelée « croup » qui enlève beaucoup d'enfants dans le nord de l'Europe...

CITATIONS

Nous désirons que vous proposiez un prix de 12 000 francs qui sera donné au médecin auteur du meilleur mémoire sur cette maladie et sur la manière de la traiter.

À Champagny, ministre de l'intérieur.

> *Prix proposé par Napoléon, après la mort du fils d'Hortense qui fut victime, à moins de cinq ans, d'une épidémie de croup.*

— Quel jour est-ce, aujourd'hui ?
— C'est le 14 juin, Sire, répond Berthier.
— C'est un jour de bonheur, c'est l'anniversaire de Marengo.

Au maréchal Berthier.

> *À Posthenen, le matin de la bataille de Friedland, localité située à presque 50 kilomètres de Königsberg. La bataille eut lieu le 14 juin, jour anniversaire de la bataille de Marengo en 1800.*

Cette bataille de Friedland est digne d'être mise à côté de celles de Marengo, d'Austerlitz et d'Iéna. L'ennemi était nombreux, avait une belle et forte cavalerie, et s'est battu avec courage.

Dans le 79e bulletin de l'armée, de Wehlau, le 17 juin.

> *La victoire de Friedland put être comparée à celle d'Austerlitz. Elle resta le couronnement de la campagne de Pologne, rachetant la bataille sanglante et sans résultat d'Eylau. Napoléon remporta une nette victoire sur les Russes commandés par le général Bennigsen. Commencée à 3 heures du matin, la bataille prit fin vers 10 heures du soir ; les Russes eurent 25 000 hommes tués ou blessés, les Français, 8 000.*

Vous avez célébré à Austerlitz l'anniversaire du couronnement ; vous avez cette année [à Friedland] dignement célébré celui de la bataille de Marengo... Français, vous avez été dignes de vous et de moi. Vous rentrerez en France couverts de tous vos lauriers, et après avoir obtenu une paix glorieuse, qui porte avec elle garantie de sa durée. Mes bienfaits vous prouveront ma reconnaissance et toute l'étendue de l'amour que je vous porte.

À Tilsit.

> *Dans la proclamation aux soldats, après la victoire de Friedland. La bataille d'Austerlitz (2 décembre 1805) avait eu lieu le jour du premier anniversaire du couronnement (2 décembre 1804).*

Mes aigles sont abordées sur le Niémen.

À Fouché.

> *Après la victoire de Friedland, poursuivant les Russes et les Prussiens qui se retiraient sur le Niémen en demandant un armistice, Napoléon considéra la campagne terminée et se prépara pour la phase diplomatique. L'armistice fut accordé le 15 juin et, quelques jours après, la paix fut signée à Tilsit.*

En ce cas, la paix est faite.

> *De son quartier général installé à Tilsit, sur le Niémen, Napoléon accorda une entrevue au tsar Alexandre sur un radeau ancré au milieu du fleuve. La rencontre des deux empereurs eut lieu le 26 juin et dura deux heures dans une atmosphère d'une surprenante amabilité, chacun se livrant à toutes sortes d'effusions et de flatteries réciproques. Quand le tsar Alexandre I*er *de Russie s'adressa à Napoléon avec ces mots : « Sire, je hais les Anglais autant que vous », l'empereur répliqua promptement.*

J'ai souvent couché à deux, jamais à trois.

À Tilsit.

> *Réaction de Napoléon à Tilsit, quand le roi de Prusse voulut participer plus activement aux discussions entre les deux empereurs. Napoléon n'accepta pas, malgré la chaleureuse plaidoirie du tsar Alexandre. Pourtant, le lendemain de la première rencontre de Tilsit, Frédéric-Guillaume, roi de Prusse, et son épouse, la belle reine Louise, furent invités à venir sur le radeau ; Napoléon les traita avec désinvolture.*

Rien n'interrompt aussi bien une scène tragique qu'inviter l'autre à s'asseoir ; lorsqu'on est assis, le tragique devient comique.

> *Rappelant une scène vécue à Tilsit quand, la reine Louise-Augusta de Prusse implorant pathétiquement la clémence pour son pays vaincu, l'empereur lui proposa de s'asseoir. Il lui parla avec courtoisie et amabilité, mais il ne céda sur aucun point. La Prusse fit les frais de la réconciliation du tsar et de l'empereur.*

Songez que le nombre des soldats n'est rien, et que ce n'est que lorsque les officiers et les sous-officiers ont la conscience qu'ils manœuvrent qu'on peut attendre quelque chose d'eux.

Au prince Eugène de Beauharnais, vice-roi d'Italie.

Un aide de camp peut perdre en route ses culottes, mais ne doit perdre ni ses lettres ni son sabre.

À Eugène de Beauharnais, vice-roi d'Italie.

> *Apprenant qu'une de ses lettres adressées au vice-roi d'Italie avait été perdue par un des aides de camp de celui-ci.*

Si pendant ces dix mois d'absence et de péril j'ai été présent à votre pensée, les marques d'amour que vous m'avez données ont excité constamment mes plus vives émotions, toutes mes sollicitudes ; tout ce qui pouvait avoir rapport même à la conservation de ma personne ne me touchait que par l'intérêt que vous y portiez, et par l'importance dont elle pouvait être pour vos futures destinées. Vous êtes un bon et grand peuple.

Devant le Corps législatif.

> *L'empereur rentra à Paris après Tilsit, le 9 août 1807, reprenant la direction des grandes affaires politiques et de l'administration intérieure de l'Empire.*

Ce n'est rien, cela. Si j'étais trahi quinze fois par jour, cela ne m'empêcherait pas de marcher en avant.

À Talleyrand.

> *Réponse au ministre qui s'étonnait de la découverte d'une trahison récente.*
> *Le 9 août, Talleyrand fut remplacé par Champagny au ministère des relations extérieures.*

La paix est un mariage qui dépend d'une réunion de volontés.

À son frère Joseph, roi de Naples.

Le budget est ma loi ; il faut se conformer parce que les finances, de toutes les branches de l'administration, sont la première de mes affaires.

À Fouché.

> *Napoléon considérait que la tâche la plus difficile du gouvernement était l'administration financière. Gaudin (ministre des finances) et Mollien (ministre du trésor) tinrent les « clefs » des finances publiques de la France jusqu'aux derniers mois de l'Empire. « C'est leur contrôle qui fait ma sûreté », disait fréquemment l'empereur.*

Je veux faire le bien de mon peuple et je ne serai point arrêté par les murmures des contribuables. Je vis pour la postérité, il faut à la France de grandes contributions. Je veux préparer à mes successeurs des ressources sûres qui puissent leur tenir lieu des moyens extraordinaires que j'ai su me créer.

À Mollien, ministre du trésor.

> *Les impôts sur les boissons et le tabac procurèrent au budget de bonnes recettes, mais, en général, le rétablissement des contributions indirectes fut mal accepté par la majorité de la population.*

Le bonheur de vos peuples m'importe non seulement par l'influence qu'il peut avoir sur votre gloire et la mienne, mais aussi sur le point de vue du système général de l'Europe.

À son frère Jérôme.

Le 23 août, Jérôme Bonaparte épousa à Paris la princesse Catherine, fille du roi de Wurtemberg.

J'ai fait consister la gloire de mon règne à changer la face des territoires de mon Empire. L'exécution des grands travaux est aussi nécessaire à l'intérêt de mes peuples qu'à ma propre satisfaction.

À Crétet, ministre de l'intérieur.

Les travaux publics sur le territoire de l'Empire resteront une des préoccupations constantes de Napoléon durant tout son règne. Dans son idée, un immense réseau routier devait relier tout le domaine impérial à Paris, cette ville devenant la capitale d'une Europe nouvelle.

Non, madame, j'ai élevé le titre de duchesse jusqu'à la maréchale Lefebvre.

Réponse à une dame de l'Ancien Régime qui lui faisait la remarque : « Votre Majesté a laissé tomber le titre de duchesse sur la maréchale Lefebvre. » Cette ancienne blanchisseuse dissimulait mal, sous ses habits de cour, les manières de la cantinière qu'elle avait été.

🐝

1808

Là où le gouvernement est faible, l'armée gouverne.

Au Conseil d'État.

Les Romains se sont toujours attachés à de grandes choses, et c'est ainsi qu'ils ont créé le colosse qui traversa le monde.

Au préfet Thibaudeau.

> *Dans ses conversations, Napoléon donnait souvent l'Empire romain en exemple.*

J'ai fait des courtisans, je n'ai jamais prétendu me faire des amis.

> *Le 1ᵉʳ mars, l'empereur rétablit les titres de noblesse (prince, comte et baron) accompagnés de donations souvent considérables, et il exigea le respect de strictes règles d'étiquette. Pour lui la noblesse impériale devait être l'aristocratie des talents et des grandes actions.*
> *Certains supportèrent difficilement le nouveau « système » imposé à la cour impériale.*

Il y a toujours eu dans les États bien organisés des corps destinés à régler les principes de la morale et de la politique. Ces corps, étant les premiers défenseurs de la cause morale et des principes de l'État, donneront les premiers l'éveil et seront toujours prêts à résister aux théories dangereuses des esprits : telle fut l'université de Paris et ensuite la Sorbonne.

> *Le corps enseignant des grandes universités fut appelé en priorité à réduire l'influence du clergé dans les écoles. Seule une corporation autonome pouvait répondre à cet objectif. En conséquence, l'enseignement fut placé sous la haute surveillance de l'État, et les règlements de la nouvelle université et le champ de son autorité furent annoncés par décret impérial, le 17 mars.*

La force est fondée sur l'opinion [publique] ; qu'est-ce que le gouvernement ? Rien, s'il n'a pas l'opinion.

> *Expliquant les effets de la propagande sur l'opinion publique et son influence sur l'ensemble de la vie sociale.*

CITATIONS

La propagande napoléonienne s'attacha à valoriser deux images : celle de l'homme providentiel et celle de l'État, afin de légitimer le coup d'État du 18 Brumaire, le consul et l'empereur.
Rappelé par Las Cases en 1816.

Vous devriez choisir un autre confident.

Au théâtre, où Napoléon se trouvait incognito, un homme – que le maréchal du Palais Duroc reconnut comme un fou enfui de l'hôpital – aborda l'empereur, sans le reconnaître, en lui disant qu'il était amoureux de l'impératrice Joséphine. Napoléon lui répondit vivement.
Rappelé par Las Cases en 1816.

Vaincre n'est rien, il faut profiter du succès.

À Joseph, roi d'Espagne.

Joseph Bonaparte, nommé roi d'Espagne, prit le chemin de Madrid avec des forces militaires qui se révélèrent vite insuffisantes. Après la victoire du maréchal Bessières sur les insurgés espagnols du général Cuesta à Medina del Rio Seco (13 juillet), la route vers la capitale de l'Espagne s'ouvrit devant lui.

Ce n'est pas en cajolant les peuples qu'on les gagne.

À son frère Joseph, roi d'Espagne.

Joseph se montrait en toute circonstance prêt à défendre l'indépendance et l'intégrité de son royaume et de ses sujets contre les vexations des généraux français. Pourtant Joseph resta pour les Espagnols, jusqu'à son départ, un étranger surnommé « el rey intruso », qui ne put s'appuyer que sur les « Afrancescados » et les maréchaux français qui opéraient dans la péninsule.

À la guerre, les hommes ne sont rien, c'est un homme qui est tout.

Parmi ses commentaires faits, à Saint-Cloud, sur les insuccès des commandants de l'armée française dans la guerre d'Espagne.

Pourtant, une des causes d'échec de cette malheureuse campagne fut que l'empereur, se fiant à la mauvaise réputation des troupes régulières espagnoles, sous-estima la résistance féroce de la population.

Le 22 juillet, les troupes espagnoles du général Castanos en Andalousie cernèrent le corps du général Dupont, qui dut se rendre en rase campagne à Bailen. Pour la première fois un corps de la Grande Armée capitulait tout entier. La victoire de Bailen redonna de la force morale à l'insurrection espagnole.

À la guerre [en Espagne], les trois quarts sont des affaires morales ; la balance des forces réelles n'est que sur un autre quart.

Parmi les observations sur le rapport des forces entre les soldats de l'armée française et les Espagnols, ainsi que sur la motivation de chacun pendant cette guerre.

Il faut avant tout arriver à l'unité, et qu'une génération tout entière puisse être jetée dans le même moule.

À Fontanes, grand maître de l'université.

D'après l'empereur, l'instruction publique devait devenir le principal moyen pour diriger et unifier les générations futures afin de former une jeunesse homogène et dévouée à l'État.

Écoutez, M. de Tolstoï, ce n'est plus l'empereur des Français qui vous parle, c'est un général de division qui parle à un autre général de division : que je sois le dernier des hommes si je ne remplis pas scrupuleusement ce que j'ai contracté à Tilsit et si je n'évacue pas la Prusse et le duché de Varsovie lorsque vous aurez retiré vos troupes de Moldavie et de Valachie. Je ne suis ni un fou ni un enfant pour ne pas savoir ce que je contracte, et ce que je contracte je le remplis toujours.

Au comte de Tolstoï, ambassadeur de Russie.

Parlant avec l'ambassadeur, pendant une chasse à Grosbois chez le maréchal Berthier, des relations franco-russes qui commençaient à se détériorer.

Il faut avoir longtemps fait la guerre et il faut avoir entrepris un grand nombre d'opérations offensives pour savoir comme le moindre événement ou indice encourage ou décourage et décide une opération ou une autre.

À Berthier.

> Parmi ses réflexions sur le cours de la guerre d'Espagne qui fut un piège où s'épuisèrent les meilleures troupes de la Grande Armée, et qui marqua en France le début de la désaffection des notables à l'égard du régime napoléonien.

Quand un écolier de mon Conseil d'État me dit ce que je n'ai pu obtenir de trois de mes ministres, il mérite que je ne le perde pas de vue.

À Mollien, ministre du trésor public.

> Dès 1808, à mesure que l'Empire s'agrandissait et que les affaires devenaient plus nombreuses et compliquées, Napoléon créa le corps des « auditeurs » avec de jeunes hommes qui s'instruisaient au Conseil d'État auprès des hauts conseillers en s'imprégnant de leur esprit et de celui de l'empereur. Trémont, un de ces auditeurs, chargé d'un rapport sur lequel il avait beaucoup travaillé, mérita cette mention flatteuse.

Si vous ne faites pas quelques actes de vigueur, ce sera à n'en jamais finir.

À Joseph, roi d'Espagne.

> Joseph se montrait faible dans ses décisions pendant la guerre d'Espagne.

Castellane, vous êtes un pacha ici ; les préfets, une fois à cent lieues de la capitale, ont plus de pouvoir que moi.

À Boniface de Castellane, préfet des Basses-Pyrénées.

> L'organisation et les résultats des préfectures furent admirables, et presque tous les préfets furent animés d'un dévouement sincère pour Napoléon qui inspira leur force de travail. L'empereur dut parfois leur recommander de ne pas exercer leur autorité avec trop d'absolutisme.

La France est moins prête aux formes représentatives que bien d'autres pays. Je donnerai une organisation nouvelle au Sénat et au Conseil d'État. J'aurai une représentation véritable, car elle sera composée d'hommes rompus aux affaires. Pas de bavards, pas d'idéologues, pas de faux clinquant. Alors la France sera un pays bien gouverné, même sous un roi fainéant, car il y en aura.

À Talleyrand, vice-grand électeur.

Une nation n'a de finances que lorsqu'elle peut subvenir à tous ses besoins en paix comme en guerre.

À Mollien, ministre du trésor public.

Commentaire sur la situation financière de l'Empire. Les finances, qui devaient offrir les moyens de faire face aux circonstances extraordinaires et même aux vicissitudes des guerres sans avoir à recourir à de nouveaux impôts, furent l'objet constant des préoccupations de l'empereur.

On retrouve des soldats ; il n'y a que l'honneur qui ne se retrouve pas.

À Thibaudeau, préfet et membre de l'académie de Marseille.

Quand on rapporta à l'empereur que le recrutement dans le département des Bouches-du-Rhône devenait difficile à cause des levées d'hommes trop fréquentes.

Les militaires sont une franc-maçonnerie ; il y a entre eux tous une certaine intelligence qui fait qu'ils se reconnaissent partout sans se méprendre, qu'ils se recherchent et s'entendent ; et moi, je suis le grand maître de leurs loges.

À l'archichancelier Cambacérès.

Comparaison qui nous permet de supposer que les idées maçonniques ne furent pas étrangères à Napoléon, même si son initiation resta toujours controversée. Pourtant il appartenait à une famille parmi laquelle son père et ses frères Joseph et Jérôme furent certainement francs-maçons ; de plus, la réception en loge de Lucien et de Louis ne fut pas contestée.

Le plus difficile n'est pas de choisir les hommes, mais, une fois qu'on les a choisis, de leur faire rendre tout ce qu'ils peuvent donner.

À Molé, conseiller d'État.

Concernant la compétence des membres du Conseil d'État et leur possibilité de répondre à toutes les exigences que l'empereur leur imposait.

Un caporal pourrait s'emparer du gouvernement en un moment de crise ; la Constitution ne donne pas assez de force au gouvernement, et là où le gouvernement est faible, l'armée gouverne.

Au Conseil d'État, cité par le conseiller Pelet de la Lozère.

Je sais qu'il faut que j'aille moi-même remonter la machine.

En Espagne, où la situation militaire se détériorait, plus ses lieutenants commettaient de fautes et plus le manque de coordination entre les diverses armées devenait flagrant, plus Napoléon sentait que sa présence y était nécessaire.

Plusieurs fois il dira cette phrase, que le général Mathieu Dumas confirma l'avoir entendu prononcer.

Soldats, vous avez surpassé la renommée des armées modernes ; mais vous avez égalé la gloire des armées de Rome... Un vrai Français ne peut ni ne doit prendre de repos jusqu'à ce que les mers soient ouvertes et affranchies. Soldats, tout ce que vous avez fait, tout ce que vous ferez encore pour le bonheur du peuple français et pour ma gloire sera éternellement gravé dans mon cœur.

Passant en revue, avant son départ à Erfurt, l'armée prête à partir en Espagne.

Nous allons à Erfurt et je veux en revenir libre de faire en Espagne ce que je voudrai ; je veux être sûr que l'Autriche sera inquiète et contenue, et je ne veux pas être engagé d'une manière précise avec la Russie pour les affaires du Levant. Préparez-moi une convention qui contente l'empereur Alexandre, qui soit surtout dirigée contre l'Angleterre et dans laquelle je sois bien à mon aise sur le reste. Je vous aiderai ; le prestige ne manquera pas.

À Talleyrand.

> *Tel fut l'objectif et la tactique que Napoléon assigna lors de son entrevue avec le tsar Alexandre de Russie à Erfurt en Thuringe (du 27 septembre au 14 octobre) au milieu d'un « parterre » de rois. L'empereur comptait resserrer l'alliance avec le tsar et assurer ses arrières avant son départ pour l'Espagne. Napoléon y entraîna imprudemment Talleyrand, et cette compagnie fut lourde de conséquences.*

Une guerre entre Européens est une guerre civile.

> *Phrase répétée par l'empereur pendant et après l'entrevue d'Erfurt.*
>
> *Cette rencontre fut un échec diplomatique pour la France par suite de la trahison de Talleyrand qui dévoila au tsar Alexandre que les Français n'étaient pas intéressés par les conquêtes européennes de Napoléon.*
>
> *Napoléon imaginait que l'Europe entière ne formerait bientôt plus qu'une grande famille réunie.*

Il faudrait que la tragédie fût l'école des rois et des peuples ; c'est le point le plus élevé auquel un poète puisse atteindre.

À Goethe, à Erfurt.

> *Pendant la rencontre d'Erfurt, Napoléon adressa cette phrase à Goethe avec qui il eut deux entretiens (le 2 et le 6 octobre) décrits dans les « Mémoires » de Talleyrand.*
>
> *De tous les genres littéraires, Napoléon préféra la tragédie parce qu'elle lui apparaissait grave, noble et forte. Il semblait aimer écouter ceux qu'il considérait comme ses égaux, les rois et les héros.*

La génération future ne doit point souffrir des haines et des petites passions de la génération présente.

À Fouché.

Pensant à une aristocratisation du régime impérial en France, Napoléon décida d'envoyer à l'école militaire de Fontainebleau des jeunes appartenant aux « principales » familles de Paris et de chaque département de France.

Vous êtes dignes de ma vieille garde, je vous reconnais pour ma plus brave cavalerie.

Après Erfurt, l'empereur prit, le 5 novembre, le commandement de l'armée en vue de la conquête de l'Espagne et franchit les Pyrénées. Les premières victoires à Burgos, Espinosa et Tudela le convainquirent de la possibilité de rétablir le pouvoir royal de son frère Joseph.
Sa victoire au sanglant combat de Somosierra (30 novembre), abattant le dernier obstacle, lui ouvrit la route de Madrid où il arriva le 2 décembre.
Proclamation le lendemain de la bataille de Somosierra devant les héros de l'escadron polonais, survivants de la charge de la veille où il perdit tous ses officiers et la moitié de son effectif.

※

1809

Dans l'art de la guerre, comme dans la mécanique, le temps est le grand élément entre le poids et la puissance.

À Duroc, maréchal du palais.

À Valladolid en Espagne, où il resta du 6 au 17 janvier, l'empereur reçut la délégation qui remettait le serment au roi Joseph et la demande du retour de ce dernier à Madrid.
Napoléon quitta l'Espagne pour rentrer à Paris le 23 janvier, car des dépêches lui annonçaient que l'Autriche était sur le point de déclarer la guerre, et que des rumeurs de complot liguant contre lui Fouché et Talleyrand circulaient en Europe.

Vous avez laissé l'opinion se gâter, s'égarer. Des hommes que j'ai honorés de ma confiance ont escompté ma mort. Ceux que j'ai faits grands dignitaires et ministres cessent d'être libres de leurs pensées et de leur expression. Elles ne peuvent être que les organes des miennes. Pour eux la trahison commence déjà quand ils se permettent de douter. Elle est complète si du doute ils vont jusqu'au dénigrement.

> *Le 28 janvier, de retour à Paris, Napoléon fut informé qu'un complot tramé par Talleyrand visait, au cas où il périrait, à placer le maréchal Murat sur le trône de France. L'empereur convoqua Decrès, Fouché, Cambacérès, Lebrun et Talleyrand aux Tuileries et leur adressa ces reproches. Cette scène violente marqua la disgrâce de Talleyrand.*

Il n'y a point de bête qui ne soit propre à rien, il n'y a point d'esprit qui soit propre à tout.

À Maret, duc de Bassano, secrétaire d'État.

> *Phrase qui montre le constant désir de l'empereur de faire rendre à tous ses collaborateurs le maximum de rendement dont ils étaient capables.*

Je n'ai point de famille si elle n'est pas française.

À Duroc, duc de Frioul.

> *Déclaration faite devant l'attitude parfois déplaisante de sa famille à l'égard de sa politique et vis-à-vis des Français qui les entouraient dans leurs royaumes à l'étranger.*

Je n'ai qu'une passion, qu'une maîtresse, c'est la France ; je couche avec elle, elle ne m'a jamais manqué, elle me prodigue son sang, son trésor ; si j'ai besoin de 500 000 hommes, elle me les donne.

À Roederer.

> *Signant un décret pour une levée de 100 000 hommes.*

Ah ! Ton éducation n'est pas encore faite puisque tu ne sais pas dissimuler.

À son neveu, le fils de Louis Bonaparte et d'Hortense.

L'enfant faisait une grimace quand il lui donna à boire du café.
Raconté par le baron Lejeune, témoin visuel.

Le chef de l'armée doit combiner les besoins de tous les généraux sur leurs positions et leurs circonstances, et non se décider sur leurs demandes.

À Roederer.

Ils ont passé l'Inn, c'est la guerre.

Au général Lauriston.

Le 9 avril, l'Autriche déclara officiellement la guerre à la France. Napoléon fut informé par télégraphe dans la soirée du 12 avril que l'armée autrichienne, commandée par l'archiduc Charles, venait de passer l'Inn pour envahir la Bavière, alliée de la France.

Si les circonstances deviennent pressantes, vous devrez écrire au roi de Naples [Murat] de venir à l'armée. Vous lui remettrez le commandement et vous vous rangerez sous ses ordres. Les rois de France, des empereurs même régnants, ont souvent commandé un régiment ou une division sous les ordres d'un vieux maréchal.

À Eugène de Beauharnais, vice-roi d'Italie.

La guerre avec l'Autriche semblait imminente. L'armée d'Italie disposait alors de 35 000 combattants sous les ordres d'Eugène et du général Macdonald. Le 16 avril, l'archiduc Jean, commandant les troupes autrichiennes en Italie, surprit Eugène à Sacile en Vénétie et remporta la victoire. Mais la défaite des Autrichiens à Eckmühl bouleversa le plan de l'archiduc Jean, l'obligeant à ramener rapidement ses troupes en Autriche.

Activité et vitesse !

Au maréchal Masséna.

Napoléon se laissa surprendre, pour la première fois peut-être, par l'entrée en guerre de l'Autriche. Pour lever leurs troupes, armer les milices, réparer les places fortes et constituer des réserves dans les magasins durant l'année précédente, les Autrichiens avaient trouvé prétexte d'une éventuelle agression des Turcs contre leur pays.

Pour réparer les effets fâcheux de cette surprise, l'empereur adressa à ses collaborateurs des ordres dans cet esprit.

Soldats ! J'étais entouré de vous lorsque le souverain d'Autriche vint à mon bivouac de Moravie [après Austerlitz]. Vous l'avez entendu implorer ma clémence et me jurer une amitié éternelle. Vaincue dans trois guerres, l'Autriche doit tout à notre générosité : trois fois elle a été parjure !... Marchons donc, et qu'à notre aspect l'ennemi reconnaisse ses vainqueurs.

Pour entrer en campagne contre l'Autriche, l'empereur quitta Paris le 13 avril. Le 17, il rejoignit son quartier général à Donauwörth d'où il adressa cette proclamation à l'armée.

L'armée française ne réunissait que 80 000 combattants devant un ennemi qui présentait une masse offensive de 150 000 hommes. Au début, les Français, en raison de leur faiblesse numérique, parurent inquiets sur l'avenir de la campagne.

Il faut être lent dans la délibération et vif dans l'exécution.

Au prince Eugène

Eugène lutta en Italie contre l'armée autrichienne conduite par l'archiduc Jean.

À la guerre la force morale plus que le nombre décide de la victoire.

À Bessières.

Avant le combat de Landshut sur l'Isar (21 avril), où le maréchal, à la tête de la cavalerie de Nansouty et d'une partie des cuirassiers de Saint-Sulpice, culbuta la cavalerie autrichienne, faisant 9 000 prisonniers.
Cité par Gourgaud, à Sainte-Hélène, 1817.

Cela ne peut être qu'un Tyrolien qui m'ait ajusté de si loin : ces gens sont fort adroits.

> *Pendant la bataille de Ratisbonne (19-23 avril), Napoléon, trop près de la ligne de feu, fut frappé au pied droit par un biscaïen. Souriant malgré la douleur, il remonta à cheval immédiatement après les soins du premier chirurgien Yvan.*

Soldats ! Vous avez justifié mon attente ! Vous avez suppléé au nombre par votre bravoure, vous avez glorieusement marqué la différence qui existe entre les soldats de César et les cohues armées de Xérès.

> *Proclamation à l'armée, après la prise de Ratisbonne, qui acheva de briser l'armée autrichienne après cinq jours de combats marqués par des victoires à Thann, à Abensberg, à Landshut et à Eckmühl, ouvrant la marche de l'armée française vers Vienne. La capitale capitula le 13 mai, et le général Oudinot, avec sa division, l'occupa le lendemain. L'empereur établit son quartier général à Schönbrunn.*

Je vivrai ici au milieu des souvenirs de Marie-Thérèse la Grande.

> À Caulaincourt, à Vienne, le 13 mai, au palais de Schönbrunn.

Le moment est venu de recouvrer votre indépendance. Je vous offre la paix, l'intégrité de votre territoire, de votre liberté et de vos constitutions.

> De Vienne, proclamation lancée aux Hongrois le 15 mai.

Avant de céder la victoire, attendez qu'on nous l'arrache ; avant de nous retirer, attendons qu'on nous y force.

> *Déclaration pendant l'offensive de l'armée française contre les Autrichiens à Essling, sur la rive gauche du Danube. Apprenant que le grand pont sur lequel les troupes françaises passaient sur la rive droite avait cédé sous la force du courant (22 mai), l'empereur donna l'ordre à*

> l'armée de se réfugier sur l'île de Lobau (au milieu du Danube), devant la menace des troupes autrichiennes conduites par l'archiduc Charles. Les pertes des Français furent estimées à un quart de l'effectif engagé.
>
> Le retour à l'offensive commença le 1ᵉʳ juillet et se termina par la victoire de Wagram (6 juillet).

La guerre est un jeu sérieux, dans lequel on peut compromettre sa réputation et son pays ; quand on est raisonnable, on doit se sentir et connaître si l'on est fait ou non pour ce métier.

> Parmi les critiques faites au début de la campagne au prince Eugène de Beauharnais, concernant ses premières opérations en Italie contre l'armée autrichienne commandée par le prince Jean. Pourtant Eugène vaincra plus tard les Autrichiens sur le Piave et à Raab en Hongrie, malgré l'infériorité numérique de son armée. Parti des bords de l'Adige, Eugène réussit à faire beaucoup de prisonniers et à rejoindre la Grande Armée et l'empereur dans l'île de Lobau, le 29 mai.

Il est inouï qu'un général de brigade [autrichien] qui a été pris depuis six jours ne soit pas encore arrivé près de moi ! Vous croyez en avoir tiré tout le parti possible et l'avoir interrogé ; vous vous trompez !

L'art d'interroger les prisonniers est un des résultats de l'expérience et du tact de la guerre. Ce qu'il vous a dit vous a paru assez indifférent ; si je l'avais interrogé, j'en aurais tiré les plus grands renseignements sur l'ennemi.

À Marmont, avant la bataille de Wagram.

> Marmont, en réserve à Wagram, sortit vainqueur de la bataille de Znaïm (10 juillet) et reçut en récompense le bâton de maréchal.

Ils se sont tous donné rendez-vous sur ma tombe, mais ils n'oseront s'y réunir.

> Avant la bataille de Wagram, soupçonnant les mauvais sentiments que lui portaient les rois d'Europe, particulièrement le tsar Alexandre, le roi de Prusse et l'empereur d'Autriche.

CITATIONS 167

À la guerre, tous les accidents sont possibles.

> *Pendant la bataille de Wagram, l'empereur se rendait auprès du maréchal Oudinot quand un obus de 8 pouces éclata devant le cheval du maréchal, et qu'un autre effleura le maréchal lui-même.*

Il y eut assez de sang versé.

> *La victoire de Wagram marqua le début des victoires difficiles pour Napoléon ; si brillants qu'en fussent les résultats, la bataille de Wagram fut pour l'armée française aussi laborieuse que meurtrière. Pendant cette campagne trouvèrent la mort, entre autres, le maréchal Lannes, le général de Saint-Hilaire et le général Lasalle, trois des plus grands héros militaires de l'Empire. Napoléon, résolu à traiter, fit cette réflexion devant ceux de ses conseillers qui proposaient de continuer les hostilités.*
> *Le 11 juillet, le prince Jean de Liechtenstein fut envoyé à Znaïm par l'archiduc Charles pour demander un armistice ; l'Autriche paya une contribution de 196 millions. Le traité de paix signé en octobre, à Vienne, termina la campagne.*

En général, ne donnez rien à qui que ce soit qui ne vous ait servi pendant dix ans.

À Murat, roi de Naples.

> *Napoléon lui conseillait de ne pas donner de récompense à Saliceti, son ministre de la police, surnommé par les Napolitains « le Fouché corse ».*

C'est une grande folie.

À Fouché.

> *Apprenant, le 18 août, que le général Miollis, gouverneur de Rome, avait, dans un excès de zèle, enlevé le pape et l'avait envoyé en France.*

Il faut surtout appuyer sur les devoirs de l'officier qui commande une colonne détachée ; bien exprimer l'idée qu'il ne doit jamais désespérer ; que, fût-il cerné, il ne doit pas capituler ; qu'en pleine campagne il n'y a pour de braves gens qu'une seule manière de se rendre : c'est, comme François Ier et le roi Jean, au milieu de la mêlée et sous les coups de crosse ; lorsqu'on fait comme François Ier, on peut du moins dire comme lui : « Tout est perdu, hors l'honneur. »

À Clarke.

Clarke remplaça Berthier au ministère de la guerre. Napoléon exprimait quelques idées que devrait contenir un ouvrage destiné à l'École militaire.

Avec de vaines considérations, des petites vanités et des petites passions, on ne fait jamais rien de grand.

À Clarke, ministre de la guerre.

On ne voit rien dans le souvenir des empereurs romains que l'on puisse envier. Le seul homme, et il n'était pas empereur, qui s'illustra par son caractère et par tant d'illustres actions, c'est César ! S'il était un titre que l'empereur pût désirer, ce serait celui de César ! Mais tant de petits princes ont tellement déshonoré ce titre que cela ne se rapproche plus de la mémoire du grand César, mais de celle de ce tas de princes allemands, aussi faibles qu'ignorants, et dont aucun n'a laissé de souvenir parmi les hommes.

Quand, après Wagram, l'Institut proposa d'attribuer à l'empereur le titre d'Auguste.

Cela donnera à M. de Chateaubriand l'occasion d'écrire quelques pages pathétiques qu'il lira dans le faubourg Saint-Germain. Les belles dames pleureront, et vous verrez que cela le consolera.

À l'adresse de l'écrivain René de Chateaubriand, cousin de l'agent royaliste Armand de Chateaubriand, fusillé. Pendant l'Empire, le quartier Saint-Germain était à Paris le noyau royaliste.

Un mal vif mais court vaut mieux qu'une souffrance prolongée.

À Metternich, récemment nommé ministre des affaires étrangères d'Autriche.

Quand j'ai pris dans l'armée d'Égypte mon titre de membre de l'Institut, je savais bien ce que je faisais ! Chaque soldat pouvait se croire aussi brave que moi ; je n'aurais pas reculé entre les braves, mais tout était perdu s'ils ne m'avaient pas cru le plus savant.

À Maret, secrétaire d'État.

Réflexion sur l'expédition d'Égypte à laquelle Bonaparte avait associé un grand nombre de membres de l'Institut.

On s'est rallié à moi pour jouir en sécurité ; on me quitterait demain si tout rentrait en problème.

À Maret, secrétaire d'État.

Napoléon ne se faisait pas d'illusions sur la fidélité totale de ses collaborateurs et de ses généraux.

À la guerre, le moral et l'opinion sont plus de la moitié de la réalité ! L'art des grands capitaines a toujours été de publier et de faire apparaître à l'ennemi leurs troupes comme très nombreuses, et, à leur propre armée, l'ennemi comme très inférieur. Loin d'avouer que je n'avais à Wagram que 100 000 hommes, je m'attachais à persuader que j'avais 220 000 hommes. Constamment dans mes campagnes en Italie, où j'avais une poignée de monde, j'ai exagéré ma force. Cela a servi mes projets et n'a pas diminué ma gloire.

À Champagny, ministre des relations extérieures.

L'empereur jugeait utile, pendant une campagne, d'exagérer devant l'ennemi le nombre de ses soldats. À Wagram, l'armée française aligna environ 190 000 hommes tandis que l'armée autrichienne en comptait globalement 270 000.

Si l'Angleterre eût été de bonne foi, elle n'aurait pas si constamment refusé d'entrer en négociations. Elle craint d'être obligée de s'expliquer, elle n'ose avouer ses prétentions.

À Caulaincourt, ambassadeur en Russie.

> Agacé par l'attitude du continent qui ne collabora que de mauvaise grâce au Blocus continental, Napoléon s'irrita plus spécialement de ce que l'Angleterre ne lui fît pas les ouvertures qu'il avait attendues après la victoire de Wagram et le traité de Vienne avec l'Autriche.

Vous vous battez contre des moulins à vent ! Je n'ai entendu dire partout que du bien de vous ! Les reproches que je vous ai faits venaient de mes obligations parce que j'aime que toutes les opérations de mes ministres soient légales, mais cela est loin d'effacer le mérite de tout ce que vous avez fait pour mon service.

À Fouché.

> Fouché, à Fontainebleau, le 27 octobre, essayait de justifier son action contre l'expédition anglaise à Walcheren.
> Les Anglais, commandés par lord Chatham, frère aîné du célèbre Pitt, débarquèrent à Walcheren (29 juillet) alors que l'empereur était encore en Autriche après la victoire de Wagram. Fouché, ministre de la police, et par intérim de l'intérieur, appela la garde nationale sans attendre l'autorisation impériale, donnant une étrange importance à cette levée. L'expédition anglaise échoua, et l'empereur, satisfait de l'action de Fouché, le nomma duc d'Otrante. Mais, ayant soupçonné dans cette affaire quelque intention subversive du ministre de la police, il lui retira peu après la fonction de ministre de l'intérieur.

Celles de mes journées qui se passent loin de la France sont des journées perdues pour mon bonheur... Mon peuple a eu et aura des princes plus heureux, plus habiles, plus puissants, mais il n'a jamais eu et n'aura jamais de souverain qui porte plus haut dans son cœur l'amour de la France.

Dans une allocution au Sénat.

Le 14 novembre, après la campagne contre l'Autriche et la victoire de Wagram, l'empereur regagna Paris.

La Hollande est une « province anglaise ».

À Louis, roi de Hollande.

La Hollande fut le seul de tous les États alliés à la France qui, même sous le règne de Louis, frère de l'empereur, s'ouvrit le plus complaisamment au commerce britannique et facilita la contrebande anglaise sur le continent.

Il faut avoir bien de l'amour-propre pour être mis aussi simplement.

Un jour de grand cercle, parmi les très élégants courtisans, l'empereur était habillé de son modeste uniforme. Se regardant dans la glace, il s'adressa à Hortense, reine de Hollande.

Nous divorçons. Dieu sait combien une telle résolution a coûté à mon cœur ! Mais il n'est aucun sacrifice qui ne soit au-dessus de mon courage lorsqu'il m'est démontré qu'il est utile au bien de la France.

Le 30 novembre, Napoléon fit part à Joséphine de son intention de divorcer. Devant la famille impériale et en présence de Cambacérès et de Regnault de Saint-Jean-d'Angély, Napoléon annonça officiellement sa décision, pour la raison qu'après 13 ans d'union il restait sans héritier. Le 14 décembre eut lieu, dans le grand cabinet des Tuileries, la dissolution du mariage de l'empereur avec Joséphine par consentement mutuel. Le 16 décembre, le divorce fut approuvé par le sénatus-consulte.

Lorsque des troupes sont démoralisées, c'est aux chefs et aux officiers à rétablir leur moral ou à périr... Qu'on ne m'oppose ni « si », ni « mais », ni « car » ; je suis vieux soldat ; vous devrez vaincre l'ennemi ou mourir.

À Wrede, feld-maréchal de l'armée bavaroise et allié fidèle de la France.

En 1813, pendant la bataille de Leipzig, ce général se retourna cependant contre l'armée française.

Mon mariage ne doit pas être décidé par des motifs de politique intérieure. Il s'agit d'assurer mon influence extérieure et de l'agrandir par une alliance étroite avec un puissant voisin.

À Daru.

L'empereur expliquait à l'intendant général de l'armée (qui lui conseillait d'épouser une Française, après son divorce d'avec Joséphine) que les mariages de souverains ne sont pas affaire de sentiments, mais de politique.

Je ne sens plus ce que l'on veut ; je ne peux détruire des chimères et combattre des nuages.

Après le divorce, Napoléon envisagea une union avec une princesse russe pour fortifier l'alliance avec le tsar. Pendant trois mois l'empereur Alexandre fit traîner ces négociations, en invoquant divers prétextes. Le tsar, qui craignait que la convention militaire franco-autrichienne cachât des articles secrets favorables à la reconstitution de la Pologne, écrivit une note de protestation à Napoléon. L'empereur, qui attendait la réponse matrimoniale et était disposé à signer une convention avec la Russie sur ce sujet, fut très contrarié en recevant cette note.

Je m'afflige de ma manière de vivre qui, m'entraînant dans les camps, détourne mes regards de ce premier objet de mes soucis et de mon cœur : une bonne et solide organisation de ce qui tient aux banques, aux manufactures et au commerce.

À Gaudin, ministre des Finances.

Napoléon soutenait l'idée de la création d'un établissement bancaire puissant, fédérant les principaux banquiers privés, et leur donnant à Paris vocation de monopole grâce à des liens spéciaux avec l'État. La Banque de France, pendant le Consulat, pratiquait l'escompte, le dépôt et l'émission des billets à vue ou à ordre, mais « protégés » par le gouvernement.

Le commerce, sous le Consulat et l'Empire, connut des fortunes diverses, mais la balance commerciale, déficitaire durant la période 1798-1800, deviendra bénéficiaire pour les années 1810-1812.

La création d'une bonne administration était, dans les vues de Napoléon, le principal moyen d'assurer une prospérité sans précédent en France. L'empereur prouva d'ailleurs, durant tout son règne, que ce problème ne le passionnait pas moins que la conduite de ses armées.

🐝

1810

On voit bien, monsieur, que vous n'étiez pas à Wagram.

À Lacuée de Cessac.

Le dimanche 2 janvier se réunissait aux Tuileries le Conseil de la Couronne appelé à délibérer du mariage de l'empereur. Recevant une lettre de Caulaincourt laissant prévoir un refus pour un mariage avec une des archiduchesses de Russie, l'empereur inclina vers l'union avec la dynastie autrichienne.

C'est alors que Lacuée de Cessac, ministre de l'administration et de la guerre, parla avec mépris de l'utilité d'une alliance avec l'Autriche dont la force armée était diminuée. Napoléon lui répliqua, se souvenant de la détermination avec laquelle les Autrichiens avaient combattu à Aspern, à Essling et à Wagram.

Jeune, j'ai été révolutionnaire par ignorance et par ambition.

À Metternich.

Napoléon rappelait que, pendant la Révolution, il admirait les jacobins, spécialement Robespierre et Marat.

Le soin de vous plaire, madame, sera la plus constante et la plus douce affaire de ma vie.

Parole galante adressée à Marie-Louise d'Autriche, qu'il venait d'épouser par procuration à Vienne et qu'il ne connaissait pas encore personnellement. L'union avec Marie-Louise fut bénie solennellement à l'église paroissiale de Hofburg, le 11 mars. Le prince Berthier y représentait Napoléon.

Vous y direz qu'un des principaux moyens dont se servaient les Anglais pour rallumer la guerre du continent, c'était de supposer qu'il était dans mes intentions de détrôner les dynasties. Rien ne m'a paru plus propre à calmer les inquiétudes que de demander en mariage une archiduchesse d'Autriche.

À Champagny.

> *Champagny, ministre des relations étrangères, fut chargé de rédiger, à l'intention des représentants de la France à l'étranger, une circulaire qui annonçait le mariage de l'empereur Napoléon avec Marie-Louise d'Autriche.*

Je me donne des ancêtres.

> *Confidence de Napoléon à ses familiers, alors qu'à Compiègne il attendait sa future épouse, Marie-Louise, archiduchesse d'Autriche et fille de l'empereur François II. Leur mariage civil fut célébré à Saint-Cloud le 1ᵉʳ avril.*

Quand l'impératrice [Marie-Louise] est arrivée ici, elle a joué sa première partie de whist avec deux régicides, M. Cambacérès et M. Fouché.

> *Réponse de Napoléon à ceux de son entourage qui considéraient le mariage avec Marie-Louise, la nièce de Marie-Antoinette et de Louis XVI, comme un défi à la Révolution française qui les avait condamnés à mort. Cambacérès et Fouché comptaient parmi les « régicides ».*

La police est un moyen extrême qu'on ne doit pas employer dans la marche habituelle de l'administration.

À Savary, ministre de la police.

> *Pendant l'Empire, la police, parfaitement organisée sous les ordres de Fouché, était devenue un instrument d'État très évolué et trop puissant. Napoléon révoqua Fouché comme ministre de la police, le 3 juillet 1810. Le*

système révéla ses faiblesses sous son successeur Savary, renommé depuis l'affaire de Vincennes (exécution du duc d'Enghien) et la fourberie de Bayonne (contre la famille royale d'Espagne).

En France, où la nation est douée d'une conception prompte, d'une imagination vive et susceptible d'impressions fortes, la liberté indéfinie de la presse aurait de funestes résultats.

Au Conseil d'État, noté par Thibaudeau.

Au début de 1810 il ne restait qu'une dizaine de journaux politiques à Paris, et la police proposa de réduire leur nombre à cinq. Le mécanisme de propagande et les moyens de censure furent tellement perfectionnés que Metternich ne put s'empêcher de montrer son admiration en disant : « Les gazettes valent à Napoléon une armée de 300 000 hommes. »

Je ne puis pas dire que le royaume de Pologne ne sera jamais rétabli, car ce serait dire que si, un jour, les Lithuaniens ou toute autre circonstance allaient le rétablir, je serais obligé d'envoyer mes troupes pour m'y opposer. Cela est contraire à ma dignité.

À Champagny, ministre des relations extérieures.

Pour rassurer le tsar Alexandre, Napoléon se montra disposé à ne pas prêter assistance aux soulèvements intérieurs qui auraient pu rétablir le royaume de Pologne ; mais, si cet événement advenait, il ne s'y opposerait pas par les armes.

Ce n'est pas une chose indifférente pour moi que d'observer cette nature d'homme né roi.

À Caulaincourt, ambassadeur en Russie.

Même s'il a combattu et vaincu presque toutes les maisons royales d'Europe, Napoléon fut toujours impressionné par la personnalité et les dons naturels des rois héréditaires, spécialement par le tsar Alexandre.

Je suis un homme qu'on peut tuer mais qu'on n'outrage pas.

À Metternich.

Napoléon n'a jamais cessé de croire à la vertu de l'honneur.

J'ai très rarement tiré mon épée, car je gagnais les batailles avec mes yeux et non pas avec mes armes.

Napoléon voulait souligner ainsi la puissance décisive de son jugement dans les actions militaires.

Je ne manque pas de bras, mais d'habiles matelots.

Au maréchal Marmont.

Dans les années qui suivirent le désastre de Trafalgar (1805), Napoléon avait établi un plan de restauration de la flotte française. Des navires sortaient des chantiers chaque année. Le gros problème restait celui des bons matelots qu'on pouvait recruter surtout en Hollande, à Gênes et sur les côtes dalmates.

Le voyage de noces de l'empereur avec Marie-Louise se passa le long des côtes, à inspecter les ports et leurs chantiers.

Je n'aime pas à revenir sur ce que j'ai fait ; ce qu'il faut éviter, c'est moins encore l'erreur que la contradiction avec soi-même ; c'est surtout par cette seconde faute que l'autorité perd sa force.

À Mollien, ministre du Trésor.

D'après Napoléon, les décisions une fois prises par un chef d'État, l'action doit suivre immédiatement et de façon implacable.

Quand je veux interrompre une affaire, je ferme son tiroir et j'ouvre celui d'une autre. Elles ne se mêlent point l'une avec l'autre et jamais ne me gênent ni ne me fatiguent. Veux-je dormir ? Je ferme tous les tiroirs et me voilà au sommeil.

À Mollien.

Expliquant que tout était classé dans sa tête, et que la multitude et la complexité de ses problèmes ne le tourmentaient pas.

Je ne nie point que la Suède et la Pologne soient des moyens contre la Russie en cas de guerre, mais cette guerre n'arrivera jamais de mon fait.

À Champagny, ministre des relations extérieures.

Réponse donnée au ministre qui lui présentait les avantages du rapprochement de la France avec la Russie.
L'empereur fit de grands efforts pour atténuer les différends politiques qui opposaient les deux pays, le plus dangereux problème restant la question de la Pologne.

J'ai toujours aimé l'analyse : « pourquoi » et « comment » sont des questions si utiles qu'on ne saurait trop se les poser.

À Champagny.

Voulant souligner que la connaissance de l'âme humaine était une des conditions primordiales de ses succès.

C'est égal, c'est un homme ; et, aux ordres que j'ai donnés à cet égard, il ne peut exister d'exception ou bientôt il n'y aura plus de règles.

Sauf quelques rares personnes (comme le compositeur Paer et les peintres Isabey et Prud'hon), Napoléon ne tolérait aucun homme dans l'entourage de l'impératrice Marie-Louise. Le jour où il trouva chez son épouse l'orfèvre Biennais, pourtant venu en professionnel, il ne cacha pas son mécontentement.

Je viens de mettre un terme à la douloureuse incertitude où vous [les Hollandais] viviez, et de faire cesser une agonie qui achevait d'anéantir vos forces et vos ressources.

Dans le discours tenu devant les députés de Hollande.

L'empereur reprochait à son frère Louis son inertie à la tête du royaume de Hollande et son incapacité à contrecarrer l'invasion de l'île de Walcheren par les Anglais une année auparavant. Le roi Louis fut remplacé par l'architrésorier Lebrun comme lieutenant impérial, et la réunion de la Hollande à l'Empire français fut décrétée le 9 juillet 1810.

Je n'ai pu me refuser à la chose, parce qu'un maréchal français sur le trône de Gustave Adolphe [roi de Suède] est un des plus jolis tours joués à l'Angleterre.

À Metternich.

Le maréchal Bernadotte fut élu de façon inattendue prince héréditaire de Suède, le 21 août 1810. Napoléon, commettant une imprudente erreur politique, ne fit pas opposition à cette nomination, espérant trouver un allié dans la personne de Bernadotte, ce guerrier « sans peur », mais nullement « sans reproche ».

– Voyez-vous cette étoile ?
– Non, répondit le cardinal Fesch, son oncle.
– Tant que je serai le seul qui l'aperçoive, j'irai mon train et je ne souffrirai pas d'observations.

Le cardinal Fesch lui faisant une observation au sujet de la guerre d'Espagne, l'empereur le conduisit vers une fenêtre, en plein jour, et lui posa cette question.

La France avant tout.

À Eugène de Beauharnais.

Quand Eugène, le vice-roi d'Italie, se plaignit que l'exportation des soies de son royaume ne fût pas autorisée vers l'Allemagne, l'empereur lui expli-

qua que sa politique consistait à réserver en priorité à l'industrie française le bénéfice de ses conquêtes.

J'ai voulu réaliser dans un État de quarante millions d'individus ce qu'avaient fait Sparte et Athènes
À Portalis.

Pendant toute la période de l'Empire, Napoléon ne cessa de comparer la nouvelle société française, qu'il envisageait, avec les plus grandes et les plus puissantes sociétés de l'Antiquité.

J'espérais pouvoir établir un cartel d'échange des prisonniers entre la France et l'Angleterre et, par suite, profiter du séjour de commissaires à Paris et à Londres pour arriver à un rapprochement... Mes espérances ont été déçues. Je n'ai reconnu dans la manière de négocier du gouvernement anglais qu'astuce et mauvaise foi.

Dans le message au Sénat.

Prenant conscience que le conflit avec la Russie ne cesserait de s'aggraver, Napoléon espérait encore amener l'Angleterre à traiter. Le 31 décembre, le tsar Alexandre interdit l'entrée en Russie des marchandises françaises.

❧

1811

Je sais que vous [Astros] êtes en opposition avec les mesures que ma politique prescrit, que vous ne cessez d'agir sourdement pour en paralyser les effets, mais ces projets me sont connus ; je saurai les déjouer.

Noté par Pasquier, préfet de police.

À la réception du chapitre de Paris, présenté par le cardinal Maury, Napoléon exprima son mécontentement envers l'abbé d'Astros, neveu de Portalis, qui fut nommé en 1807 grand vicaire capitulaire de Paris. À cause de sa position en faveur du pape Pie VII et contre le cardinal Maury, Astros fut disgracié et emprisonné durant trois ans à Vincennes.

Ne pensez qu'à la mère, c'est son droit ! La nature n'a pas de lois. Faites comme s'il s'agissait d'une boutiquière de la rue Saint-Denis. Conduisez-vous comme si vous attendiez le fils d'un savetier.

> Au docteur Dubois.

Pendant l'accouchement de l'impératrice Marie-Louise (20 mars) au palais des Tuileries en présence de trois médecins, l'enfant se présenta par les pieds et on dut recourir aux forceps pour lui dégager la tête. L'obstétricien Dubois demanda à l'empereur si, en cas d'accident, il devait sauver la mère ou l'enfant. L'empereur n'hésita pas à répondre.

J'ai mis autour de ma personne jusqu'à des émigrés, des soldats de l'armée de Condé, bien qu'on voulût qu'ils m'eussent assassiné. Je dois être juste : ils m'ont été fidèles.

> À Portalis, directeur de l'imprimerie et de la librairie.

La naissance du roi de Rome fut suivie d'une promotion de la Légion d'honneur où figuraient beaucoup d'ex-émigrés.

Les grandes destinées de mon fils s'accompliront. Avec l'amour des Français, tout lui deviendra facile.

Dans la déclaration par laquelle l'empereur faisait part au Sénat de la naissance de son fils, le roi de Rome.

Je serai le premier à désarmer et à tout remettre dans la situation où en étaient les choses il y a un an, si Votre Majesté veut revenir à la même confiance. A-t-elle eu à se repentir de la confiance qu'elle m'a témoignée ?

Le 1er avril 1811, le général comte Jacques-Alexandre Lauriston, désigné pour remplacer Caulaincourt comme ambassadeur de France en Russie, partait à Saint-Pétersbourg muni d'une lettre où Napoléon essayait de reprendre avec le tsar Alexandre un ton amical.

Mon fils répondra à l'attente de la France ; il aura pour vos enfants l'affection que je vous ai portée. Les Français n'oublieront jamais que leur bonheur et leur gloire sont attachés à la postérité du trône que j'ai élevé, agrandi et consolidé avec eux et pour eux.

Dans le discours prononcé, le 16 juin, alors qu'il présidait la séance d'ouverture du Corps législatif.

Madame, je vous confie les destinées de la France. Faites de mon fils un bon Français et un bon chrétien, l'un ne saurait aller sans l'autre.

Recommandations faites à Mme de Montesquiou, nommée par Napoléon gouvernante de son fils, le roi de Rome.

Des soucis ont gâté mes jeunes années. Ils ont influencé mon humeur, ils m'ont rendu grave avant l'âge.

À Duroc, maréchal du palais.

Dans sa jeunesse Bonaparte resta solitaire et n'eut pas beaucoup d'amis.

Ne vous y trompez pas, je suis empereur. Je suis de la meilleure race des César, celle qui fonde.

À Narbonne-Lara, son aide de camp.

Que me veut l'empereur Alexandre ? Qu'il me laisse tranquille ! Croit-on que j'irai sacrifier peut-être 200 000 Français pour rétablir la Pologne ?

Au général russe Schouvalof.

L'empereur était disposé à tout faire pour éviter un conflit avec la Russie. Pourtant le tsar Alexandre, par son jeu subtil et patient, réussit jusqu'à la fin à démontrer à l'Europe, à la postérité et à l'histoire que Napoléon tenait le rôle d'agresseur contre la Russie.

Une fois la résolution prise [de se battre], il faut la tenir ; il n'y a plus de « si » ni de « mais »...

Au maréchal Marmont.

> *Conseil au maréchal qui commandait alors l'armée du Portugal, pour s'opposer avec plus de décision à l'offensive des Anglais débarqués dans la péninsule sous les ordres du général Wellington.*

Quand bien même vos armées camperaient sur les hauteurs de Montmartre, je ne céderai pas un pouce du territoire varsovien ; j'en ai garanti l'intégrité... Je ne pense pas à reconstituer la Pologne, l'intérêt de mes peuples n'est pas lié à ce pays ; mais, si vous me forcez à la guerre, je me servirai de la Pologne comme moyen contre vous.

Au prince Kourakine.

> *Recevant aux Tuileries, le 15 août, à l'occasion de son anniversaire, les vœux du corps diplomatique, Napoléon interpella soudain le prince russe devant toute la cour impériale.*

Il vaut mieux donner la bataille la plus sanglante que de mettre ses troupes dans un lieu malsain.

Conseil au maréchal Davout.

Je l'envie ! La gloire l'attend, alors que j'ai dû courir après elle. Pour saisir le monde, il n'aura qu'à tendre les bras.

À Duroc, maréchal du palais.

> *Devant le berceau de son fils, le roi de Rome.*

Veuillez accepter ce talisman que j'ai trouvé dans un tombeau égyptien ! Maintenant, j'ai un fils, je n'ai pas besoin de mascotte.

À la princesse Schwarzenberg.

> *Offrant un scarabée égyptien à l'épouse de l'ambassadeur d'Autriche à Paris, lors de la fête donnée pour la naissance du roi de Rome.*

Donner des ordres est la moindre des choses ; ce qui importe, c'est d'en assurer l'exécution.

À Clarke, duc de Feltre et ministre de la guerre, à Compiègne.

Je n'ai fait la paix à Tilsit que parce que la Russie s'est engagée à faire la guerre à l'Angleterre.

Au grand manufacturier Ternaux.

À Tilsit, Napoléon supposait que le tsar Alexandre n'oublierait pas que l'Angleterre l'avait entraîné en 1807 à faire une guerre désastreuse contre la France (sans bien l'appuyer), ni que les Anglais s'opposaient au partage de l'Empire turc par les Russes. Pour ces raisons, il espérait que la Russie serait une alliée et un partenaire fidèle, résolu à rendre le Blocus continental effectif contre l'Angleterre. Malheureusement le tournant diplomatique, après Tilsit, ne confirma pas les espoirs de l'empereur.

Vous étiez tous, à des titres différents, les enfants de la Révolution. Elle vous avait trempés dans ses eaux, et vous en étiez sortis avec une vigueur qui ne se reproduira plus ! Quand nous en aurons fini avec la guerre, et Dieu veuille que se soit bientôt, il faudra mettre la main à la besogne, car nous n'avons rien fait encore que de provisoire.

À Beugnot, conseiller d'État.

Je vous prie de ne pas me mettre de pareilles rapsodies sous les yeux. Mon temps est trop précieux pour que je le perde à m'occuper de pareilles fadaises.

Au maréchal Davout.

Le maréchal rapportait à l'empereur que l'esprit anti-français se développait en Allemagne.

Pour qu'elle dure [ma dynastie], il faut que je vive encore vingt-cinq ans et que mon fils soit un grand homme.

À l'écrivain Barante, préfet de la Vendée.

À cette époque Napoléon avait 42 ans.

1812

Pour terminer la Révolution, il faut confondre toutes les opinions et se servir des hommes les plus opposés.

> *rès avoir fondé un État uni pendant le Consulat, le projet constant de Napoléon fut de fonder une nouvelle société sous l'Empire. Son mariage avec Marie-Louise amena près de l'empereur des nobles de l'Ancien Régime, qui jusque-là étaient restés hésitants ou hostiles.*
>
> *En faisant appel à la réconciliation nationale, Napoléon n'en eût, dans son esprit, exclu personne ; après l'installation de Marie-Louise aux Tuileries, il commença à « orner » la cour impériale avec des noms glorieux de l'ancienne noblesse.*

La guerre a été dans mes mains l'antidote de l'anarchie.

À Narbonne-Lara.

On flatte trop autour de moi : j'en suis excédé.

À Narbonne-Lara, son aide de camp et confident.

L'empereur avait le sens du ridicule, et cela suffisait pour l'amener à protester, de temps à autre, contre l'outrance de certaines flatteries.

Ils ont des familles qu'il est impossible d'anoblir ; combien de colonels sont frères de femmes de chambre.

À Mole, conseiller d'État.

> *Vers 1812, l'empereur se montra plus avare qu'auparavant à décerner de nouveaux titres de noblesse ; il songeait à tant de soldats valeureux qui eussent mérité d'être anoblis, mais il hésita parfois, en raison de leurs relations familiales. Par exemple, le père du général Junot, duc d'Abrantès, qui était un demi-paysan, s'était fait imprimer des cartes de visite portant le titre : « Le père du duc d'Abrantès ».*

J'ai succédé aux souvenirs du terrorisme, comme Trajan à Domitien ; et, comme lui, j'ai étendu et illustré l'État. J'ai repris ses traces au-delà du Danube et de la Vistule. Mais il faut que j'aille plus loin, dans le nord, car c'est là-bas le péril et l'avenir : on ne fonde que derrière des remparts inexpugnables.

Devant Narbonne-Lara.

> *Réflexions philosophiques aux conséquences politiques et militaires.*

Il y a en général bien peu d'hommes d'État ! J'ai sûrement les ministres les plus capables d'Europe, mais on s'apercevrait cependant bientôt combien ils sont au-dessous de l'opinion qu'on en a, si je n'imprimais plus le mouvement de ces rouages.

> *De plus en plus Napoléon n'exigea de ses ministres que la compétence, la force de travail, la soumission et la capacité de le comprendre. Les deux vrais hommes d'État de son règne, Talleyrand et Fouché, tombèrent en disgrâce après 1810.*

Si la fatalité veut que les deux plus grandes puissances de la terre se battent pour des peccadilles de demoiselles, je ferai la guerre en galant chevalier.

À Tchernitchev.

> *Le 25 février, à Paris, Napoléon remit au plénipotentiaire russe (qu'il accueillit chaleureusement) une lettre pour le tsar Alexandre dans laquelle*

il soulignait les risques de guerre si la Russie n'appliquait pas les conditions du traité de Tilsit concernant le Blocus continental.

Le tsar Alexandre, vaniteux et jaloux de Napoléon, rêvait alors de nouer de nouvelles alliances contre la France. Il craignait particulièrement la politique orientale de Napoléon concernant Constantinople, et redoutait l'expansion des idées subversives de la Révolution française dans son pays.

Il répondit par un ultimatum qui enjoignait Napoléon de ramener ses troupes derrière l'Elbe et d'accepter un nouveau traité de commerce avec la Russie. Le prince Kourakine en remit ce texte à l'empereur le 27 avril.

Celui qui m'aurait évité cette guerre m'aurait rendu un grand service.

Déclaration devant Savary.

De longues négociations sans résultats précédèrent la guerre de Russie qui, pour des raisons diverses, devenait inévitable. La Russie avait cessé d'observer le Blocus continental, le tsar Alexandre avait pris ombrage de l'alliance de famille contractée par Napoléon avec la maison d'Autriche, et la création du grand-duché de Varsovie laissait prévoir le rétablissement de la Pologne.

Le 5 mai, Napoléon parut à l'Opéra, et le 9 il quitta Paris en direction de la Russie.

L'inexpérience des chirurgiens fait plus de mal à l'armée que les batailles ennemies.

Au comte Daru, ministre.

Réflexion concernant la médecine de guerre, faite au ministre directeur de l'administration de la guerre, qui préparait matériellement la campagne contre la Russie.

Vous direz au roi de Westphalie [son frère Jérôme] qu'il est impossible de manœuvrer plus mal qu'il ne l'a fait. Il fait que Bagration aura tout le temps de faire sa retraite et il l'a faite à son aise. Vous lui direz que tout le fruit de mes manœuvres et la plus belle occasion qui se soit présentée à la guerre ont échappé par ce singulier oubli des premières notions de la guerre.

Au maréchal Berthier, son chef d'état-major.

Lors de la campagne de Russie, commencée le 24 juin par le passage du Niémen à quelque distance au nord de Kovno, Napoléon comptait attaquer immédiatement les Russes, mais l'ennemi recula. L'armée française chercha le contact mais trouva chaque fois le vide, et parfois à cause d'un manque de coordination du commandement français. Ainsi Davout, à la fin juin, s'efforçant de couper la retraite au général russe Bagration, eut besoin de l'appui de Jérôme Bonaparte, commandant le huitième corps d'armée. Celui-ci, n'accélérant pas son mouvement vers Minsk, laissa Bagration s'échapper en passant la Berezina et marcher sur Smolensk.

Messieurs, rappelez-vous ce mot d'un empereur romain : « Le corps d'un ennemi mort sent toujours bon. »

Cité par Caulaincourt.

L'empereur décida d'attaquer les armées du général russe Barclay de Tolly. Une bataille meurtrière eut lieu à Smolensk, le 17 août, où les Russes perdirent 12 000 hommes et les Français 6 000, mais ce ne fut pas le combat décisif espéré par Napoléon, car le général russe parvint à battre en retraite en bon ordre.

Contemplant l'incendie de la ville, l'empereur répondait à un de ses compagnons qui trouvait le spectacle horrible.

Peu après, le général Koutouzov, le vainqueur des Turcs à Roudschouck, fut nommé commandant en chef de l'armée russe.

Le péril même nous pousse vers Moscou : j'ai épuisé les objections des sages.

À Narbonne-Lara.

Quittant Smolensk (le 25 août) et pensant à Moscou, l'empereur dévoila ses projets à son aide de camp.

> *Koutouzov, persuadé que pour conserver sa popularité il ne devait pas laisser les Français arriver à Moscou sans livrer bataille, décida d'attendre l'armée française près de Borodino, en avant de Mojaisk.*

J'ai besoin d'une grande bataille.

Au général Rapp, aide de camp de Napoléon.

> *À l'aube de 6 septembre, inspectant le terrain autour de Borodino, l'empereur fut satisfait d'apprendre par le général Rapp que l'armée russe du général Koutouzov s'était retranchée, qu'ainsi elle ne se retirerait pas, et que la bataille décisive pour Moscou aurait lieu.*

Mon fils est le plus bel enfant de France.

À Rapp.

> *Bausset, le préfet du palais, arrivant de Paris dans l'après-midi du 6 septembre, la veille de la bataille de Borodino, apporta le portrait du roi de Rome peint par Gérard. L'empereur trouva ce tableau accroché dans sa tente.*

Messieurs, si mon fils avait quinze ans, croyez qu'il serait ici, au milieu de tant des braves, autrement qu'en peinture.

> *Napoléon plaça le portrait de son fils à la porte de sa tente et appela les officiers de sa suite pour regarder le visage de cet enfant qu'il aimait passionnément. Le portrait resta là toute la journée.*

Retirez-le, il voit de trop bonne heure un champ de bataille.

À son secrétaire.

> *Trahissant son inquiétude, l'empereur demanda qu'on retire le portrait du roi de Rome.*

Soldats, conduisez-vous comme à Austerlitz, à Friedland, à Vitebsk, à Smolensk, et la postérité la plus reculée citera votre conduite dans cette journée.

> *Au petit matin du 7 septembre, les officiers lurent à leurs troupes la proclamation de l'empereur avant la bataille de Borodino où Napoléon chercha à obtenir sur les Russes une victoire décisive.*

Voilà le soleil d'Austerlitz.

> *Ainsi s'exclama l'empereur le 7 septembre à cinq heures et demie du matin à l'apparition du soleil, avant la bataille qui devait être un véritable carnage. Les pertes furent considérables de part et d'autre : près de 30 000 soldats de la Grande Armée et 50 000 Russes furent tués ou blessés.*

La fortune est une grande courtisane ! Je l'ai souvent dit, et je commence à l'éprouver.

Au général Rapp.

> *Ce général reçut, à la bataille de Borodino, sa vingt-deuxième blessure.*

Ces Russes se font tuer comme des machines ; on n'en prend pas. Cela n'avance pas nos affaires. Ce sont des citadelles qu'il faut démolir au canon.

À Berthier et à Caulaincourt.

> *Pendant la bataille de Borodino l'empereur fit cette observation à plusieurs reprises. Pourtant son hésitation à faire intervenir la garde pour achever la bataille frappa tous les témoins. Son état de santé (un rhume accompagné de fièvre) et les pertes sérieuses de l'armée française influencèrent peut-être cette décision.*
>
> *Koutouzov parvint à battre en retraite et à disposer le reste de son armée à Taroutina. Napoléon entra à Moscou le 14 septembre et y resta 5 semaines.*

Nous donnerons le spectacle d'une armée hivernant au milieu de peuples ennemis qui la pressent de toutes parts. L'armée française dans Moscou sera le vaisseau pris par les glaces, mais au retour de la belle saison, si l'on nous y oblige, nous recommencerons la guerre.

> *Napoléon pensa qu'après la conquête de Moscou le tsar ferait la paix et, si Alexandre hésitait à la demander, il comptait trouver dans la capitale russe les ressources pour passer l'hiver et recommencer une nouvelle campagne au printemps suivant. Mais l'incendie de Moscou brisa ses espoirs.*

Cela devient grave. Je bats toujours les Russes mais cela ne termine rien.

À Caulaincourt.

> *Pendant la légendaire retraite de Russie qui commença le 20 octobre, et après la sanglante bataille de Maloiaroslavets (24-25 octobre), les Français prirent le contrôle de la ville, mais ils renoncèrent à atteindre Kalouga, région riche de ressources alimentaires, et remontèrent plus au nord pour reprendre la route de Mojaisk. Cette décision fut très lourde de conséquences, car la famine devait rendre le froid fatal. Le 9 novembre, le thermomètre descendit à moins 20 degrés.*

Dans l'état actuel des choses, je ne puis en imposer à l'Europe que du palais des Tuileries.

> *En pleine retraite, l'empereur, poussé par les événements politiques qui se déroulaient à Paris (la singulière conspiration du général Malet) et la nécessité de reconstituer le plus tôt possible une nouvelle armée, décida à Smorgoni, le 5 décembre, de laisser l'armée au commandement du maréchal Murat. Il se fit accompagner dans son voyage par Caulaincourt.*

Parmi ces militaires, ces fonctionnaires, auxquels on annonçait ma mort, pas un n'a pas pensé à mon fils. L'idée du roi de Rome n'est même pas venue à Frochot.

À Caulaincourt, en traîneau vers Paris.

> *Le 23 octobre 1812, à 4 heures du matin, le général Malet (qui se trouvait en état d'arrestation parce qu'impliqué dans un complot républicain)*

réussit à s'échapper et à se présenter au commandement de la garde nationale en annonçant la mort de l'empereur en Russie et la formation d'un gouvernement provisoire. Il fit saisir Pasquier, le préfet de police, et Frochot, le préfet de la Seine, et fit libérer d'autres officiers emprisonnés.

La conjuration réussit jusqu'à 9 heures du matin, mais elle échoua quand Malet, essayant de s'emparer de l'état-major, fut arrêté par le général Hullin. Malet et treize de ses complices furent condamnés à mort et exécutés. Cet événement révéla la faiblesse du régime impérial.

Frochot fut destitué de ses fonctions. Lors des Cent-Jours, il fut gracié et nommé préfet des Bouches-du-Rhône.

Vous figurez-vous, Caulaincourt, la mine que vous feriez dans une cage de fer, sur la place de Londres ?

À Caulaincourt.

Du 5 au 18 décembre, revenant de Russie vers Paris et traversant l'Allemagne en traîneau avec Caulaincourt, l'empereur pensait au risque d'être arrêté et livré aux Anglais.

N'est-ce pas que j'ai là une bonne femme ?

À Caulaincourt.

Le 12 décembre, arrivé à Posen, Napoléon reçut du courrier de l'impératrice Marie-Louise. En lisant une de ces lettres, il s'exclama.

Je me suis trompé non sur le but et l'opportunité politique de cette guerre, mais sur la manière de la faire.

À Caulaincourt.

Monologuant, en traîneau, sur sa manière de conduire la malheureuse campagne de Russie.

Les Anglais finiront par souscrire à tout ce que les États-Unis voudront, et le gouvernement américain, confié à des mains habiles, à des hommes d'État, y gagnera plus de ressort. Ce pays sera, à l'avenir, le plus puissant adversaire de l'Angleterre. Il la fera trembler avant trente ans.

À Caulaincourt.

Prévoyant avec justesse, pendant la retraite de Russie, la force des États-Unis d'Amérique dans un avenir proche.

Les maréchaux, les généraux livrés à eux-mêmes en Espagne auraient pu mieux faire, mais il ne veulent pas s'entendre. Ils se détestent au point qu'ils seraient désespérés de faire un mouvement qui pourrait tourner à la gloire d'un autre.

À Caulaincourt.

Le défaut de coordination entre les divers corps de l'armée française en Espagne devint plus flagrant à partir de 1811, car chacun des généraux en chef, à l'exception de Marmont, n'apportait son soutien aux autres qu'avec retard ou même le refusant sous divers prétextes, entendant ne recevoir d'ordres que de la part de l'empereur.

Je ne suis pas un don Quichotte qui a besoin de quêter les aventures... La seule différence entre moi et les autres souverains, c'est que les difficultés les arrêtent et que j'aime à les surmonter.

À Caulaincourt.

Caulaincourt a consigné dans ses mémoires les jugements de l'empereur sur différentes personnalités militaires et civiles, pendant leur voyage de Smorgoni à Paris.

Le terrible bulletin a fait son effet, mais je vois que ma présence fait encore plus de plaisir que nos désastres ne font de peine. On est plus affligé que découragé.

À Caulaincourt.

L'empereur arriva à Paris pendant la nuit de 18 décembre.

CITATIONS

Connu à Paris le 17 décembre, le célèbre et tragique 29 bulletin de l'armée, qui avouait le désastre de la campagne de Russie, avait produit une terrible angoisse en France. Pourtant l'empereur resta calme et se montra optimiste, espérant qu'à la longue ce bulletin provoquerait en France un sursaut de patriotisme et un désir de revanche militaire.

Le désastre que je viens d'éprouver est terrible. C'est une brèche à ma gloire, mais il aura servi à l'affermissement de ma dynastie. Je le compare à une tempête qui secoue violemment l'arbre jusque dans ses racines et qui le laisse plus fortement rivé au sol dont elle n'a pu l'arracher.

À Molé, au retour de Russie.

Sur les 450 000 hommes réunis à Vilna, avant la campagne de Russie, seulement 120 000 étaient français. L'armée française perdit dans cette campagne plus de 80 000 hommes, l'équivalent de trois grandes batailles.

Eh bien, vous avez eu aussi votre mauvaise journée ; il n'en manque pas dans la vie.

À Pasquier.

Pasquier, procureur général et conseiller d'État, se fit surprendre, comme préfet de police à Paris, par le coup d'État tenté par Malet. Il échappa toutefois à la disgrâce de l'empereur qui, rentrant à Paris, le reçut avec ces mots.

La fortune m'a ébloui. J'ai été à Moscou, j'ai cru signer la paix. J'y suis resté trop longtemps. J'ai fait une grave faute, mais j'aurai les moyens de la réparer.

Recevant Decrès et le comte de Cessac dans ses appartements, le 19 décembre, l'empereur revendiqua la responsabilité de l'échec de la campagne de Russie.

Pendant qu'il était à Moscou, entre le 14 septembre et le 20 octobre, Napoléon fit au tsar des propositions de paix. Celles-ci n'aboutirent pas, car les Russes attendaient l'approche de l'hiver pour reprendre l'offensive.

1813

Je désire la paix, mais je ne ferai qu'une paix honorable.

Devant le Corps législatif.

Dans le discours d'ouverture de la session (14 février) où l'empereur s'était rendu en grande cérémonie.
Dès son retour à Paris, Napoléon adressa au tsar Alexandre des propositions de paix que celui-ci rejeta, ébloui par l'espoir d'avoir maintenant le rôle de « libérateur » de l'Europe. Aussi Napoléon demanda-t-il la médiation de l'Autriche, qui jouait déjà double jeu en cherchant à gagner du temps. L'empereur savait que toute autre concession de sa part serait interprétée comme un acte de faiblesse et il prit ses dispositions pour la guerre.

Des protestations à dire la vérité feraient presque croire qu'on n'a pas l'habitude de la dire toujours.

À Maret, duc de Bassano.

Ce directeur de cabinet de Napoléon occupait pour les affaires civiles la même place que tenait le maréchal Berthier pour les affaires militaires.

Les affaires d'Espagne n'ont tenu qu'à un enchaînement de circonstances que l'on n'a pas pu prévoir ; nul calcul humain n'a pu être fait sur l'excès de bêtise et de faiblesse que j'ai trouvé dans Charles IV [roi d'Espagne], ni sur la coupable ambition et la duplicité de Ferdinand [fils aîné de Charles IV] qui est aussi méchant que méprisable.

À Maret.

En lui expliquant les raisons de son intervention dans les affaires d'Espagne.

Lorsqu'au début mai 1808 Napoléon se rapprocha la famille royale espagnole, il choisit d'abandonner le prince Ferdinand au profit de son père, le roi Charles IV, et de son ministre Godoy (l'amant de la reine), que les Espagnols détestaient. De plus, Talleyrand, Murat et Berthier – entre autres – poussaient l'empereur à prendre dans l'affaire d'Espagne des décisions expéditives et aventureuses.

À partir de trente ans on commence à être moins propre à faire la guerre. Alexandre [le Grand] est mort avant de pressentir le déclin.

À Molé.

Considérant qu'à son âge un guerrier pouvait être trop vieux pour continuer à lutter. L'empereur était à cette époque âgé de 44 ans.

Il manquait à l'armée d'Espagne un général et il y avait de trop le roi [son frère Joseph, roi d'Espagne].

À Maret.

Concernant le commandement de l'armée durant la guerre d'Espagne qui tournait très mal pour les Français.

Joseph, roi d'Espagne soumis à la tutelle de l'empereur, fut, à partir de l'automne 1809, dessaisi de la responsabilité de conduire la guerre, au profit du maréchal Soult.

J'envie le sort du dernier paysan de mon empire : à mon âge il a payé sa dette à la patrie, il peut rester chez lui entouré de sa femme et de ses enfants. Quant à moi, c'est au milieu des camps que me conduit l'inexplicable destinée.

Avant son départ vers la Saxe.

Quatre mois seulement après son retour de Russie, l'empereur fut obligé de quitter Saint-Cloud, le 15 avril, et de repartir en campagne.

Que voulez-vous, mon cher, au fond je n'ai personne à mettre à ma place, ni à l'armée, ni ici. Sans doute je serais trop heureux si je pouvais laisser faire la guerre à mes généraux, mais je les ai trop accoutumés à ne savoir qu'obéir...

À Molé.

> *Réponse à Molé qui, lors du départ de Napoléon pour la campagne de 1813, évoquait l'inquiétude nationale provoquée par cet événement.*
>
> *Le prestige de l'armée, entamé par le désastre de Russie, et un sentiment national opposé cette fois-ci à la guerre ont caractérisé le début de la campagne de 1813 en Allemagne (campagne de Saxe).*

Il y a vingt ans que je commande les armées françaises ; je n'ai pas encore vu autant de bravoure et de dévouement.

Dans le bulletin de la Grande Armée.

> *Le 2 mai, après la bataille victorieuse de Lützen contre les alliés, Napoléon manifesta son admiration pour les jeunes conscrits de 1813.*
>
> *Napoléon ordonna une levée de 180 000 hommes sur les classes antérieures, et 150 000 hommes de la conscription de 1814. Pour encadrer les recrues, il rappela d'Espagne tous les gradés qui n'y étaient pas indispensables.*
>
> *Les victoires de Lützen et Bautzen furent incontestables, mais, faute de cavalerie, la jeune armée de Napoléon ne fut pas en état de poursuivre vigoureusement l'ennemi et de décider de l'issue de la campagne.*

Eh bien, nous avancerons aussi.

Au maréchal Berthier.

> *À Liegnitz, le 27 mai, le maréchal faisait observer à l'empereur que les Russes avançaient dangereusement dans leur direction. Napoléon, gardant son calme, répondit en plaisantant, tout en faisant avancer l'artillerie française. L'ennemi évacua le terrain peu après.*

La guerre ne se fait qu'avec de la vigueur, de la décision et une volonté constante ; il ne faut ni tâtonner ni hésiter. Établissez une sévère discipline, et dans les affaires n'hésitez pas à avoir confiance en vos troupes.

Au général Bertrand, à Liegnitz.

Je veux la paix, mais non une paix qui me remette les armes à la main trois mois après et qui soit déshonorante... je ne fais pas de la guerre un métier et personne n'est plus pacifique que moi.

À Cambacérès.

> *Pendant l'armistice de Pleswitz, signé le 4 juin, qui suivit les victoires des Français à Lützen et à Bautzen, et qui dura deux mois.*
> *D'ailleurs beaucoup de personnes dans son entourage – entre autres Gaudin, Savary, etc. – affirmèrent que Napoléon aspirait à la paix, pas seulement dans cette campagne, mais aussi pendant toute la durée de son règne, et en particulier pendant le Consulat.*

J'étais obligé de faire bonne contenance dans une si gauche posture.

À Maret.

> *À Dresde, en pleine campagne, l'empereur garda son calme en apprenant le désastre de l'armée française à Vitoria, dans le pays basque en Espagne (21 juin), qui donnait à Wellington la possibilité d'envahir la France.*

Ah ! Metternich ! Combien l'Angleterre vous a-t-elle donné pour vous décider à jouer ce rôle contre moi ?

À Metternich.

> *Le 26 juin, au palais Marcolini à Dresde, Metternich remettait à Napoléon une lettre de l'empereur d'Autriche.*
> *La perfidie du ministre autrichien, qui faisait tout ce qui était en son pouvoir pour que son pays, encore neutre, rejoignît les ennemis de France,*

> *n'avait pas échappé à la vigilance de l'empereur. Metternich, après avoir proposé un congrès à Prague, partit, le cœur ulcéré.*

Vos souverains, nés sur le trône, peuvent se laisser battre vingt fois et rentrer toujours dans leurs capitales : moi, je ne le puis pas parce que je suis un soldat parvenu. Ma domination ne survivra pas au jour où j'aurai cessé d'être fort et par conséquent d'être craint.

À Metternich.

> *Lors de la longue entrevue de Dresde, Metternich fut convaincu, après cette déclaration, que Napoléon ne s'avouerait jamais vaincu. Le ministre autrichien ne put s'empêcher d'admirer l'homme qui avait si bien deviné les intrigues que la maison d'Autriche était en train de nouer contre lui.*

Ces malheurs sont d'autant plus grands qu'ils sont ridicules.

À son frère Joseph.

> *Le 28 juin, après avoir régné en Espagne environ cinq ans, Joseph revint en France et fit part à Napoléon de la fin de cette aventure. Dans sa réponse, l'empereur lui fit cette remarque.*

Non, ce n'est pas l'armée, ce sont mes généraux qui veulent la paix.

À Metternich.

> *Au ministre autrichien qui lui disait que l'armée française désirait la paix, l'empereur répliqua aussitôt.*
> *Le 12 août, l'Autriche déclara la guerre à la France.*

Eh bien ! Vous venez d'entendre ! Voilà la guerre : bien haut le matin, bien bas le soir.

À Maret.

> *Après la victoire des Français à Dresde (26-28 août), le général Corbineau annonça à l'empereur la défaite du général Vandamme à Kulm*

(30 août). Sans tenir compte de la retraite des Autrichiens battus à Dresde, ce général s'était aventuré dans la profonde vallée de Töplitz et fut alors pris au piège. Cet incident rendit confiance aux armées austro-russes dont le moral était au plus bas après leur débâcle. Ils attaquèrent avec succès l'armée de Macdonald (à Katzbach), celle d'Oudinot (à Grossbeeren) et celle de Ney (à Dennewitz). Ces événements détruisirent tous les espoirs que l'empereur fondait sur sa victoire de Dresde. Il dut se rapprocher de la France et choisit Leipzig pour la réunion de tous les corps de l'armée française.

Le roi me reverra l'année prochaine. Qu'il se le dise bien : il y avait un petit prince que j'ai fait grand. Il y a un grand prince que je ferai petit.

Une semaine avant la bataille de Leipzig, le roi Maximilien-Joseph de Bavière, jusque-là allié de l'empereur, retourna l'armée bavaroise, forte de 60 000 hommes, contre la France.

Si à Leipzig j'avais eu 30 000 coups de canon le 18 au soir, je serais aujourd'hui le maître du monde.

Au ministre de la guerre Clarke, à Paris.

Parlant de la campagne de 1813 qui prit fin par la « bataille des Nations » à Leipzig (16-19 octobre), et où le manque de munitions de l'armée française joua un rôle prépondérant dans la défaite. Les artilleurs tirèrent plus de 220 000 coups de canon ; le dernier jour, les réserves presque vides (16 000 coups) représentaient à peine la quantité nécessaire pour entretenir le feu pendant deux heures.

Après cette féroce bataille et la trahison des Saxons qui, sur le champ de bataille, tournèrent leur artillerie contre les Français, Napoléon fut obligé d'abandonner Leipzig et de se replier sur le Rhin.

Toute l'Europe marchait avec nous il y a un an ; toute l'Europe marche aujourd'hui contre nous. C'est que l'opinion du monde est faite par la France ou par l'Angleterre. La postérité dira que, si de grandes et critiques circonstances se sont présentées, elles n'étaient pas au-dessus de la France et de moi.

Aux sénateurs.

> *Après la malheureuse campagne de Saxe, l'empereur reçut le Sénat aux Tuileries, le 14 novembre, avec ces mots.*
> *La défaite française à Leipzig précipita d'autres défections (celle des Saxons eut lieu le troisième jour de la bataille), et toute l'Europe, à l'exception du Danemark et de la Turquie, se coalisa contre la France. Napoléon quitta l'Allemagne le 7 novembre, espérant que le peuple français, devant la menace de l'invasion, se rangerait derrière lui pour la défense du territoire de la patrie. Rentré à Paris, aucun geste ne trahit chez lui la moindre fatigue ou perte de moral.*

Dans ces grandes circonstances, ma première pensée a été de vous appeler près de moi ; mon cœur a besoin de la présence et de l'affection de mes sujets. Je n'ai jamais été séduit par la prospérité. L'adversi me trouverait au-dessus de ses atteintes.

Aux députés, sénateurs et conseillers d'État.

> *Le 19 décembre, l'empereur les convoqua aux Tuileries.*
> *Les sessions du Corps législatif (29 décembre) et du Sénat furent retardées pour permettre à Caulaincourt, le représentant de la France, de communiquer aux deux assemblées les résultats des pourparlers engagés à Francfort avec les coalisés.*

�

1814

Messieurs, votre commission m'a plus humilié que les ennemis ; elle a dit que l'adversité est la véridique conseillère des rois : cette pensée est vraie, mais l'application qu'on m'a faite est une lâcheté ! Mes ennemis ne m'ont jamais reproché de n'être pas au-dessus de l'adversité : c'est joindre l'ironie à l'insulte... Je suis, sachez-le, un homme qu'on tue, mais qu'on n'outrage pas.

> Le 29 décembre 1813, le Corps législatif invita l'empereur à déclarer qu'il ne continuerait la guerre que pour l'indépendance du peuple français et l'intégrité de son territoire. Le 1er janvier 1814, l'empereur improvisa une réponse aux critiques qui osaient faire une distinction entre l'intérêt du pays et celui du Napoléon.
>
> Les ennemis de la France profiteront de cette situation pour rompre les pourparlers de paix à Francfort sous prétexte que Napoléon n'était plus qualifié pour les poursuivre. L'empereur décida la dissolution temporaire du Corps législatif.

Je ne crains pas de l'avouer, j'ai trop fait la guerre ; je voulais assurer à la France l'empire du monde. Je dois le tort d'avoir trop compté sur ma fortune, et je l'expierai. Je ferai la paix, et cette paix ne sera mortifiante que pour moi. C'est à moi qui me suis trompé, c'est à moi de souffrir, ce n'est point à la France. Elle n'a pas commis d'erreurs, elle m'a prodigué son sang, elle ne m'a refusé aucun sacrifice ! Partez donc, messieurs ! Annoncez à nos départements que je vais conclure la paix.

Allocution aux commissaires.

> Avant son départ pour la campagne de France, Napoléon envoya, le 2 janvier, des commissaires extraordinaires, choisis parmi les sénateurs les plus fidèles, pour activer les mesures prises pour la défense nationale.

Je vous laisse l'impératrice et le roi de Rome, ma femme et mon fils ; je partirai l'esprit dégagé de toute inquiétude parce qu'ils seront sous votre sauvegarde. Ce que j'ai de plus cher au monde après la France, je le remets entre vos mains.

Aux officiers des légions de la garde nationale parisienne.

> Le 23 janvier, aux Tuileries, l'empereur s'adressa à eux et signa les lettres patentes confiant la régence à Marie-Louise. Malgré toute son activité, l'empereur n'eut pas, au commencement de 1814, plus de 70 000 hommes prêts à combattre contre les 360 000 coalisés, mais il espérait

> vaincre les unes après les autres les trois armées ennemies. Il fit tout pour cacher à l'ennemi la faiblesse de ses effectifs.
> Partant de Paris pendant la nuit de 24 janvier, il arriva à Châlons en Champagne où l'armée française se concentrait.

Si l'ennemi arrive aux portes de Paris, il n'y a plus d'Empire.

> À la veille de son départ à l'armée, Napoléon ne s'illusionnait pas trop sur la capacité de la garde nationale parisienne et de ses officiers.
> Il ne reverrait plus sa femme ni son fils.

La stratégie est la science de l'emploi du temps et de l'espace. Je suis, pour mon compte, moins avare de l'espace que du temps : pour l'espace, nous pouvons toujours le regagner. Le temps perdu, jamais.

Devant ses compagnons.

> Réflexion faite à Dammartin-le-Saint-Père, après le combat de Saint-Dizier (27 janvier) où la cavalerie française repoussa les Russes. Deux jours plus tard, il attaqua Blücher à Brienne et le battit.
> Les manœuvres réalisées par Napoléon pendant la campagne de France furent dignes des exploits militaires de sa jeunesse. Malheureusement il ne retrouva pas parmi ses généraux les qualités dont il offrait un si bel exemple.

Allez, mes amis, ne craignez rien. Le boulet qui doit me tuer n'est pas encore fondu.

> L'empereur s'adressait gaiement à son entourage pendant qu'il pointait une pièce de canon à la sanglante bataille de Montereau (18 février). Les Autrichiens du général Schwarzenberg furent repoussés en désordre, mais la victoire ne fut pas totale. Les alliés battant en retraite, Metternich demanda un armistice, et des négociations s'ouvrirent à Châtillon. Influencé par ses derniers succès, Napoléon s'accrocha à la proposition, faite précédemment par les alliés à Francfort, de reconnaître à la France ses frontières naturelles.

CITATIONS

Elle arrivera assez tôt si elle est honteuse.

À M. de Saint-Aignan.

De Montereau, l'empereur marcha sur Troyes et reçut en route un envoyé des hauts fonctionnaires de Paris. M. de Saint-Aignan lui assurait que « la paix sera assez bonne, si elle est assez prompte ». Napoléon lui répliqua en le congédiant.

Il y a remède à tout avec du courage, de la patience et du sang-froid.

Même après les victoires françaises sur les Russes et l'armée de Silésie (Champaubert, Montmirail, Château-Thierry, Vauchamps, Mormant et Montereau), Joseph Bonaparte, qui reçut le titre de lieutenant général avec mission de défendre Paris, exhorta Napoléon à céder devant les conditions présentées par les alliés à Châtillon. Ce congrès fut la dernière rencontre diplomatique officielle entre les Français et les représentants des alliés avant la chute de Napoléon.

Je ne lis plus ses lettres [de Caulaincourt]. Dites-lui qu'elles m'ennuyaient... Il veut la paix ! Et moi ? Je la veux belle, bonne, honorable.

À Fain.

S'adressant à son secrétaire de cabinet, qu'il envoyait à Châtillon où se trouvait Caulaincourt et où les alliés voulaient imposer à la France de renoncer aux limites de 1800, d'abandonner le Rhin et les Alpes, et de rentrer dans ses anciennes frontières de 1792.

Ces gens-là [les alliés] ne veulent pas traiter... Les rôles sont changés ici ! Ils ont mis à l'oubli ma conduite envers eux à Tilsit ; je pouvais les écraser alors ! Ma clémence a été de la niaiserie, un écolier eût été plus habile que moi.

À Caulaincourt, ambassadeur de la France au congrès de Châtillon.

Ce congrès ne fut qu'une simple « comédie » diplomatique.

Des revers inouïs ont pu m'arracher la promesse [à Francfort] de renoncer aux conquêtes que j'ai faites ; mais que j'abandonne aussi celles qui ont été faites avant moi [à Châtillon], que je viole le dépôt qui m'a été remis avec tant de confiance, que pour prix de tant d'efforts, de sang et de victoire, je laisse la France plus petite que je ne l'ai trouvée, jamais.

À Berthier et à Maret, noté par Fain.

Je préférerais voir les Bourbons en France avec des conditions raisonnables aux infâmes propositions que vous m'envoyez.

À Caulaincourt.

Caulaincourt fut envoyé au congrès de Châtillon pour discuter sur la base de la réunion de Francfort. Il ne trouva en face de lui que des diplomates de second plan présentant des exigences insupportables. Le 19 février, les négociations furent rompues.

S'il faut recevoir les étrivières, ce n'est pas à moi de me prêter, et c'est bien le moins qu'on me fasse violence.

À Fain, son secrétaire.

Réflexion de l'empereur recevant les dépêches de Caulaincourt annonçant que les propositions de la France avaient été repoussées à Châtillon.

Ces fusils existent, mais ce sont les hommes que l'administration ne sait pas trouver.

Le 10 mars, à Paris, Savary réclamait sans succès 50 000 fusils pour armer la population.

C'est déjà une très grande faute que de se laisser attaquer.

À Clarke, ministre de la guerre.

Le général autrichien Schwarzenberg interrompit la marche de Napoléon à Arcis-sur-Aube, où ses troupes battirent les Français. Le 20 mars, l'armée française se retira derrière l'Aube.

J'ai tout fait pour mourir à Arcis.

À Bausset, préfet du palais.

L'épée à la main, l'empereur s'était jeté dans la mêlée de la bataille d'Arcis-sur-Aube contre les Autrichiens.

Il y a longtemps que l'on dit que les prêtres et les médecins rendent la mort douloureuse.

À son frère Joseph.

Joseph, affolé par l'avance des forces étrangères vers Paris, ordonnait des prières dans les églises pour le secours de l'Empire.

Tous ces gens-là ne savent point que je tranche le nœud gordien à la manière d'Alexandre [le Grand] ; qu'ils sachent bien que je suis aujourd'hui le même homme que j'étais à Wagram et à Austerlitz, que je ne veux dans l'État aucune intrigue.

À Savary.

Le conseil de régence, recevant les pièces des négociations de Châtillon, se montra d'accord pour accepter les conditions humiliantes des alliés. L'empereur, qui attendait une réaction d'indignation de leur part, en fut déçu et blessé.

Nous combattrons pour l'honneur de la France, pour prouver que les Français ne sont pas faits pour recevoir la loi des cosaques.

Remarque faite par Napoléon en apprenant la présence des troupes ennemies devant Paris.

Le 30 mars, la bataille de Paris commença à Montmartre et à la barrière de Clichy, où l'armée se défendit pied à pied, tandis que Joseph Bonaparte, accompagnant l'impératrice Marie-Louise et le roi de Rome, s'enfuyait, laissant aux généraux Marmont et Mortier le soin de capituler.

Je me suis rendu ici pour défendre Paris, mais il n'était plus temps. Je souffre de ce que tu dois souffrir.

À l'impératrice Marie-Louise.

Le 31 mars à 6 heures du matin, l'empereur arriva au château de Fontainebleau, où il rassembla les restes de l'armée (environ 60 000 hommes) et où il apprit la douloureuse nouvelle de la capitulation de Paris. Il trouva toutefois le temps d'adresser ces mots délicats à son épouse.

Soldats, l'ennemi nous a dérobé trois marches et s'est rendu maître à Paris, il faut l'en chasser. D'indignes Français, des émigrés auxquels nous avons pardonné, ont arboré la cocarde blanche et se sont joints à l'ennemi.

Jurons de vaincre ou de mourir et de faire respecter cette cocarde tricolore qui, depuis vingt ans, nous trouve sur le chemin de la gloire et de l'honneur.

À sa garde.

Le 2 avril, dans la cour du palais de Fontainebleau, Napoléon s'adressa à sa garde qui était venue l'y rejoindre. Mais, rentrant dans le palais, il fut repris par l'accablement, en pensant que son désir de marcher sur Paris serait contenu par les maréchaux.

Les maréchaux, beaucoup des généraux, ont perdu la tête ; ils ne voient pas que sans moi il n'y a plus d'armée et que, sans cela, il n'y a plus de garantie pour eux. Ils se jettent dans la gueule du loup.

À Caulaincourt, à Fontainebleau.

Les maréchaux Lefebvre, Ney, Berthier, Oudinot, Moncey et Macdonald pressaient l'empereur d'abdiquer.

Le Sénat s'est permis de disposer du gouvernement français ; il a oublié qu'il doit à l'empereur le pouvoir dont il abuse maintenant ; il a oublié que c'est l'empereur qui a sauvé une partie de ses membres des orages de la Révolution, tiré de l'obscurité et protégé l'autre contre la haine de la nation. Le Sénat se fonde sur les articles de la Constitution pour la renverser ; il ne rougit pas de faire des reproches à l'empereur sans remarquer que, comme premier corps d'État, il a pris part à tous les événements... L'armée peut être certaine que l'honneur de l'empereur ne sera jamais en contradiction avec le bonheur de la France.

Le 3 avril, le gouvernement provisoire, présidé par Talleyrand, adopta l'acte du Sénat qui déclarait Napoléon déchu du trône et l'armée délivrée du serment de fidélité envers lui.
L'empereur fit mettre cette proclamation à l'ordre du jour.

Je ne tiens pas au trône : de soldat, je peux, sans me plaindre, redevenir citoyen. Mon bonheur n'est pas dans les grandeurs ! J'ai voulu la France grande, puissante et avant tout heureuse. J'aime mieux quitter le trône que de signer une paix honteuse. Les Bourbons seuls peuvent s'arranger d'une paix dictée par les cosaques.

À son entourage.

Avant de signer l'abdication, le 4 avril, à Fontainebleau.

Je cède à vos désirs. Allez maintenant à Paris soutenir les droits de mon fils, la régence de l'impératrice et le maintien de nos lois.

Après avoir signé son abdication en faveur de son fils, Napoléon désigna Caulaincourt et Ney pour accomplir cette mission devant les alliés à Paris.

Vous voulez du repos ? Eh bien ! Ayez-en !

À ses maréchaux présents à Fontainebleau.

Avant de signer, le 6 avril, la deuxième formule de l'acte d'abdication sans condition, où il renoncerait pour lui et ses héritiers à la couronne de France.

La vie m'est insupportable !

À Caulaincourt.

Napoléon énumérait, dans la soirée du 10 avril, les abandons et les trahisons des jours précédents. Ni sa famille, ni ses plus proches collaborateurs (Cambacérès, Molé ou Fontanes), ni les grand chefs d'armée (Ney, Berthier) ne vinrent le saluer.

Je vivrai, puisque la mort ne veut pas plus de moi dans mon lit que sur le champ de bataille. Il y aura aussi du courage à supporter la vie après de tels événements.

À Caulaincourt.

Napoléon essaya de se suicider, dans la nuit du 12 au 13 avril, avec un mélange d'opium et de belladone qu'il avait demandé à Yvan, un de ses médecins. Après l'échec du suicide, Caulaincourt le retrouva, quelques heures plus tard, hors de danger.

Mon malheur m'afflige plus pour toi que pour moi.

À son épouse Marie-Louise.

S'adressant avec délicatesse à l'ex-impératrice.
Après son abdication, Napoléon espérait que, si Marie-Louise ne pouvait venir à Fontainebleau, elle le retrouverait plus tard et l'accompagnerait en exil. Elle ne pourra jamais le rejoindre.

Ce n'est pas à moi que les puissances font la guerre. C'est à la Révolution. Elles n'ont jamais vu en moi que le représentant, l'homme de la Révolution.

Au cours d'un entretien avec le banquier Jacques Laffitte, l'ex-président de la chambre de commerce, avant de partir pour l'île d'Elbe.

CITATIONS

Officiers, sous-officiers et soldats de ma vieille garde, je vous fais mes adieux ! Depuis vingt ans je vous ai trouvés constamment sur le chemin de l'honneur et de la gloire. Dans ces derniers temps, comme dans ceux de notre prospérité, vous n'avez cessé d'être des modèles de fidélité et de bravoure. Avec des hommes tels que vous, notre cause n'était pas perdue... Si j'ai consenti à vous survivre, c'est pour servir encore à votre gloire. Je veux écrire les grandes choses que nous avons faites ensemble. Adieu, mes enfants ! Je voudrais vous presser tous sur mon cœur ; que j'embrasse au moins votre drapeau ! Que ce dernier baiser passe dans vos cœurs !

Mémorable adieu à la Vieille Garde sous le commandement du général Petit, à Fontainebleau, que l'empereur quittait le 20 avril.

Ce sera l'île du repos.

Premiers mots de l'empereur en débarquant, le 4 mai 1814, à Portoferraio, sur l'île d'Elbe.

Cette île fut choisie comme lieu d'exil pour Napoléon. Le traité de Fontainebleau lui en reconnut la possession en toute souveraineté et propriété comme principauté séparée. Napoléon garda son titre impérial.

Général, j'ai sacrifié mes droits aux intérêts de la patrie et je me suis réservé la propriété et la souveraineté de l'île d'Elbe. Faites connaître aux habitants le choix que j'ai fait de leur île pour mon séjour. Dites-leur qu'ils seront toujours pour moi l'objet de mon intérêt le plus vif.

Au général Dalesne.

Le jour de son débarquement, l'empereur reçut le commandant français des troupes qui occupaient l'île d'Elbe. Ce fut avec fierté que les Elbois apprirent qu'ils allaient rester les sujets de Napoléon.

J'ai fait bien une autre chute que toi, et pourtant regarde-moi : je suis debout et je me porte bien.

> À un maçon de l'île d'Elbe qui s'était blessé en tombant.

Anecdote racontée par l'empereur à Las Cases à Sainte-Hélène en 1816.

Je suis un soldat ; qu'on m'assassine, j'ouvrirai ma poitrine, mais je ne veux pas être déporté.

> Aux généraux Bertrand et Drouot, à l'île d'Elbe.

Napoléon apprit que pesaient sur lui la menace d'un assassinat par des brigands envoyés de France, ou celle d'un exil dans un endroit encore plus éloigné de l'Europe. Pour prévenir ces dangers, il résolut d'entreprendre une très audacieuse expédition en France.

Patientez, nous passerons ces jours d'hiver le moins mal possible. Puis nous songerons à passer le printemps autrement.

> À Bertrand.

Napoléon supportait difficilement la vie pesante de l'île d'Elbe et l'ennui et la nostalgie qu'il remarquait chez ses compagnons. Il connaissait aussi les maladresses du régime royal réinstauré en France et l'esprit de revanche des aristocrates rentrés d'émigration. Les divergences d'intérêts entre les puissances alliées au congrès de Vienne le confortèrent dans sa décision de revenir en France. Le succès de cette entreprise fut l'une des preuves du génie de Napoléon concernant sa connaissance supérieure des hommes.

Les souverains, qui, après m'avoir envoyé respectueusement des ambassades solennelles ; qui, après avoir mis dans mon lit une fille de leur race ; qui, après m'avoir appelé leur frère, m'ont ensuite appelé usurpateur ; se sont craché à la figure en voulant cracher sur moi ; ils ont avili la majesté des rois.

> À Bertrand.

À l'île d'Elbe, Napoléon évoquait avec amertume l'ingratitude des monarques d'Europe envers lui.

Je suis plus pauvre que Job.

> À Pons de l'Hérault, administrateur des mines de fer de l'île d'Elbe.

Le traité de Fontainebleau prévoyait le paiement à Napoléon, prisonnier à l'île d'Elbe, d'une rente annuelle de 2 millions de francs aux frais du Trésor français, mais le gouvernement royal n'envoya jamais rien.
Pons de l'Hérault s'était, dans les premiers temps, opposé aux prétentions de Napoléon de recevoir en légitime possession tous les biens de l'île. Plus tard, Pons voua à l'empereur estime et fidélité constantes et l'accompagna même lors de son retour en France.

❋

1815

Allons, allons, monsieur le trésorier, un peu d'eau de Seine vous guérira.

> À Peyrusse, futur trésorier général de la couronne dans la période des Cent-Jours.

Le soir du 26 février, quittant l'île d'Elbe sur le brick l'Inconstant en route vers la France, Peyrusse souffrait du mal de mer. Calme et gai, l'empereur le rassura en riant.

Soldats ! Nous n'avons pas été vaincus. Deux hommes sortis de nos rangs [les maréchaux Augereau et Marmont] ont trahi nos lauriers, leur pays, leur prince, leur bienfaiteur.

> Dans la proclamation que l'empereur adressa à l'armée pour décider les troupes royales à se rallier à lui.
> Le 1ᵉʳ mars, à 3 heures du matin, la flottille de l'empereur touchait terre en France, à Golfe-Juan.

Je vous confie l'avant-garde de ma plus belle campagne ; vous ne tirerez pas un seul coup de fusil ! Songez que je veux reprendre ma couronne sans verser une goutte de sang.

> Au général Cambronne.

> *Le soir du 1ᵉʳ mars, l'empereur chargea Cambronne d'ouvrir la marche de sa petite troupe vers Paris.*

La victoire marchera au pas de charge : l'aigle aux couleurs nationales volera de clocher en clocher jusqu'aux tours de Notre-Dame ! Alors vous pourrez montrer avec honneur vos cicatrices ; alors vous pourrez vous vanter de ce que vous aurez fait ; vous serez les libérateurs de la patrie.

> *Célèbre proclamation de l'empereur adressée à l'armée, en route vers Paris.*
> *Évitant la vallée du Rhône, où l'influence royaliste était grande, Napoléon prit la route des Alpes, région devenue prospère par les actions économiques qu'il avait inspirées et où il pensait trouver beaucoup de partisans.*
> *Ses deux proclamations, au peuple et à l'armée, lui ouvrirent la route jusqu'à Paris.*

Et moi aussi !

Au prince de Monaco.

> *En marche vers Paris, l'empereur rencontra le prince qui regagnait sa petite principauté. Celui-ci lui dit : « Je rentre dans mes États ! » Souriant, Napoléon lui répliqua aussitôt.*

Vous avez raison de m'appeler votre père ; je ne vis que pour l'honneur et le bonheur de la France.

> *À Gap, le 6 mars, en route vers Paris, la foule des paysans offrit à l'empereur de faire sonner le tocsin pour appeler tout le monde à venir défendre « leur père ». De cette étape, Napoléon lança une proclamation au peuple français, promettant des libertés constitutionnelles.*

Soldats du 5ᵉ, je suis votre empereur, reconnaissez-moi ! S'il est parmi vous un soldat qui veuille tuer son empereur, il peut le faire, me voici !

Rencontrant, le 7 mars, au défilé de Laffrey, les troupes du roi (le détachement du colonel Delessart) envoyées pour lui barrer la route de la capitale, il s'avança vers les soldats et sut trouver les paroles qui provoquèrent un cri de ralliement. À partir de là, la partie était gagnée pour l'empereur.

On n'est plus à quarante-cinq ans ce qu'on était à trente ! Le repos d'un roi constitutionnel peut [maintenant] me convenir. Il conviendra encore plus sûrement à mon fils.

Pendant les Cent-Jours, l'empereur voulait établir une nouvelle société basée sur un nouveau régime constitutionnel.

Voilà bien les hommes ; il faut en rire pour ne pas en pleurer !

Arrivé sans coup férir à Paris, le 20 mars, l'empereur reçut en général avec amabilité les actes d'allégeance de la plupart des préfets, fonctionnaires et autres anciens collaborateurs qui l'avaient pourtant trahi un an auparavant.

Lorsqu'on a partagé les grandeurs d'une famille, on en partage aussi les malheurs ! Vous devriez préférer un quignon de pain noir et un cruchon d'eau à cette humiliation.

À Hortense, aux Tuileries.

L'empereur reçut moins cordialement Hortense qui, après la chute de Napoléon, offrit des fêtes à Malmaison, accepta des mains du roi Louis XVIII le titre de duchesse de Saint-Leu, et n'annonça pas à l'empereur, prisonnier à l'île d'Elbe, le décès de Joséphine. Après les justifications et les larmes d'Hortense, l'empereur reprit son calme.

Je ne hais pas la liberté ; je l'ai écartée lorsqu'elle obstruait ma route, mais je la comprends. J'ai été nourri de ses pensées.

Déclaration faite au cours d'une discussion avec l'écrivain politique Benjamin Constant dont il avait besoin de l'aide pendant la période des Cent-Jours. L'écrivain accepta la charge de conseiller d'État. L'orientation

> *choisie par Napoléon durant cette période fut celle d'un libéralisme constitutionnel où la souveraineté nationale était nettement reconnue. Le 14 avril, l'empereur offrit à Constant de rédiger une constitution libérale, qui représentait le prix du ralliement de la bourgeoisie à son régime.*

En effet, vous êtes tous changés, je vous trouve tous vieillis, il n'y a que moi, de nous tous, de bien portant.

À Molé.

> *Dès le lendemain de son arrivée à Paris, l'empereur forma son nouveau cabinet, mais ses collaborateurs semblaient fatigués. Même Molé, qui devait sa fulgurante carrière à Napoléon, n'accepta aucune fonction importante. Alors à peine âgé de 43 ans, il invoqua sa santé fragile.*

On a voulu m'offenser en choisissant un ennemi.

> *Napoléon convoqua les chambres, et la première séance de la nouvelle assemblée eut lieu le 3 juin. L'empereur espérait que son frère Lucien – récemment rallié à lui – serait élu président, mais les parlementaires choisirent Jean-Denis Lanjuinais, un libéral intransigeant qui s'était déjà prononcé contre le consulat à vie et avait organisé le vote de déchéance de l'empereur en avril 1814.*

Mais si, je le crains !

> *Avant de partir dans la campagne de 1815, l'empereur se renseigna auprès d'un intime sur les résultats du recrutement. Celui-ci lui assura : « Votre Majesté ne sera pas seule ! » Napoléon répliqua promptement.*

Eh bien, madame Bertrand, espérons que nous n'aurons pas bientôt à regretter l'île d'Elbe.

À Mme Bertrand.

> *Le soir du 11 juin, avant son départ de Paris vers le front de Belgique, l'empereur adressa cette boutade à la femme du général qui l'avait accompagné avec son mari à l'île d'Elbe.*

L'empereur donnait l'impression d'être moralement abattu, et disait à ses proches qu'il ne croyait plus en son destin.

Soldats, la gloire de ce que nous venons d'accomplir est tout au peuple et à vous ; la mienne est de vous avoir connus et devinés.
Proclamation à l'armée avant la campagne de Waterloo.

Le plan de bataille de Napoléon consistait à se glisser entre l'armée anglaise du général Wellington, qui tenait la région d'Anvers à Bruxelles, et celle des Prussiens du général Blücher, qui s'appuyait sur le Rhin à partir de Namur, et de les vaincre l'une après l'autre.

Soldats ! Nous avons des marches forcées à faire, des batailles à livrer, des périls à courir, mais, avec de la constance, la victoire sera à nous. Les droits, l'honneur et le bonheur de la patrie seront reconquis ; pour tout Français qui a du cœur, le moment est arrivé de vaincre ou de périr.
Un dernier appel aux soldats à Avesnes, le 14 juin.

Le plan de Napoléon, qui ressemblait à celui qu'il employa avec succès dans la première campagne d'Italie, était d'attaquer les Anglo-Prussiens séparément en Belgique, espérant les rejeter sur des lignes de communication divergentes.
Le 15 juin, l'armée passa la Sambre à Charleroi, et, le 16, Napoléon battit les Prussiens de Blücher aux abords du village de Ligny dans la plaine de Fleurus.

Tu n'avais jamais assisté à pareille fête. Ton début est rude, mais ton éducation se fera plus vite.
Au lieutenant Gudin.

Faisant une reconnaissance jusqu'au pied du Mont-Saint-Jean avec le général Bertrand, et s'adressant à un jeune officier.
Le lendemain, 17 juin, le sort de l'Empire et de Napoléon se jouait non loin du village de Waterloo. L'attaque française contre les Anglais commença avec retard, le 18 juin (vers midi), à cause d'un violent orage qui avait détrempé le terrain pendant la nuit, et probablement d'un secret

> *espoir de Napoléon de voir le maréchal Grouchy, envoyé à la poursuite des Prussiens de Blücher, le précéder sur le théâtre d'opérations. Mais ce fut le corps des Prussiens du général Bülow qui, dans l'après-midi, déboucha le premier. La défaite française était consommée.*
>
> *La bataille coûta 30 000 hommes aux Français et 25 000 aux alliés. Les vainqueurs ne purent cependant conquérir un seul drapeau de l'armée française.*

Vous les voyez ! Ce n'est pas eux que j'ai comblés d'honneurs et gorgés d'argent. Que me doivent-ils ? Je les ai trouvés et je les ai laissés pauvres. Mais l'instinct de la nécessité les éclaire. La voix du pays parle en eux.

> *Après le désastre de Waterloo, l'empereur rentra à Paris le 21 juin. Des milliers d'hommes accoururent devant le palais de l'Élysée pour l'acclamer et l'encourager. L'armée et le peuple manifestèrent en faveur de l'empereur, les 70 000 soldats venus de Waterloo, rassemblés à Laon sous le commandement de Soult, n'aspirant qu'à prendre leur revanche, en faisant confiance au génie de Napoléon.*

C'est dans les temps difficiles que les grands hommes déploient toute l'énergie de leur caractère et deviennent un objet d'admiration pour la postérité.

Dans la réponse de l'empereur adressée à la chambre des Pairs.

> *Le 22 juin, pressé par les députés, Napoléon abdiqua en faveur de son fils.*

Soldats ! Quand je cède à la nécessité qui me force à m'éloigner de la brave armée française, j'emporte avec moi l'heureuse certitude qu'elle justifiera, par les services éminents que la patrie attend d'elle, les éloges que nos ennemis eux-mêmes ne peuvent pas lui refuser. Soldats, je suivrai tous vos pas, quoique absent. Je connais tous les corps, et aucun d'eux ne remportera un avantage signalé sur l'ennemi, que je ne rende justice au courage qu'il aura déployé... Sauvez l'honneur, l'indépendance des Français ! Soyez jusqu'à la fin tels que je vous ai connus depuis vingt ans et vous serez invincibles.

> *La dernière proclamation de Napoléon, après l'abdication, le 25 juin.*
>
> *Fouché et le gouvernement provisoire, occupés à négocier le retour de Louis XVIII, firent interdire la publication de cette proclamation. Après l'abdication, l'armée française, mise sous les ordres du maréchal Davout, se retira derrière la Loire.*
>
> *Fouché convainquit Napoléon d'aller à Rochefort où il trouverait un bateau pour rejoindre les États-Unis. Il y arriva le 3 juillet, pour constater que le port était cerné par une escadre anglaise.*

Non, général Beker, il ne faut pas qu'on puisse dire que la France m'a livré aux Anglais.

> Au général français Nicolas-Léonard Beker.
>
> *Le 10 juillet, Napoléon envoya Las Cases et le général Savary sur le vaisseau anglais* Bellerophon *pour annoncer qu'il attendait un sauf-conduit pour les États-Unis, où il voulait finir ses jours en paix. Le capitaine anglais Maitland lui suggéra d'aller en Angleterre.*
>
> *Le lendemain, le général Beker, qui avait commandé l'escorte chargée de conduire Napoléon de Paris à Rochefort, demanda à l'empereur s'il désirait être accompagné jusqu'au bateau ; Napoléon déclina son offre.*

Altesse royale, en butte aux factions qui divisent mon pays et à l'inimitié des plus grandes puissances de l'Europe, j'ai terminé ma carrière politique et je viens, comme Thémistocle, m'asseoir au foyer du peuple britannique. Je me mets sous la protection de ses lois que je réclame de votre altesse royale comme du plus puissant, du plus constant et du plus généreux de mes ennemis.

> *Montant à bord du bateau anglais* Bellerophon, *Napoléon dicta au général Bertrand la demande qu'il adressait au prince régent du royaume britannique, espérant être aussi bien accueilli chez les Anglais que le fut jadis Thémistocle chez les Perses.*

Je suis venu librement à bord du *Bellerophon*, je ne suis pas prisonnier, je suis l'hôte de l'Angleterre. J'en appelle à l'histoire. Elle dira qu'un ennemi qui fit vingt ans la guerre au peuple anglais vint librement, dans son infortune, chercher asile sous ses lois. Quelle plus éclatante preuve pouvait-il leur donner de son estime et de sa confiance ?

Mais comment répondit-on en Angleterre à une telle magnanimité ? On feignit de tendre une main hospitalière à cet ennemi, et, quand il se fut livré de bonne foi, on l'immola.

> *À Plymouth, à bord du* Bellerophon, *l'empereur reçut la réponse du gouvernement britannique qui refusait de l'accepter en Angleterre, comme il l'espérait, mais décidait de l'exiler à Sainte-Hélène. L'indignation qui anima l'empereur, concernant le droit auquel pouvait prétendre un héros comme lui, se lit dans cette fameuse protestation remise à l'amiral Keith le 4 août et rédigée pour frapper les imaginations et donner au monde l'image d'une Angleterre sans honneur. L'empereur ne croyait pas les Anglais capables de commettre cette abominable lâcheté.*

Adieu, terre des braves ! Adieu, chère France ! Quelques traîtres de moins et tu serais encore la grande nation, la maîtresse du monde.

> *Le 7 août, en rade de Torbay, Napoléon et sa suite furent transférés sur le navire de ligne Northumberland qui, dans l'après-midi du même jour, fit voile vers l'île Sainte-Hélène.*
>
> *Quand, à la hauteur du cap de la Hague, l'empereur put apercevoir pour la dernière fois les côtes de France, il la salua de cette exclamation.*

Si je fusse mort sur le trône, dans les nuages de la toute-puissance, je serais demeuré un problème pour bien des gens ; aujourd'hui, grâce au malheur, chaque heure me dépouille de ma peau de tyran.

À Las Cases.

Prévoyant que son exil à Sainte-Hélène le grandirait devant la postérité.

Je n'ai voulu que la gloire, la force, le lustre de la France ; toutes mes facultés, tous mes efforts, tous mes moments étaient là. Ce ne saurait être un crime, je n'ai vu là que des vertus.

À Las Cases.

La calomnie a épuisé tous ses venins sur ma personne.

À Las Cases.

Parlant de ses détracteurs et de toute la littérature anti-napoléonienne publiée après sa chute et son exil.

Ma propriété à moi était dans la gloire et la célébrité ; le Simplon pour le peuple et le Louvre pour les étrangers m'étaient plus à moi une propriété que des domaines privés.

À Bertrand.

À bord du Northumberland *en route vers Sainte-Hélène où le navire accosta le 16 octobre. Le voyage dura 72 jours.*

1816

Il me fallait de nécessité me créer un extérieur, me composer une certaine gravité, en un mot, établir une étiquette ; autrement l'on m'eût journellement frappé sur l'épaule. En France, nous sommes naturellement enclins à une familiarité déplacée, et j'avais à me prémunir surtout contre ceux qui avaient sauté à pieds joints sur leur éducation.

À Las Cases.

Marengo était la bataille où les Autrichiens s'étaient le mieux battus ; leurs troupes s'y étaient montrées admirables ; mais leur valeur s'y enterra ; on ne les a plus retrouvés depuis.

À Las Cases.

À Marengo, le 14 juin 1800, la bataille semblait perdue pour l'armée française, parce que toute son artillerie était détruite. Les soldats reculèrent, sur la majeure partie de la ligne, jusqu'à 17 heures. Le combat sanglant fut gagné in extremis vers le début de la soirée par l'intervention vigoureuse du général Desaix et la charge de la cavalerie de Kellermann. « Jamais victoire n'a été aussi près d'être une défaite » (Dumolin).

En Égypte je me trouvais débarrassé du frein d'une civilisation gênante ; je rêvais toutes choses et je voyais les moyens d'exécuter tout ce que j'avais rêvé.

À Las Cases.

En pensant à l'enthousiasme et aux projets d'avenir qu'il avait eus pendant la campagne d'Égypte (1798).

Le succès à la guerre tient tellement au coup d'œil et au moment que la bataille d'Austerlitz, gagnée si complètement, eût été perdue si j'eusse attaqué six heures plus tôt. Les Russes s'y montrèrent des troupes excellentes qu'on n'a jamais retrouvées depuis ; l'armée russe d'Austerlitz n'aurait pas perdu la bataille de la Moskova.

À Las Cases.

Analysant les différents aspects de la grande victoire d'Austerlitz (2 décembre 1805).

On veut savoir ce que je désire : je demande ma liberté ou un bourreau.

Au capitaine anglais Hamilton.

Celui-ci rendait visite à l'empereur à Sainte-Hélène.

Quand j'ai mis la couronne sur ma tête en 1804, quatre-vingt-seize Français sur cent ne savaient pas lire et ne connaissaient de la liberté que le délire de 1793 [l'année de la Terreur pendant la Révolution].

À Las Cases.

Mettant l'accent sur les progrès culturels réalisés dans la société française pendant le Consulat et l'Empire.
Napoléon portait un grand intérêt à la formation des futurs cadres de la nation. Pendant le Consulat, il avait été prévu l'ouverture de 23 000 écoles et une dépense de 10 millions de francs pour leur fonctionnement.

Dans l'imagination comme dans le calcul, la force de l'inconnu est incommensurable.

À Las Cases.

Pensant aux nombreuses surprises qu'il avait rencontrées pendant sa carrière.

La Révolution a été la vraie cause de la régénération de nos mœurs, comme les plus sales fumiers provoquent la plus noble végétation.

À Las Cases.

À Sainte-Hélène, réaffirmant son opinion sur l'influence bénéfique de la Révolution sur la société française.

Faites la guerre offensive comme Alexandre [le Grand], Hannibal, César, Gustave Adolphe, Turenne, le prince Eugène et Frédéric ; lisez et relisez l'histoire de leurs quatre-vingt-trois campagnes, modelez-vous sur eux ; c'est le seul moyen de devenir grand capitaine et de surprendre les secrets de l'art ; votre génie ainsi éclairé vous fera rejeter des maximes opposées à celles de ces grands hommes.

À Las Cases.

Parmi ses remarques sur l'art de la guerre.

Le génie militaire est un don du ciel, mais la qualité la plus essentielle d'un général en chef est la fermeté de caractère et la résolution de vaincre à tout prix.

À Montholon.

Une réflexion que l'empereur fit plusieurs fois dans sa carrière.

Un soldat n'a plus de discipline dès qu'il peut piller ; et si, en pillant, il s'est enrichi, il devient aussitôt un mauvais soldat et il ne veut plus se battre. D'ailleurs, le pillage n'est pas dans nos mœurs françaises ! Le cœur de nos soldats n'est point mauvais : le premier moment de fureur passé, il revient à lui-même.

À Las Cases.

Sur la conduite des soldats de la Grande Armée pendant leurs campagnes dans les pays étrangers.

Ma plus grande faute est d'avoir fait la paix à Dresde [dans la campagne de Saxe, 1813]. J'ai eu tort de consentir à l'armistice [Pleswitz] qui eut lieu alors. Si j'avais marché en avant à cette époque, mon beau-père [l'empereur François II d'Autriche] n'eût pas pris parti contre moi. Si j'avais donné un coup de collier de plus, l'armée russe et l'armée prussienne étaient anéanties, et je dictais la paix.

Au docteur anglais O'Meara.

Le succès de la campagne de printemps de 1813, qui s'acheva par la victoire de Napoléon à Bautzen (21 mai 1814), fut compromis par l'armistice de deux mois que l'empereur, poussé par son entourage (Caulaincourt et Berthier) accorda aux alliés à Pleswitz en Basse-Silésie, le 4 juin 1814. La suite des événements montra qu'il avait fait une grave erreur. Après l'armistice, l'Autriche s'est jointe à la coalition, lui apportant 110 000 hommes.

Le grand art des batailles est de changer pendant l'action sa ligne d'opération ; c'est une idée de moi qui est tout à fait neuve.

À Las Cases.

> *La ligne d'opération est la route qui conduit une armée vers son centre d'opération.*

L'art de la guerre est un art simple et tout d'exécution. La part des principes y est minime : rien n'y est idéologique.

À Gourgaud.

> *L'empereur voulait dire que les théories sur la guerre n'ont pas de valeur intrinsèque et qu'elles ne valent que par leur application.*

Les calculs sont bons lorsqu'on a le choix des moyens ; lorsqu'on ne l'a pas, il est des hardiesses qui enlèvent le succès.

À Las Cases.

On pourra peut-être reproduire quelque chose qui vaille mon armée d'Italie et celle d'Austerlitz, mais, à coup sûr, jamais rien qui les surpasse.

> *Monologuant devant Las Cases sur la valeur militaire de l'armée française des années 1800 à 1805.*

On m'a reproché de m'être laissé enivrer par mon alliance avec la maison d'Autriche.

À Las Cases.

> *Napoléon reconnaissait à Sainte-Hélène que son mariage avec Marie-Louise, dont il espérait l'assurance d'une alliance de l'Autriche et indirectement des autres souverains d'Europe, fut un « faux pas » politique.*

On m'a souvent accusé de prédilection pour l'ancienne noblesse ; c'est la raison d'État qui a dicté ma conduite envers elle ! Du moment où les portes de la France avaient été réouvertes à l'émigration, il fallait de toute nécessité que je la ralliasse et lui fasse porter la livrée du nouveau roi que la France s'était donné en m'élevant au trône. Si je l'avais laissée en dehors de la cour impériale, elle eût été dans les provinces une cause d'embarras.

À Las Cases.

L'entourage de l'empereur le critiqua souvent pour la sympathie qu'il manifesta, pendant les dernières années de son règne, pour certains nobles émigrés revenus en France. Napoléon expliquait, à Sainte-Hélène, les raisons politiques de cette attitude.

La vraie noblesse réside dans celui qui va au feu. J'aurais donné ma fille à un soldat de bataille, je l'aurais refusée à un administrateur.

À Las Cases.

Sur ce qu'il considérait comme les vraies qualités morales qu'un homme devait avoir dans la société française pendant l'Empire.

À Amiens, je croyais de très bonne foi le sort de la France, celui de l'Europe et le mien fixés pour moi. J'allais me donner uniquement à l'administration de la France et je crois que j'eusse enfanté des prodiges.

À Las Cases.

Après la signature du traité d'Amiens (25 mars 1802) avec l'Angleterre, l'empereur pensait sincèrement que s'ouvrait pour la France une longue et loyale ère de paix avec ce pays.

Il ne dépend pas toujours des maîtres de faire de bons écoliers : encore faut-il que la nature s'y prête : la semence doit rencontrer son terrain.

À Las Cases.

Parlant de l'histoire du Grand Condé et du fait que ce grand chef d'armée n'avait pas formé d'autres commandants aussi remarquables que lui.

Rien ne saurait désormais détruire ou effacer les grands principes de notre Révolution ; ses grandes et belles vérités doivent demeurer à jamais ! Elles seront la foi, la religion, la morale de tous les peuples, et cette ère mémorable se rattachera à ma personne.

À Las Cases.

Mon principe est la France avant tout.

À Gourgaud.

Défendant ses principes économiques et son désir de réaliser en Europe un gigantesque marché pour les manufactures et les commerçants français.

Il n'y a pas nécessité de dire ce que l'on a l'intention de faire dans le même moment où on le fait.

À Las Cases.

Quelle rage de persécution ! Mais plus on me persécutera, mieux ce sera pour le monde.

Quand l'adjoint du gouverneur de Sainte-Hélène, le colonel Read, fit connaître les ordres de lord Bathurst, secrétaire d'État à la guerre, en vue de la réduction des membres de la suite de l'empereur.

Je suis destiné à être leur pâture, mais je redoute peu d'être leur victime ; ils mordront sur du granit.

À Las Cases.

Pensant aux critiques des historiens ennemis sur sa personne et sur l'époque glorieuse de l'Empire.

À cinquante ans on ne peut plus aimer ; j'ai le cœur de bronze. Je n'ai jamais aimé d'amour, sauf peut-être Joséphine un peu, et encore parce que j'avais vingt-sept ans.

À Las Cases.

Parmi les explications données sur ses sentiments envers les femmes de sa vie.

Il n'est rien qu'on n'obtienne des Français par l'appât du danger ; il semble leur donner de l'esprit ; c'est leur héritage gaulois... La vaillance, l'amour de la gloire, sont chez les Français un instinct, une espèce de sixième sens.

À Las Cases.

Singulière campagne [1815] où, en moins d'une semaine, j'ai vu trois fois s'échapper de mes mains le triomphe assuré de la France et la fixation de ses destinées. Sans la désertion d'un traître, j'anéantissais les ennemis en ouvrant la campagne. Je les écrasais à Ligny si ma gauche eût fait son devoir. Je les écrasais encore à Waterloo si ma droite ne m'eût pas manqué.

À Las Cases.

Parlant de la campagne de 1815, Napoléon mentionna spécialement la trahison du général Bourmont, passé à l'ennemi avec son état major le 15 juin, le manque d'action du général Drouet d'Erlon, le 16 juin à Ligny, et celle du maréchal Grouchy, le 18 juin, durant la bataille de Waterloo où il n'est pas intervenu.

J'avais un défaut, celui de ne pas aimer changer les ministres.

À Gourgaud.

Il est vrai que, sauf les ministres qui commirent de lourdes fautes ou de graves infidélités, les autres restèrent pendant de très longues périodes à la tête de leurs affaires pendant le Consulat et l'Empire.

CITATIONS

On ne cesse de parler de mon amour de la guerre, mais n'ai-je pas été constamment occupé à me défendre ? Ai-je remporté une seule grande victoire que je n'aie immédiatement proposé la paix ? Je n'ai jamais fait la guerre par esprit de conquête ; j'ai accepté les guerres que les ministres anglais ont soulevées contre la Révolution française.

À Las Cases.

L'art d'être tantôt très audacieux et tantôt très prudent est l'art de réussir.

À Las Cases.

L'homme aime le merveilleux ! Il se prête lui-même à ce qu'on le trompe. Le vrai, c'est que tout est merveille autour de nous ! Tout est phénomène dans la nature : mon existence est un phénomène, le bois qu'on met dans la cheminée est un phénomène ; la lumière que voilà et qui m'éclaire est un phénomène, mon intelligence, mes facultés sont des phénomènes. Car tout cela est, et nous ne savons le définir.

À Las Cases.

Le malheur a aussi ses bons côtés ; il nous apprend des vérités... C'est seulement maintenant qu'il m'est donné d'examiner les choses en philosophe.

À Las Cases.

> *À Sainte-Hélène, Napoléon atteignit une élévation morale qui lui permit de dompter son esprit révolté et d'essayer de concilier sa pensée avec l'histoire de sa vie. Il essaya alors de se construire une image de champion de la liberté des peuples.*

La paix dans Moscou accomplissait et terminait mes expéditions de guerre. C'était pour la grande cause, la fin des hasards et le commencement de la sécurité.

À Las Cases.

Parlant de ses objectifs inaccomplis pendant la campagne de Russie, Napoléon mentionna qu'il fit, de Moscou, plusieurs propositions de paix au tsar Alexandre, mais que celui-ci refusa, les Russes attendant l'approche de l'hiver pour prendre l'offensive.

Je me dois à ma gloire et, si je la sacrifie, je ne suis plus rien.

À Las Cases.

Qu'ils m'appellent comme ils voudront, ils ne m'empêcheront pas d'être moi.

À ses collaborateurs, à Sainte-Hélène.

Hudson Lowe, le gouverneur de Sainte-Hélène, s'adressait au prisonnier en le nommant « général Bonaparte », lui refusant le titre d'empereur.

Non, monsieur, je n'étais pas au bain, mais j'en ai commandé un pour ne pas vous voir.

À Hudson Lowe.

Alors que le gouverneur reprochait à l'empereur qu'il était venu plusieurs fois pour le voir, mais que celui ci ne l'avait pas reçu sous prétexte qu'il était dans son bain.

À Rome seulement la famille Bonaparte pourra être considérée, elle ne peut baiser le cul du roi d'Angleterre, de Suède ou de Naples. Mais elle peut baiser le cul du pape, ce n'est baiser le cul de personne.

À Las Cases.

CITATIONS

Apprenant à Sainte-Hélène, avec une certaine satisfaction, qu'après sa chute la famille Bonaparte résiderait en Italie sous la protection du pape.

Moi, nommais-je un roi, il se le croyait tout aussitôt par la grâce de Dieu ! Tous avaient aussitôt la manie de se croire adorés, préférés à moi.

À Gourgaud.

Parlant du comportement des rois (spécialement de ceux de sa famille) qu'il avait créés en Europe pendant l'Empire.

Ce n'est point une maison, ce ne sont point des meubles qu'il fallait m'envoyer ; mais bien plutôt un bourreau et un linceul ! Les uns me semblaient une ironie, les autres me seraient une faveur.

À Gourgaud.

Quand le gouverneur Hudson Lowe annonçait qu'un « palais » de bois et des meubles arriveraient d'Angleterre, pour améliorer les conditions matérielles du prisonnier.

De deux maux il faut savoir choisir le moindre.

À Las Cases.

Exclamation pendant une promenade à Sainte-Hélène où, pour éviter une rencontre avec le gouverneur, l'empereur préféra prendre la route qui traversait un bois où la pluie le surprit.

Les gens faibles sont toujours craintifs et défiants : cet homme [Hudson Lowe] est bon à faire un « capo di sbiri » et non un gouverneur.

À Las Cases.

Parlant du caractère terrible de son geôlier de Sainte-Hélène qui, dès son installation comme gouverneur en avril 1816, augmenta la rigueur des règlements et des restrictions imposés à son prisonnier.

On peut souffrir de trop manger, jamais d'avoir mangé trop peu.

À Las Cases.

Napoléon fut toujours d'une sobriété remarquable en ce qui concerne l'alimentation.

D'abord l'agriculture, puis l'industrie, c'est-à-dire les manufactures ; enfin le commerce, qui ne doit être que la subordonnée des deux premiers.

À Las Cases.

L'agriculture fut une des préoccupations de Napoléon qui aurait souhaité créer un code de l'agriculture. En France, sur une population d'environ 30 millions d'habitants, les trois quarts étaient des paysans. L'industrie et le commerce connurent pendant l'Empire une période florissante grâce à plusieurs facteurs favorables : le protectionnisme créé par le Blocus continental, les débouchés extérieurs dus aux victoires militaires, et les progrès techniques.

Je me suis assis sur un trône vide. J'y suis monté vierge de tous les crimes ordinaires aux chefs de dynastie. Qu'on aille chercher dans l'histoire et que l'on compare si j'ai à craindre un reproche de la postérité et de l'histoire, ce ne sera pas d'avoir été trop méchant, mais peut-être d'avoir été trop bon.

Au docteur anglais William Warden.

Discutant, avec le médecin qu'il avait connu à bord du navire Northumberland, *et qu'il revit plus tard à Sainte-Hélène, de la légalité de la création de l'Empire en France, en comparaison des crimes qui s'étaient déroulés dans l'ombre des palais des autres monarchies d'Europe.*

Vraiment, jamais les Romains n'achetaient d'esclaves corses ; ils savaient qu'on n'en pouvait rien tirer ; il était impossible de les plier à la servitude.

À Las Cases.

> *Critiquant l'origine corse de Napoléon, ses ennemis disaient avec ironie que la France avait cherché un « maître » parmi les Corses que jadis les Romains ne voulaient pas même avoir pour esclaves.*

La raison et l'équité sont les deux bases premières de la haute politique.

À Las Cases.

> *À propos des changements politiques qu'il avait introduits en Italie.*

Ils parlent notre langue peut-être, ils sont nés sur le même sol que nous ; mais ils n'ont ni notre cœur ni nos sentiments. Ils ne sont point des Français.

À Las Cases.

> *Critiquant les auteurs qui, en France, après la défaite de Waterloo et son exil à Sainte-Hélène, essayaient de dénigrer les réalisations et les victoires de l'Empire.*

Ma fortune était toute dans celle de la France ! Dans la situation extraordinaire où le sort m'avait élevé, mes trésors étaient les siens... Je ne me suis jamais connu d'autres jouissances, d'autres richesses que celles du public ; c'est au point que quand Joséphine, qui avait le goût des arts, venait à bout de s'emparer de quelques chefs-d'œuvre, je m'en trouvais comme blessé, je me croyais volé ; ils n'étaient pas au muséum.

À Las Cases.

> *Parlant de la fortune extraordinaire qu'il avait eue à sa disposition pendant le Consulat et l'Empire et qu'il avait dédiée entièrement aux besoins de la France.*

Les obstacles qui m'ont fait échouer ne sont point venus des hommes, ils sont tous venus des éléments de la nature : dans le Midi, c'est la mer qui m'a perdu, et c'est l'incendie de Moscou, les glaces de l'hiver qui m'ont perdu dans le Nord ; ainsi l'eau, l'air et le feu, toute la nature et rien que la nature, voilà quels ont été les ennemis d'une régénération universelle, commandés par la nature même. Les problèmes de la Providence sont insolubles.

À Las Cases.

> *Analysant l'influence de la nature sur ses échecs militaires : l'eau (à Trafalgar), le feu (l'incendie de Moscou), l'air (le terrible hiver pendant la retraite de Russie).*

Singulière défaite [à Waterloo] où, malgré la plus horrible catastrophe, la gloire du vaincu n'a point souffert, ni celle du vainqueur augmenté. La mémoire de l'un [Napoléon] survivra à sa destruction ; la mémoire de l'autre [Wellington] s'ensevelira peut-être dans son triomphe.

À Las Cases.

> *Monologuant, le 18 juin, à l'occasion du premier anniversaire de la bataille de Waterloo, sur le destin de ses héros.*

Je fis une grande faute après Wagram, celle de ne pas abattre l'Autriche davantage. Elle demeurait trop forte pour notre sûreté ; c'est elle qui nous a perdus.

À Las Cases.

> *La bataille de Wagram (1809) fut une grande victoire pour les Français, chèrement payée, cependant sans résultat tactique définitif parce que le gros de l'armée autrichienne avait pu s'échapper à temps.*

Le militaire n'est jamais chez l'étranger lorsqu'il est sous le drapeau ; où est le drapeau, là est la France.

À Las Cases.

Jugement simple et profond sur le problème des décès des soldats français tombés en pays étranger au cours des campagnes militaires pendant le Consulat et l'Empire.

Madame, le souvenir d'un amant pour ses anciennes maîtresses.

À Mme Bertrand.

À Sainte-Hélène, Napoléon, racontant l'une de ses actions en Égypte, cita de mémoire les numéros des huit ou dix de ses demi-brigades. Mme Bertrand lui demanda alors comment, après dix-huit années, l'empereur pouvait encore se rappeler nombre de ces détails.

Si j'avais eu des jouissances, je me serais reposé ; mais j'avais toujours le péril devant moi, et la victoire du jour était aussitôt oubliée, pour s'occuper de l'obligation d'en porter une nouvelle le lendemain.

À Las Cases.

Au sujet de ses fatigues et ses préoccupations permanentes pendant la première campagne d'Italie en 1796.

Archimède promettait tout, si on lui laissait poser le bout de son levier ; j'en eusse fait autant partout où l'on m'eût laissé poser mon énergie, ma persévérance et mes budgets.

À Las Cases.

Réflexion sur ce qu'il avait eu l'ambition de réaliser en France et dans d'autres pays d'Europe, s'il avait continué de gouverner.

Je passais pour un homme terrible dans vos salons parmi les officiers, et peut-être même les généraux, mais nullement parmi les soldats ; ils avaient l'instinct de la vérité et de la sympathie, ils me savaient leur protecteur, au besoin leur vengeur.

À Las Cases.

La relation humaine de Napoléon n'était pas la même envers ses soldats et envers leurs commandants.

De Cannes à Grenoble j'étais aventurier. Dans cette dernière ville je redevins un souverain.

À Las Cases.

Rappelant le trajet parcouru de Golfe-Juan à Paris, au retour de l'île d'Elbe en 1815, et l'accueil chaleureux que lui réserva la population de Grenoble.

Si vous n'aimez pas les chiens, vous n'aimez pas la fidélité, vous n'aimez pas qu'on vous soit fidèle, donc vous n'êtes pas fidèle.

À Mme Sabine de Montholon.

L'épouse du général, avec qui elle avait suivi Napoléon à Sainte-Hélène, déclarait qu'elle n'aimait pas les chiens.

J'aurais voulu établir qu'il n'y eût d'avoués ni d'avocats rétribués que ceux qui gagneraient leurs causes. Par là, que de querelles arrêtées ! Car il est bien évident qu'il n'en serait pas un seul [avocat] qui, du premier examen d'une cause, ne la repoussât si elle lui semblait douteuse.

À Las Cases.

Parlant des institutions qu'il voulait réorganiser, l'empereur stigmatisait le fléau des procès qu'il considérait comme un vrai « cancer » social.
En 1808, le nombre des avoués parisiens fut ramené de 260 à 150, dans l'espoir de diminuer le nombre de procédures.

Surtout n'y gênez pas la liberté et bien moins encore l'égalité ; car, pour la liberté, à toute rigueur est-il possible de la froisser si les circonstances le veulent, et nous en excuserons ; mais, pour l'égalité, à aucun prix. Elle est la passion du siècle et je suis, je veux demeurer l'enfant du siècle.

À Las Cases.

Se rappelant, à Sainte-Hélène, ses recommandations alors qu'il donnait un projet à rédiger à l'un de ses conseillers d'État.

Quelles ont été mes conditions après les victoires ? À Austerlitz [1805] j'ai laissé la liberté à Alexandre [empereur de Russie] que je pouvais faire mon prisonnier. Après Iéna [1806], j'ai laissé le trône à la maison de Prusse que j'avais abattue. Après Wagram [1809], j'ai négligé de morceler la monarchie autrichienne. Attribuera-t-on tout cela à de la simple magnanimité ? Les gens forts et profonds auraient le droit de m'en blâmer.

À Las Cases.

Monologue plein de vérités et de regrets sur les résultats de ses grandes victoires militaires restées sans grand résultat politique.

Les soldats ne sont pas républicains ; accoutumés à obéir, ils sont contents de voir les bourgeois soumis comme eux ; les armées sont essentiellement monarchiques.

À Gourgaud.

Il est un moment dans les combats où la plus petite manœuvre décide et donne la supériorité ; c'est la goutte d'eau qui fait déborder le trop-plein.

À Las Cases.

Il n'est pas question de parler sans cesse de paix : c'est le bon moyen de ne pas l'avoir.

À Las Cases.

La moralité, la bonté, chez moi, ne sont point dans ma bouche, elles se trouvent dans mes nerfs. Ma main de fer n'était pas au bout de mon bras, elle tenait immédiatement à ma tête ; la nature ne me l'a pas donnée, le calcul seul la faisait mouvoir.

À Las Cases.

La première qualité d'un officier est la bravoure et de bien savoir faire ses dispositions ; mais, dans l'artillerie et le génie, il y a des parties dont la connaissance ne saurait s'acquérir qu'à la guerre.

À Gourgaud.

Les rois ne sont que des magistrats héréditaires qui n'existent que pour le bonheur des nations, et non les nations pour la satisfaction des rois.

À Hudson Lowe.

Dans le texte d'une protestation adressée son geôlier, à Sainte-Hélène.

Il n'y a point de despotisme absolu, il n'en est que de relatif. Un homme ne saurait impunément en absorber un autre : si un sultan fait couper des têtes à son caprice, il perdra fatalement aussi la sienne, et de la même façon. Il faut que l'excès se déverse toujours d'un côté ou d'un autre.

À Las Cases.

L'Angleterre et la France ont tenu dans leurs mains le sort de la terre, celui surtout de la civilisation européenne. Que de mal nous nous sommes fait, que de bien nous pourrions faire !

Au colonel anglais Wilks.

L'ancien gouverneur de l'île Sainte-Hélène était venu en visite à Longwood.

Le malheur fut que je ne pus me présenter de front ; je fus contraint de prêter le flanc.

À Las Cases.

Évoquant le danger physique qu'il avait couru à l'Assemblée des Cinq-Cents, pendant le coup d'État du 18 Brumaire, et au fait qu'il avait été obligé d'entrer dans la salle de l'Orangerie, où avait lieu la séance, par une des extrémités de la salle et d'en parcourir sa longueur, mouvement contraire à ses principes stratégiques de guerre.

Tout cela ne vous changera pas, ni vous ni l'opinion que nous avons de vous.

À Hudson Lowe.

Conclusion de l'empereur à une longue audience avec le gouverneur, le 16 juillet, et qui fut l'occasion de violents reproches.

Ni Robespierre, ni Danton, ni Marat n'avaient d'égaux quand « liberté, égalité ou la mort » se lisaient en lettres de sang sur toutes les bannières françaises ; ils étaient les premiers d'une aristocratie terrible, dont la livrée était teinte journellement par la hache du bourreau.

À Las Cases.

Réflexions sur le caractère impitoyable des principaux héros de la Révolution française.

La rigueur, le sang, la mort créent des enthousiastes, des martyrs, enfantent des résolutions courageuses et désespérées.

À Las Cases

Évoquant l'insurrection en Vendée pendant la Révolution et les mesures terribles adoptées par le Comité du salut public contre les Vendéens pendant la période de la Terreur.

L'Europe ne cessa jamais de faire la guerre à la France, à ses principes, à moi ; et il nous fallait abattre, sous peine d'être abattus. La coalition exista toujours, publique ou secrète, avouée ou démentie, elle fut toujours en permanence ; c'était aux alliés seuls à nous donner la paix : pour nous, nous étions fatigués.

À Las Cases.

Parlant des monarchies d'Europe qui redoutaient les idées de la Révolution et la puissance de la France impériale.

Si j'eusse été en Amérique, volontiers j'eusse été un Washington. Mais si lui se fût trouvé en France, sous la dissolution du dedans et sous l'invasion du dehors, je l'eusse défié d'être lui-même, ou, s'il eût voulu l'être, il n'eût été qu'un niais, et n'eût fait que continuer de grands malheurs.

À Las Cases.

Sur la différence entre la situation du général Washington aux États-Unis et la sienne en France après la Révolution.

Les généraux en chef sont guidés ou par leur propre expérience ou par le génie.

À Las Cases.

Parlant des vraies capacités des grands chefs d'armée.

L'imagination et l'opinion des masses ont toujours été mes moyens d'action.

À Las Cases.

Napoléon considéra toujours qu'il était d'une importance primordiale d'influencer l'opinion publique sur le plan politique, militaire et social. Avec son sens inné des situations, il réussit pendant sa carrière à persuader l'opinion de l'infaillibilité de son destin ; la légende napoléonienne est le témoignage de cette réussite.

Et ils ont osé dire que je ne savais pas écrire.

Cité par Las Cases.

À Sainte-Hélène, Napoléon reçut une caisse de livres dans laquelle se trouvait aussi la collection du Moniteur *avec ses proclamations à l'armée d'Italie. Il ne quitta pas jusqu'au soir la lecture de tous ces articles, et à la fin, ému d'orgueil et de plaisir, il ne put retenir cette exclamation.*

La bravoure que doit montrer un général en chef est différente de celle que doit avoir un général de division, comme celle-ci ne doit pas être celle d'un capitaine de grenadiers.

À Las Cases.

À Sainte-Hélène, réflexion sur l'ouvrage Les guerres de Jules César.

L'opinion publique est une puissance invisible, mystérieuse, à laquelle rien ne résiste ; rien n'est plus mobile, plus vague et plus fort ; et, toute capricieuse qu'elle est, elle est cependant vraie, raisonnable, juste, beaucoup plus souvent qu'on ne pense.

À Las Cases.

Napoléon craignit toujours l'opinion publique. Durant son règne, il établit une censure rigoureuse et utilisa la presse à son profit. À Sainte-Hélène, il refit son histoire pour se défendre aussi dans ce domaine. Son attitude était déjà celle des hommes d'État de notre siècle.

Je ne me suis point livré à la Russie, elle m'eût bien reçu sans doute ; je ne me suis point livré à l'Autriche, j'en aurais été également bien traité ; mais je me suis livré, librement et de mon choix, à l'Angleterre parce que je croyais à ses lois, à sa morale publique. Je me suis cruellement trompé.

À Hamilton, commandant de frégate anglais.

Cet officier parlait le français. Il commandait une frégate en partance de Sainte-Hélène pour l'Europe.

Noté par Las Cases, présent à l'entretien.

Il est dans le caractère français d'exagérer, de se plaindre et de tout défigurer dès qu'on est mécontent.

Dans le Mémorial de Sainte-Hélène.

Tous les Français sont frondeurs, turbulents ; mais non conspirateurs, encore moins conjurés. Leur légèreté est tellement de nature, leurs variations si subites, qu'on ne pourrait dire qu'elles les déshonorent ; ce vice, chez eux, est sans calcul ; et voilà leur meilleure excuse.

À Las Cases.

Parlant de l'esprit léger et changeant des Français concernant la politique.

Ce n'est pourtant pas faute que vous en ayez besoin.

À Hudson Lowe.

Réponse donnée au gouverneur qui, devant les arguments de l'empereur, répondait qu'il n'était pas venu à l'entrevue pour recevoir des leçons de la part du prisonnier.

Cité par Las Cases.

Messieurs, il faut me quitter, vous éloigner ; je ne saurais vous voir vous soumettre aux restrictions qu'on veut vous imposer et qu'on accroîtra demain. Je veux demeurer seul. Allez en Europe, vous y ferez connaître les odieuses menées dont on use envers moi.

Déclaration faite, le 15 octobre, à son entourage de l'île Sainte-Hélène.

Les grands hommes aiment la gloire de ceux qui leur ressemblent.

Cité par Gourgaud.

Se rappelant qu'en Normandie, sur l'ancien champ de bataille de Henri IV, il avait ordonné de graver ces mots sur une colonne commémorative.

Quand un de mes ministres avait fait une faute grave, j'avais toujours le soin d'admettre un tiers à cette scène ; j'avais pour règle que, quand je me décidais à frapper, le coup devait porter sur beaucoup ; celui qui le recevait ne m'en voulait ni plus ni moins ; et celui qui en était le témoin allait discrètement transmettre au loin ce qu'il avait vu et entendu, et une terreur salutaire circulait de veine en veine dans le corps social. Je punissais moins, je recueillais infiniment plus sans avoir fait beaucoup de mal.

À Las Cases.

Sur sa manière d'organiser des « scènes terribles » pour punir les fautes de certains de ses collaborateurs ou de ses adversaires.

Le pouvoir absolu n'a pas besoin de mentir ; il se tait. Le gouvernement responsable, obligé de parler, déguise et ment effrontément.

À Las Cases.

Nous sommes très facilement courtisans, très obséquieux au début, portés d'abord à la flatterie, à l'adulation ; mais bientôt arrive, si on ne la réprime, une certaine familiarité qu'on porterait aisément jusqu'à l'insolence.

À Las Cases.

Parlant des mœurs des courtisans et de l'étiquette qu'il avait introduite à la cour impériale.

Mon seul code, par sa simplicité, a fait plus de bien en France que la masse de toutes les lois qui m'ont précédé.

À Las Cases.

Depuis longtemps on pensait en France à l'unification du droit civil, sans parvenir à sa rédaction. Sous Napoléon le projet fut établi et le texte prêt en quatre mois. Son style simple et clair est remarquable. Un témoignage de la valeur du Code civil nous est donné par l'influence qu'il a exercée à l'étranger, car Napoléon l'a « exporté » dans les pays occupés.

Je suis tellement identifié avec nos prodiges, nos monuments, nos institutions, tous nos actes nationaux, qu'on ne saurait plus m'en séparer sans faire injure à la France.

À Las Cases.

Avant vingt ans, lorsque je serai mort, vous verrez en France une contre-révolution. Il est impossible que vingt-neuf millions de Français vivent contents sous le joug de souverains que leur ont imposé les étrangers, et contre lesquels ils ont combattu et versé leur sang durant près de trente années.

À O'Meara, chirurgien irlandais.

J'ai été gâté, il faut en convenir, j'ai toujours commandé ; dès mon entrée dans la vie, je me suis trouvé nanti de la puissance, et les circonstances et ma force ont été telles que, dès que j'ai eu le commandement, je n'ai plus reconnu ni maîtres ni lois.

À Las Cases.

> *Critiquant une personne qui, passant l'âge de trente ans, se trouvait trop jeune pour accepter la responsabilité d'une affaire importante. Napoléon fut nommé général de division à 26 ans, commandant en chef à 27 ans, membre de l'Institut à 28 ans, premier consul à 30 ans et empereur à 35 ans.*

Je pense qu'après ma chute et la disparition de mon système, il n'y aura en Europe d'autre grand équilibre possible que dans l'agglomération et la confédération des grands peuples.

À Las Cases.

> *La clairvoyance de Napoléon lui inspirait de grandes idées sur l'unification future de l'Europe. Les nations, selon lui, devaient se fondre dans un ensemble homogène rappelant l'Empire romain ou celui de Charlemagne.*

J'espérais en les rendant libres [les juifs] et en leur donnant des droits égaux à ceux des catholiques, des protestants et des autres, les rendre bons citoyens et les forcer à se conduire comme tout le monde... Puisque je leur avais rendu tous les privilèges et que je les avais faits égaux à mes autres sujets, ils devaient me regarder, ainsi que

Salomon ou Hérode, comme le chef de leur nation, et mes sujets comme les frères d'une tribu semblable à la leur.

Au cours d'une conversation avec le docteur O'Meara.

> En 1872, la France accorda le droit de citoyenneté aux Israélites. Napoléon signa un décret, le 20 juillet 1808, à Bayonne, qui affirmait l'intégration des juifs dans la société française en les inscrivant à l'état civil, mais en limitant cependant leurs libertés commerciales et bancaires.
> Il plaçait la religion mosaïque sur le même plan que les religions catholique ou protestante et, en réprimant durement l'usure, il enlevait tout prétexte aux soulèvements populaires antijuifs.

Il devait être dans ma nature d'aimer mieux donner un million que de voir gaspiller cent mille francs.

À Las Cases.

> L'impératrice Joséphine était dépensière, ce qui faisait parfois le supplice de Napoléon.

J'ai été plus abandonné que trahi.

À Las Cases.

> Pendant une conversation sur le comportement de ses maréchaux et de ses proches collaborateurs à l'époque qui précéda la première abdication en 1814.

Je n'ai pas toujours régné ; avant d'avoir été souverain, je me souviens avoir été sujet, et je n'ai pas oublié tout ce que ce sentiment d'égalité a de fort sur l'imagination et de vif dans le cœur.

À Las Cases.

> L'égalité des droits, c'est-à-dire la même possibilité pour chacun d'espérer et de pouvoir obtenir, d'après sa valeur, n'importe quelle promotion, était un des principes que Napoléon voulait introduire dans la société de l'Empire.

CITATIONS 245

Au moment où, avec son état-major, il [Hudson Lowe] faisait cerner la maison, il m'a semblé voir des sauvages des mers du Sud dansant autour d'un prisonnier qu'ils vont dévorer.

À Gourgaud.

> *Racontant l'arrestation de Las Cases par le gouverneur de Sainte-Hélène.*
>
> *À un domestique qui devait quitter l'île, Las Cases avait clandestinement confié des lettres adressées à Lucien Bonaparte et à lady Clavering concernant la situation de Napoléon. C'est Las Cases lui-même qui avait éveillé les soupçons, parce qu'il cherchait une occasion d'être expulsé.*

Je souhaitais établir une liberté de conscience universelle. Mon système était de n'avoir point de religion prédominante, mais de tolérer tous les cultes... de sorte que la religion ne pût avoir aucune influence sur l'occupation des emplois du gouvernement ; qu'elle ne put contribuer à les faire accueillir ou repousser par un solliciteur. Mon intention était de rendre purement civil tout ce qui appartenait à l'État et à la Constitution, sans égard pour aucune religion.

À O'Meara.

> *Napoléon rejoint Voltaire dans sa conception de la religion : celle-ci est un facteur d'ordre social.*

※

1817

L'affaire de Saint-Domingue a été une grande sottise de ma part. J'aurais dû traiter avec les chefs noirs comme avec les autorités d'une province, nommer des officiers nègres dans les régiments de leur race, laisser comme vice-roi Toussaint Louverture, ne point envoyer de troupes.

À Gourgaud.

Après la paix d'Amiens (1802), une expédition avait été organisée sous le commandement du général Leclerc pour reprendre aux Noirs, conduits par le révolutionnaire Toussaint Louverture, l'île de San Domingo, dans les Antilles. Au début, l'île parut reconquise et le chef des Noirs fut déporté en France. Mais, à cause d'une guérilla sauvage, d'un climat meurtrier et de la fièvre jaune, l'expédition fut un échec. Cette action fut une des fautes que Napoléon déplora nettement à Sainte-Hélène.

Il n'y a pas de peuple qui ait eu plus des rois assassinés que les Français, qui ne sont certes pas faciles à gouverner. Peu de Français cependant ont cherché à m'assassiner ; là où j'ai couru le plus de danger, c'est à Schönbrunn par Staps.

À Gourgaud.

Frédéric Staps, fils d'un pasteur d'Erfurt, essaya d'assassiner Napoléon, le 12 octobre 1809, lors d'une parade à Schönbrunn (Vienne), mais il fut arrêté à temps par le général Rapp.

L'infortune seule manquait à ma renommée ; j'ai porté la couronne impériale de la France, la couronne de fer de l'Italie ; et maintenant l'Angleterre m'en a donné une autre plus grande encore et plus glorieuse – celle portée par le sauveur du monde –, une couronne d'épines.

À Gourgaud.

Je pourrais discuter pendant huit heures, et au bout de ce temps prendre une autre matière de discussion avec l'esprit aussi frais qu'en commençant. Encore à présent, je pourrais dicter douze heures de suite...

À Gourgaud.

À Sainte-Hélène, se levant tôt et se couchant tard, travaillant avec méthode et puissance, l'empereur continuait à donner à son entourage l'exemple de son énergie.

Les pressentiments sont les yeux de l'âme.

À Gourgaud.

Les hommes ne sont vraiment grands que pour ce qu'ils laissent d'institutions après eux.

À Gourgaud.

L'art de la guerre ne demande pas des manœuvres compliquées, les plus simples sont préférables. Il faut surtout avoir du bon sens... C'est comme un combat à coups de poings : plus on en donne, mieux cela vaut.

À Gourgaud.

D'après Jean Tulard, la conception de la guerre qu'avait Napoléon relevait davantage du poker, fondé sur la surprise, que du jeu d'échecs.

C'est la nuit qu'un commandant en chef doit travailler ; s'il se fatigue inutilement le jour, la fatigue l'accable le soir. À Vitoria, nous avons été battus parce que Joseph dormait trop ! Si j'avais dormi la nuit d'Eckmühl, je n'aurais jamais exécuté cette superbe manœuvre qui est la plus belle que j'aie jamais faite... Je me suis multiplié par mon activité... Un général en chef ne doit pas dormir.

À Gourgaud.

La bataille de Vitoria en Espagne (21 juin 1813), maladroitement conduite par le roi Joseph et le maréchal Jourdan, fut une grave défaite et donna aux Anglais, menés par Wellington, la possibilité d'envahir le Sud de la France. Napoléon reprocha au maréchal Jourdan de n'avoir fait, à cause d'une indisposition physique, la reconnaissance des lieux du combat qu'à l'aube de la bataille et non la veille.

La bataille d'Eckmühl (21 avril 1809) fut une des plus belles et des plus importantes victoires de l'armée française durant la campagne d'Autriche. Grâce au génie manœuvrier de Napoléon, à la capacité et au courage de Davout, de Vandamme, de Lannes, de Masséna et d'Oudinot, les Autrichiens (conduits par le prince Charles) furent battus, perdant 6 000 hommes, tués ou blessés, et plus de 3 000 prisonniers.

C'est le froid et non l'ennemi qui nous a détruits.

À Gourgaud.

Sur les souffrances des soldats accablés par les rigueurs du froid pendant la retraite de Russie (1812).

Toute guerre offensive est une guerre d'invasion.

À Bertrand.

C'est une bien belle idée que celle de la rémission des péchés. Voilà pourquoi la religion est belle et ne périra pas.

À Gourgaud.

Napoléon avait pour la religion un sentiment, plus ou moins conscient, de respect presque superstitieux.

Il n'est pas vrai de dire que l'ancienne noblesse, malgré tout ce qu'elle a perdu par la Révolution, n'a pas conservé une grande influence sur les populations des campagnes au milieu desquelles elle habite.

À Gourgaud.

Justifiant l'intérêt qu'il manifestait à rattacher les nobles émigrés revenus en France à la cause de l'Empire.

Un homme n'est qu'un homme. Ses moyens ne sont rien si les circonstances et l'opinion ne les favorisent pas.

À Gourgaud.

J'eus tort de rester trente-cinq jours au Kremlin, j'aurais dû y rester quinze jours seulement.

À Gourgaud.

Analysant les erreurs commises pendant la campagne de Russie.
Napoléon entra dans Moscou le 14 septembre 1812 et quitta la ville le 20 octobre, se rendant compte tardivement que la région de la capitale russe ne présentait pas les ressources suffisantes pour lui permettre de prendre ses quartiers d'hiver à Moscou.

C'est après l'entrée dans Moscou que j'aurais dû mourir.

À Gourgaud.

De toutes les injures qui étaient répandues contre moi dans tant de libelles, celle qui m'était le plus sensible était de m'entendre appeler Corse. L'île de Corse, au fond, n'est pas France, quoiqu'on y parle français.

À Gourgaud.

Napoléon aimait à dire qu'il était davantage d'origine champenoise que corse, car son père l'emmena en France dès l'âge de 9 ans. À 10 ans, il entra au collège d'Autun et, la même année, au collège militaire de Brienne. À 15 ans il vint à Paris et entra à l'École militaire.

Les peuples conquis ne deviennent sujets du vainqueur que par un mélange de politique et de sévérité, et par leur amalgame avec l'armée. Ces choses ont manqué en Espagne.

À Gourgaud.

> Analysant les causes de l'échec de la guerre en Espagne et le mauvais comportement de certains commandants de l'armée française envers les habitants.

Ah, c'était un bel empire ! J'avais 82 millions d'êtres humains à gouverner, plus de la moitié de la population de l'Europe.

À Gourgaud.

> En 1811 la population totale de l'Empire français était de 44 millions d'habitants sur 130 départements, et celle des États alliés qui tenaient de l'autorité de la France était de 38 millions, soit au total 82 millions d'habitants.

Ce qui est bon dans une circonstance est mauvais dans une autre, mais il faut considérer les principes comme des axes auxquels se rapporte une courbe.

À Gourgaud.

Il y a deux espèces de plans de campagne, les bons et les mauvais ; quelquefois les bons échouent par des circonstances fortuites, quelquefois les mauvais réussissent par un caprice de la fortune.

À Gourgaud.

Le passage de l'ordre défensif à l'ordre offensif est l'une des opérations les plus délicates de la guerre.

À Gourgaud.

CITATIONS 251

Mon corps est en votre pouvoir, mais mon âme est libre.

À Hudson Lowe, gouverneur de Sainte-Hélène.

Je crosse mes ennemis, mais ne les achète pas.

À Gourgaud.

Rappelant sa réaction quand, après le coup d'État du 18 Brumaire (9 novembre 1799), Benjamin Constant avait rejoint l'opposition, déclarant que le consul Bonaparte voulait « l'acheter » en le nommant membre au Tribunat.

Mon grand talent c'est de voir clair. C'est la perpendiculaire plus courte que l'oblique.

À Gourgaud.

La statistique, c'est le budget des choses, et sans budget point de salut.

À Bertrand.

Parmi ses conceptions sur l'économie, soulignant ses préoccupations et manifestant ses qualités d'administrateur.

Souverain, j'ai conservé une âme républicaine.

À Bertrand.

On ne soutient l'indigne traitement qui m'est fait ici qu'avec des mensonges. Mais le règne du mensonge n'a qu'un temps.

À O'Meara.

> *Prenant connaissance du discours de lord Holland au parlement de Londres, s'opposant au ministre Bathurst, souhaitant un traitement plus généreux pour l'empereur prisonnier à Sainte-Hélène.*

Peut-être que la pluie du 17 juin a plus influencé qu'on ne le croit la perte de Waterloo ; si je n'avais pas été si fatigué j'aurais couru à cheval toute la nuit. Les plus petits événements en apparence ont souvent les plus grands résultats.

À Gourgaud.

> *Entre autres causes de la défaite de Waterloo, le mauvais état du terrain détrempé par la pluie de la veille retarda l'attaque française du 18 juin 1815 qui fut déclenchée à midi seulement, au lieu des 9 heures du matin prévues tout d'abord par l'empereur.*

J'ai trop compté sur la victoire à Waterloo. C'était la cheville ouvrière de mes opérations. J'ai trop compté dessus.

À Gourgaud.

> *Le plan de Napoléon dans la campagne de 1815 en Belgique était d'attaquer d'abord l'armée anglaise de Wellington et ensuite celle des Prussiens conduits par Blücher, avant que ces deux généraux puissent se réunir pour l'attaquer ensemble. L'empereur avait prévu une campagne de quatre jours seulement.*

Tué à Moskova, c'était finir comme Alexandre [le Grand] ; tué à Waterloo, c'était bien mourir.

À Montholon.

> *Regrettant de devoir finir ses jours comme prisonnier en exil et non en héros sur l'un de ses glorieux champs de bataille.*

Je ne conçois point encore la perte de la bataille [de Waterloo]. Il est vrai que Reille, qui a longuement combattu les Anglais en Espagne, m'a souvent dit que leur infanterie était excellente, qu'il ne connaissait que ma garde qui valût mieux.

À Gourgaud.

Le général comte Reille, après s'être illustré à Iéna, servit en Espagne, sous le maréchal Soult, contre les Anglais jusqu'à la bataille de Toulouse (1814). À Waterloo, il avait averti l'empereur de la grande valeur de l'infanterie anglaise conduite par Wellington.

N'attaquez pas de front les positions que vous pouvez obtenir par les tournants. Ne faites pas ce que veut l'ennemi pour la seule raison qu'il le désire. Entrez dans le champ de bataille qu'il a reconnu, étudiez, et avec encore plus de soin, celui qu'il a fortifié et où il s'est retranché.

À Montholon.

Parmi les réflexions de l'empereur sur la technique de guerre employée par Turenne, maréchal général de France.

Ils [les Anglais] s'adressaient bien ! Roi par la grâce de l'étranger ! Moi qui me trouvais déjà souverain par la volonté du peuple !

À Bertrand.

Napoléon affirma à plusieurs reprises, à Sainte-Hélène, que lors des négociations d'Amiens (1802), quand il était premier consul, l'Angleterre – par son ministre Addington – lui avait proposé de le reconnaître comme roi de France avec un système héréditaire.

Ce n'est que le soir de Lodi que m'est venue l'ambition d'exécuter les grandes choses qui jusque-là occupaient ma pensée comme un rêve fantastique.

À Montholon.

Lodi fut le siège d'une violente bataille pendant la campagne d'Italie en 1796 quand Bonaparte vainquit l'armée autrichienne du général Beaulieu.

> *C'est à partir de cette victoire que son autorité s'affirma de façon incontestable.*

Les Polonais sont les Français du nord ; c'est un peuple de braves.

À Montholon.

> *Les Polonais formaient le 5ᵉ corps d'armée, commandé par le prince Poniatowski pendant la campagne de Russie. Ce corps se distingua lors des batailles de Smolensk, de Borodino et de la Berezina. Poniatowski fut nommé maréchal de l'Empire durant la campagne de Saxe (1813).*
> *Le duché de Varsovie, créé par Napoléon, ne survécut pas à l'Empire, mais il eut une grande influence sur l'avenir de la Pologne.*

À Waterloo, je devais vaincre cent fois pour une ! Toutes les chances de la campagne étaient pour nous ! Il a fallu que Ney, le brave des braves, avec 42 000 Français, se laissât arrêter pendant toute une journée par quelques milliers d'hommes ; sans cette inertie inexplicable, l'armée anglaise était prise en flagrant délit et anéantie sans coup férir. Il a fallu aussi que Grouchy, avec plus de 40 000 hommes, laissât Bülow et Blücher se dérober devant lui, et enfin qu'une pluie battante détrempât tellement le terrain qu'il me fut impossible d'attaquer dès la pointe du jour. Si je l'eusse pu, l'armée de Wellington eût été refoulée dans le défilé de la forêt avant que les Prussiens eussent le temps d'arriver ; elle était perdue, sans ressources.

À Montholon.

> *Poursuivant l'analyse des causes de la douloureuse défaite de Waterloo.*
> *Le maréchal Ney s'était arrêté sans motif à Frasnes, persuadé que l'ennemi était devant lui, alors qu'une attaque contre les Anglais à Quatre-Bras – mission que lui avait assignée Napoléon – lui aurait livré cette position.*
> *Cette manœuvre aurait retenu Wellington et laissé à l'armée française le temps de menacer le flanc des Prussiens.*
> *Lorsque les Anglais s'étaient arrêtés sur le plateau Mont-Saint-Jean, devant la forêt de Soignes, Napoléon avait donné l'ordre au maréchal*

> *Grouchy de le rejoindre à Waterloo, mais le maréchal n'avait pas reçu le message.*

Je n'ai jamais couru après les femmes ; que serait devenu un général en chef de vingt-cinq ans s'il avait couru après le sexe ?

À Gourgaud.

> *Parlant de l'époque de sa première campagne d'Italie, quand il était très amoureux de Joséphine.*

Quand Fox [premier ministre anglais], causant avec moi après le traité d'Amiens [1802], me reprocha de n'avoir pas obtenu du pape le mariage des prêtres, je lui répondis : « J'avais et j'ai besoin de pacifier ; c'est avec de l'eau et non avec de l'huile qu'on calme les volcans théologiques. »

À Bertrand.

> *Charles James Fox, homme politique et ministre anglais, avait une attitude favorable à la Révolution française et souhaitait un accord avec Bonaparte. Comme premier ministre, il approuva les négociations qui menèrent au traité d'Amiens en 1802.*

L'homme fait pour les affaires et l'autorité [d'État] ne voit point les personnes ; il ne voit que les choses, leur poids et leurs conséquences.

À Bertrand.

> *Parlant du caractère et de la formation que doivent avoir les hommes d'État.*

Ils n'ont rien appris, ils n'ont rien oublié.

À O'Meara.

Constatant qu'en France, après sa chute, les nobles, malgré leurs vingt-cinq années d'exil, étaient revenus au pays avec les mêmes principes et les mêmes habitudes qu'ils avaient auparavant.

Je prévois que la France sera forcée de renoncer à ses colonies de l'océan. Toutes celles d'Amérique deviendront, avant cinquante ans, le domaine des États-Unis ; c'est cette considération qui a déterminé la cession de la Louisiane.

À Bertrand.

Prévisions faites par Napoléon quant à l'avenir de l'empire colonial français.

L'empereur racontait comment, en 1803, le président Jefferson chargea son ministre plénipotentiaire à Paris de négocier l'achat de la Louisiane qui appartenait aux Français. En cas d'échec des négociations, Jefferson envisageait de déclarer la guerre à la France ; et les Anglais, « maîtres sur mer », auraient pu s'allier avec les Américains. Napoléon décida alors de vendre la Louisiane pour 80 millions de francs. Les États-Unis acquittèrent correctement la somme et se montrèrent fidèles à leurs engagements.

Un père est souvent injuste envers tel ou tel de ses enfants. Un souverain ne doit pas l'être envers un seul de ses sujets.

À Gourgaud.

La guerre est un art singulier. Je vous assure que j'ai livré soixante batailles ; eh bien ! je n'ai rien appris que je ne susse dès la première.

À Gourgaud.

Réflexions sur ses aptitudes stratégiques.

Le meilleur moyen de rendre tout le monde pauvre serait de décréter l'égalité des fortunes.

À Gourgaud.

Analysant les conséquences économiques des révolutions.

Ce n'est pas un génie qui me réveille tout à coup, en secret, en me disant ce que j'ai à dire ou à faire dans des circonstances inattendues pour les autres : c'est la réflexion et la méditation.

À Gourgaud.

Sans les événements de 1814, tous les juifs seraient venus successivement s'établir dans un pays où l'égalité des droits leur était assurée et où la porte des honneurs leur était ouverte.

À Gourgaud.

Napoléon espérait établir en France une liberté de conscience sans religion prédominante, et de tolérance pour tous les cultes. Un « grand sanhédrin » (le nom du tribunal qui existait à Jérusalem avant l'ère chrétienne) se réunit d'ailleurs à Paris le 9 février 1807.

1818

Mon grand talent, ce qui me distingue le plus, c'est de voir clair en tout ; c'est même mon genre d'éloquence que de voir sous toutes ses faces le fond de la question.

À Gourgaud.

Je voulais donner aux curés une grande importance, les rendre utiles au développement de l'intelligence sociale. Plus ils sont éclairés et instruits, moins ils cherchent à abuser de leur ministère. À leurs cours de théologie, j'aurais joint des cours élémentaires d'agriculture, des arts utiles et d'une application journalière, de la médecine et du droit. Ils eussent été alors vraiment une providence pour leurs ouailles.

À Montholon.

Réflexions sur le rôle social de l'Église.

Le gouvernement d'un pays qui ne fait que sortir d'une révolution, qui est menacé par les ennemis du dehors et troublé par les intrigues des traîtres à l'intérieur, doit nécessairement être dur. Dans des temps plus calmes, ma dictature aurait cessé et j'eusse commencé mon règne constitutionnel.

À O'Meara.

Pendant que j'étais à la tête des affaires, je puis dire que la France se trouvait dans le même état que Rome lorsqu'on déclarait qu'un dictateur était nécessaire pour sauver la république.

À O'Meara.

Expliquant la situation en France après la Révolution et la nécessité de son coup d'État du 18 Brumaire.

Vous avez perdu l'Amérique par l'affranchissement ; vous perdez l'Inde par l'invasion. La première perte était toute naturelle : quand les enfants deviennent grands, ils font bande à part. Mais pour les Hindous, ils ne grandissent pas ; aussi la catastrophe ne viendra que du dehors. Vous ne savez pas tous les dangers dont vous avez été menacés par mes armées ou par mes négociations.

À O'Meara.

Napoléon conçut plusieurs plans d'attaque de l'Inde, car il était fasciné par ce pays. Mais l'Angleterre, maîtresse incontestée des mers, avait les moyens de neutraliser le danger. La campagne d'Égypte (1790) provoqua beaucoup d'émotion chez les Anglais, à Londres et à Calcutta.

> *À la veille de la bataille de Friedland (1807), Napoléon signa un traité avec le shah de Perse, obtenant son concours en vue d'une expédition française vers la vallée du Gange.*
>
> *Trop absorbé par les problèmes européens, l'empereur n'a jamais eu le temps de développer une politique orientale cohérente.*

Ma vraie gloire ce n'est pas d'avoir gagné quarante batailles ; Waterloo effacera le souvenir de tant de victoires. Ce que rien n'effacera, ce qui vivra éternellement, c'est mon Code civil.

À Montholon.

> *Le Code civil, connu sous le nom de « Code Napoléon », a été voulu par Napoléon et créé avec sa participation active. Il a inspiré la législation de très nombreux pays, témoignant ainsi de sa valeur.*

❦

1819

L'amour des hommes est hors du pouvoir des baïonnettes, et un roi qui ne règne pas sur le cœur de ses peuples n'est rien.

À Montholon.

Quand les courtisans s'engraissent, le peuple en souffre.

À Montholon.

> *Aveu de Napoléon à propos de l'enrichissement exagéré de quelques personnalités de son entourage à la cour impériale, dont la France se serait bien passée.*

La patrie soupire et la gloire est en deuil…

À Montholon.

En 1815, après la défaite de Waterloo et l'exil de l'empereur, la France fut ramenée à ses frontières de 1790. Elle dut payer 700 millions de francs d'indemnités de guerre et subit une occupation armée de trois ans. Pendant cette période, la France se trouva face à l'Europe dans une position de faiblesse sans précédent.

Voyez mes proclamations et mes articles du *Moniteur*.

À Montholon.

Montholon demandait à l'empereur où on pouvait « trouver » son style d'écrivain.

Si j'étais sorti vainqueur de la campagne de Russie, la Pologne serait un grand royaume, fortement organisé, ayant une armée de deux cent mille hommes ; elle serait pour la Russie une barrière infranchissable.

À Montholon.

Napoléon prétendit à Sainte-Hélène que, du moment qu'il s'était décidé à entrer en guerre avec la Russie en 1812, il pensait au rétablissement du royaume de Pologne. Dans ce but il négocia, par l'intermédiaire de Maret, duc de Bassano, des conventions secrètes avec la Prusse et l'Autriche.

J'ai manqué mon destin devant Saint-Jean-d'Acre.

À Montholon.

Pendant l'expédition d'Égypte, la résistance de cette petite cité, assiégée par les Français du 19 mars au 20 mai 1799, mit fin aux ambitions du général Bonaparte qui voulait conquérir la Syrie et poursuivre sa marche victorieuse bien au-delà.
La ferme détermination de Djezzar Pasha, gouverneur de Saint-Jean-d'Acre, soutenu par la flottille anglaise de Sidney Smith, eut raison de Bonaparte.

※

1820

Nous n'avons de trop, ici, que du temps.

À Bertrand.

Avouant qu'à Sainte-Hélène l'inaction le faisait spécialement souffrir.

Docteur, quelle belle chose que le repos ! Le lit est devenu pour moi un lieu de délices, je ne l'échangerais pas pour tous les trônes du monde.

Au docteur Antommarchi.

Dès 1819 la maladie commença à abattre l'empereur qui dut souvent rester enfermé des journées entières sans voir personne.

Nous naissons, nous vivons, nous mourons au milieu du merveilleux.

À Montholon.

Parmi ses réflexions sur la religion.

J'osais frapper [en Espagne] trop haut ! Je voulais agir comme la providence, ce qui était si étroitement lié et qui avait donc beaucoup à expier : ce fut une guerre de démons, infernale, diabolique.

À Montholon.

Regrettant son immixtion dans les affaires d'Espagne, où la guerre ne fut pas seulement l'affrontement de deux armées régulières, mais aussi une guérilla dans laquelle le terrorisme psychologique montrait que la population espagnole était globalement engagée.

J'avais fondé le plus bel empire de la terre, et je lui étais si nécessaire qu'en dépit de toutes les secousses dernières, ici, sur mon rocher [à Sainte-Hélène], je semble encore demeurer le maître de la France.

À Bertrand.

Napoléon prédit qu'il resterait toujours vivant dans l'âme du peuple français.

Il faut que je meure ici [à Sainte-Hélène] ou que la France vienne me chercher. Si Jésus Christ n'était pas mort sur la croix, il ne serait plus Dieu.

À Montholon.

En 1812, je fis pour la Pologne tout ce que je pus faire sans compromettre l'intérêt de la France. J'ai préparé le rétablissement du royaume de Pologne par des traités avec l'Autriche et la Prusse. Si j'étais sorti vainqueur de la campagne de Russie, la Pologne serait un grand royaume, fortement organisé, ayant une armée de deux cent mille hommes ; elle serait pour la Russie une barrière infranchissable.

À Montholon.

Pendant la campagne de Russie, nommée par Napoléon « la seconde guerre de Pologne », l'important contingent polonais compta déjà 100 000 soldats dont un tiers forma le 5ᵉ corps d'armée, commandé par le prince Poniatowski.

Peut-être à Tilsit où je me trouvais victorieux, dictant les lois et ayant des rois et des empereurs pour me faire la cour.

Quand le général Bertrand lui demanda à quel moment de sa vie il avait été le plus heureux.

Après la victoire des Français à Friedland, le tsar Alexandre chercha à négocier, et la rencontre des deux empereurs eut lieu à Tilsit le 26 juin 1807. À cette époque Napoléon était à l'apogée de sa puissance.

Ma noblesse ne sera d'aucun appui pour mon fils ; il fallait plus d'une génération pour qu'elle prît ma couleur et pour qu'elle conservât par tradition le dépôt sacré de toutes mes conquêtes morales.

À Montholon.

La République anglaise est morte avec Cromwell ; la République française serait morte avec moi, si elle n'avait vécu que de moi ; je n'ai pas créé l'Empire dans mon intérêt personnel : j'ai créé l'Empire pour le salut de la Révolution et dans l'intérêt français... Il fallait que je donnasse à la France une forme de gouvernement qui réunissait toutes les conditions d'unité et de stabilité.

À Montholon

J'ai semé la liberté à pleines mains partout où j'ai implanté mon Code civil.

À Montholon.

Dans cinq cents ans le nom de Napoléon brillera, et ceux de Bathurst, de Castlereagh et le vôtre [Hudson Lowe] ne seront connus que par la honte et l'injustice de leur conduite envers moi.

À Montholon.

Bathurst, le ministre anglais, secrétaire d'État à la guerre et aux colonies, choisit Hudson Lowe pour le poste de gouverneur à Sainte-Hélène. Castlereagh, ministre des affaires étrangères, qui à partir de 1812 fut l'âme de la lutte contre Napoléon, perdit la raison et se suicida en 1822. Lowe, le geôlier de Sainte-Hélène, termina misérablement, car, de retour en Angleterre, il fut évité par ses proches, repoussé par ses pairs et écarté des affaires par le gouvernement.

La Russie doit ou crouler ou s'agrandir, et je suppose plus vraisemblable la dernière hypothèse.

À O'Meara.

> *Parmi ses prévisions, qui se révélèrent exactes, sur l'avenir des affaires de l'Europe et le rôle politique de la Russie.*

Quand j'aurais appris qu'une nation peut vivre sans pain, alors je croirai que les Français peuvent vivre sans gloire.

À O'Meara.

Je ne m'explique jamais comment les Français, si braves sur le champ de bataille, si prodigues de leur vie pour l'honneur d'une remarque, montrent si peu de caractère quand il s'agit de la foi politique.

À Montholon.

> *Sur le caractère politique des Français.*

L'Empire, comme je le comprenais, n'était que le principe républicain régularisé ; il consolidait l'œuvre réformatrice de l'Assemblée constituante ; il faisait de la vieille monarchie française une jeune monarchie pleine de grandeur et d'avenir.

À Montholon.

> *Expliquant les motifs de la création de l'Empire et son utilité pour la France.*

Il ne suffit pas qu'un peuple dise : « Je veux être libre » de la liberté que prêchent les apôtres du libéralisme : il faut qu'il en soit digne par son éducation.

À Montholon.

Pensant aux peuples européens qui, à son époque, vivaient encore soumis.

Les malheurs aussi ont leur héroïsme et leur gloire.

À Montholon.

Analysant son comportement face à sa triste captivité à Sainte-Hélène.

Les trois quarts des hommes ne s'occupent des choses nécessaires que lorsqu'ils en sentent le besoin ; mais, justement, alors il n'est plus temps.

À Montholon.

L'insulte m'a longuement confiné dans ces cabanes. Aujourd'hui le manque de force m'y retient.

À Bertrand.

À Sainte-Hélène, pendant les derniers mois de sa vie, l'empereur ne sortait plus de sa maison en raison de sa maladie.

De quelles erreurs ne sont pas capables la vanité et l'amour-propre d'un homme ignorant.

À Montholon.

Il faut du courage pour lutter contre la force, il en faut quelquefois plus pour s'avouer sa faiblesse.

À Montholon.

Tout passe promptement sur la terre, hormis l'opinion que nous laissons empreinte dans l'histoire.

À Montholon.

Ce fut un bien beau jour.

À Montholon.

Se rappelant son entrée à Paris après la bataille de Marengo, le soir de 2 juillet 1800, alors qu'il n'était pas attendu. Le lendemain, la nouvelle de son retour se répandit dans la capitale, et la population des faubourgs accourut pour l'acclamer dans les jardins des Tuileries.

Homère doit avoir fait la guerre : il est vrai dans tous les détails des combats. Partout, c'est l'image même de la guerre... Virgile est un amateur à côté d'Homère.

À Bertrand.

Napoléon trouvait L'Iliade supérieur à L'Énéide, parce que les textes prouvaient qu'Homère avait l'expérience de la guerre tandis que Virgile ne fut jamais militaire.

🐝

1821

En dînant, on peut tous les jours recevoir deux ou trois amis. Voilà le mieux ! Jamais de grands dîners et de fêtes. Personne ne vous en sait gré. Ce n'est qu'une jouissance d'amour-propre.

À Bertrand.

La première chose et la plus nécessaire au bonheur est de ne jamais faire des dettes ; la deuxième, de ne dépenser que les deux tiers de son revenu. Il faut proportionner ses goûts à sa fortune.

À Bertrand.

Parmi ses réflexions sur la manière dont on doit gouverner la fortune d'une famille ou d'un État.

Je suis bien heureux de n'avoir pas de religion. Je n'ai point de craintes chimériques.

À Bertrand.

L'empereur redoutait, les dernières années de sa vie, que les Anglais décident de l'enterrer en Angleterre, à Westminster.

Le talent veut être cajolé.

À Montholon.

Rappelant les conseils qu'il donnait à son frère Joseph, roi d'Espagne, sur les égards qu'il devait témoigner au maréchal Suchet, dont les remarquables qualités militaires lui étaient indispensables.

J'ai sauvé la Révolution qui périssait ; je l'ai lavée de ses crimes et je l'ai montrée aux peuples resplendissante de gloire ! J'ai implanté en France et en Europe ses nouvelles idées ; elles ne sauraient rétrograder.

À Montholon.

Napoléon se considérait comme le continuateur et le propagateur des principes de la Révolution française en Europe.

Il faut à ma machine des choses douces : elle est un peu comme les éléphants qu'on mène avec une ficelle et qu'on ne peut conduire avec une corde.

À Bertrand.

> *Au sujet des effets pénibles des médicaments puissants qui lui étaient prescrits par les médecins à Sainte-Hélène.*

Il y a différentes manières d'assassiner un homme : par le pistolet, par l'épée, par le poison ou par l'assassinat moral. C'est la même chose, en définitive, excepté que ce dernier moyen est le plus cruel.

À Bertrand.

> *Considérant son exil sur le rocher de Sainte-Hélène, imposé par les Anglais, comme un assassinat moral.*

J'étais venu m'asseoir au foyer du peuple britannique, je demandais une loyale hospitalité, et, contre tout ce qu'il y a de droits sur la terre, on me répondit par des fers... Vous [les Anglais] n'avez laissé arriver jusqu'à moi aucune nouvelle, aucun papier d'Europe. Ma femme, mon fils même n'ont plus vécu pour moi. Vous m'avez tenu six ans dans la torture du secret... Il m'a fallu me renfermer entre quatre cloisons, dans un air malsain, moi qui parcourais à cheval toute l'Europe ! Vous m'avez assassiné longuement, en détail, avec préméditation ! Vous finirez comme la superbe république de Venise, et moi, mourant sur cet affreux rocher, privé des miens et manquant de tout, je lègue l'opprobre et l'horreur de ma mort à la famille régnante d'Angleterre.

Au médecin britannique Arnott, cité par Bertrand.

> *Le chirurgien anglais Arnott était venu avec son régiment à Sainte-Hélène en 1819. Appelé en qualité de médecin au chevet de Napoléon en avril 1821, il le soigna jusqu'à sa mort. L'empereur l'accueillit avec bienveillance.*
> *Peu après, il demanda à Bertrand de traduire en anglais au docteur tout ce qu'il allait déclarer en français.*

Il n'y a pas une indignité, pas une horreur dont vous [les Anglais] ne vous soyez fait une joie de m'abreuver.

Au médecin britannique Arnott.

Racontant le traitement que le gouvernement anglais et ses représentants lui infligeaient à Sainte-Hélène.

On ne connaîtra ma maladie que lorsqu'on m'aura ouvert... Je vais mieux aujourd'hui, mais ma fin approche.

Au médecin Arnott.

Déclaration faite le matin du 19 avril, quand l'empereur se sentait un peu plus fort.

Quand je serai mort, chacun de vous aura la douce satisfaction de retourner en Europe. Vous reverrez les uns vos parents, les autres vos amis, et moi je retrouverai mes braves aux Champs-Élysées ! Oui, Kléber, Desaix, Bessières, Duroc, Ney, Murat, Lannes, Masséna ! Tous viendront à ma rencontre... à moins que là-haut comme ici-bas on ait peur de voir tant de militaires ensemble...

À ses compagnons d'exil, le 19 avril 1821.

Vous avez partagé mon exil, vous serez fidèles à ma mémoire, vous ne ferez rien qui puisse la blesser.

Deux jours avant sa mort, le 3 mai, Napoléon s'adressa pour la dernière fois à ses compagnons et fidèles de Sainte-Hélène.

Je désire que mes cendres restent sur les bords de la Seine au milieu de ce peuple français que j'ai tant aimé.

Dans le testament de Napoléon.

OPINIONS

Les uns disent que vous êtes un Dieu, les autres que vous êtes un diable, mais chacun convient que vous êtes plus qu'un homme.

Réponse du comte de Narbonne à Napoléon
qui s'inquiétait de l'opinion publique sur sa personne, 1810.

ALEXANDRE Ier, empereur de Russie.

C'est un joli jeune homme qui possède plus d'esprit qu'on ne pourrait le supposer.

1807

> La grave crise économique qui secoua la Russie en 1801 servit de prétexte aux familiers du tsar Paul Ier de Russie, âgé de 46 ans, pour l'assassiner dans sa chambre à coucher durant la nuit du 23 mars 1801. Alexandre, qui succéda à son père, était au courant du complot. Il se montra beaucoup moins tyrannique que ses prédécesseurs, et il s'engagea sur la voie de réformes politiques libérales et administratives importantes.

Ce qu'il y a de plus singulier, c'est qu'on ne peut prévoir ce qui lui manquera dans un cas donné ou dans une circonstance particulière, car ce qui lui manque varie à l'infini.

1807

> Le tsar Alexandre fut un homme dissimulé et tenace. Il avait en toutes choses deux façons de penser. Sa capacité à convaincre ses interlocuteurs reposait sur son charme inné.

L'empereur Alexandre, avec ses manières doucereuses et l'apparence de la modération, aura fait davantage dans l'intérêt de la Russie que l'ambitieuse Catherine, que les Russes prônaient tant.

1812

> *À partir de 1805, Alexandre lutta contre Napoléon à Austerlitz, Eylau et Friedland, et fit preuve d'une ténacité extraordinaire face à l'invasion française de la Russie en 1812.*

Ce prince a de l'esprit, de bonnes intentions. Il est plus capable que tous ses ministres s'il se méfiait moins de ses moyens. Il ne lui manque que la décision mais il n'est pas maître chez lui. Il est continuellement gêné par mille petites considérations de famille, même d'individus.

1812

> *Alexandre, recevant le trône des mains sanglantes des assassins de son père, se trouva amené à modifier la politique russe, jusqu'ici amicale envers la France, et à s'allier avec l'Angleterre.*
>
> *Après deux campagnes malheureuses contre Napoléon (Austerlitz, 1805, et Friedland, 1807), il signa avec lui l'accord de Tilsit, mais leur entente refroidit rapidement. Alexandre viola les clauses du Blocus continental, admit difficilement l'existence du grand-duché de Varsovie créé par Napoléon, et s'opposa au mariage de sa sœur cadette avec l'empereur des Français. Le conflit entre eux devint inévitable.*

Cependant qui le croirait ! Alexandre et moi, nous étions tous les deux dans l'attitude de deux bravaches qui, sans avoir envie de se battre, cherchent à s'effrayer mutuellement.

1816

> *Après le désastre de Napoléon en Russie, Alexandre fut l'âme de la coalition européenne, assistant en vainqueur à la bataille de Leipzig (1813) et s'engageant à ne conclure aucune paix séparée avec Napoléon qui, vaincu, dut abdiquer.*

Volontiers je n'eusse pas fait la guerre [de Russie] mais j'étais entouré, encombré de circonstances inopportunes ; tout ce que j'ai appris depuis m'assure qu'Alexandre en avait bien moins envie encore.

1816

Parmi les réflexions que recueillit Las Cases, à Sainte-Hélène, concernant les raisons qui l'entraînèrent dans la campagne de Russie en 1812.

C'est un grec du Bas-Empire, fin, faux et adroit.

1816

L'opinion de Napoléon, confiée à Las Cases, à Sainte-Hélène, n'est pas loin de celle de Chateaubriand qui disait que l'empereur Alexandre était « sincère comme homme en ce qui concernait l'humanité, mais dissimulé comme un demi-Grec en ce qui touchait la politique ». Le tsar donna l'image d'un Slave à l' « âme double », celle d'un potentat qui se croyait libéral et d'un Russe qui se proclamait européen.

🐝

ALEXANDRE Le Grand [de Macédoine].

Ce que j'aime en Alexandre le Grand, ce ne sont pas ses campagnes que nous ne pouvons concevoir, mais ses moyens politiques. Il laissa à trente-trois ans un immense empire bien établi, et il avait eu l'art de se faire aimer des peuples vaincus.

1816

À Las Cases, à Sainte-Hélène.

Alexandre le Grand, César, Hannibal, le Grand Gustave et d'autres réussissent toujours ; est-ce parce qu'ils ont eu du bonheur qu'ils deviennent ainsi de grands hommes ? Non, mais parce qu'étant des grands hommes ils ont maîtrisé leur bonheur ! Quand on veut étudier les ressorts de leurs succès, on est tout étonné de voir qu'ils avaient tout fait pour l'obtenir.

1820

À Bertrand, à Sainte-Hélène.

Bonaparte étudia beaucoup et appliqua les méthodes des grands généraux et des principaux stratèges de l'Antiquité et de l'époque moderne.

※

ANTOMMARCHI Francesco, le dernier médecin de Napoléon à Sainte-Hélène.

Approchez-vous de moi, capocorsicaccio !

1819

Après le départ de Sainte-Hélène du docteur irlandais O'Meara, l'empereur resta sans assistance médicale. Le cardinal Fesch, oncle de l'empereur, lui envoya d'Italie le jeune médecin Antommarchi, qui arriva à Longwood en septembre 1819, et fut aussitôt accueilli avec bonhomie par Napoléon.

J'ai fait mon testament : j'ai légué à Antommarchi vingt francs pour acheter une corde pour se pendre ! C'est un homme sans honneur.

1821

Ayant examiné l'empereur, Antommarchi crut que le mal provenait de l'inaction du malade et il conseilla des promenades au-dessus des forces de Napoléon. Après l'application de vésicatoires, l'empereur ne fut qu'un mourant qui pestait contre ce médecin bavard, vaniteux, ignorant et, de plus, sans qualités humaines qui lui eussent permis d'être de quelque secours à l'empereur. Ce fut lui qui effectua l'autopsie de Napoléon.

※

AUGEREAU Pierre François Charles, duc de Castiglione, maréchal.

Si vous êtes toujours l'Augereau de Castiglione, gardez le commandement ; si vos soixante ans pèsent sur vous, quittez-le et remettez-le au plus ancien des vos officiers généraux... Soyez le premier aux balles... Il faut prendre ses bottes de 93.

1814

> Dans la réponse au maréchal Augereau qui, en février 1814, se plaignant que ses troupes étaient mal équipées et manquaient d'instruction, manifestait ainsi l'état d'esprit de certains chefs d'armée à cette époque. Pendant la campagne de France, Augereau avait 57 ans.

Jadis il était brave. Je n'oublierai jamais l'affaire de Castiglione. Son courage, ses vertus premières l'avaient élevé très haut hors de la foule. Les honneurs, les dignités, la fortune l'y avaient replongé.

1818

> À Sainte-Hélène, Napoléon raconta la campagne d'Italie, celle qui préluda à tous ses succès militaires.
> Augereau se distingua à Castiglione où eut lieu l'une des premières batailles (le 5 août) de la première campagne d'Italie en 1796. Augereau combattit aussi brillamment à Arcole.

Il a vieilli vingt ans sous mes ordres, il n'a plus la même ardeur ; d'ailleurs il a eu des moyens militaires, mais jamais de génie ni d'éducation... Le vainqueur de Castiglione eût pu laisser un nom cher à la France ; mais elle réprouvera la mémoire du défectionnaire de Lyon, dont la trahison a fait tant de mal à la patrie.

1818

> L'empereur rappela, à Sainte-Hélène, qu'en 1814 Augereau se trouvait à Lyon avec 22 000 combattants qui devaient arrêter l'invasion des Autrichiens dans le Sud-Est de la France. Mais le maréchal, indécis et découragé, n'avait pas manœuvré, alors qu'il aurait pu inquiéter sérieu-

sement les arrières de l'armée coalisée. Cette inaction ne fut pas sans influence sur la dernière phase des opérations militaires de la campagne de France (1814).

Sa taille, ses manières, ses paroles lui donnaient l'air d'un bravache, ce qu'il était bien loin d'être quand une fois il se trouva gorgé d'honneurs et de richesses.

1818

Rappelant, devant Las Cases à Sainte-Hélène, le caractère du maréchal Augereau et son évolution pendant le Consulat et l'Empire. Deux semaines après l'abdication de l'empereur (4 avril 1814), Augereau recommanda la cocarde blanche des Bourbons comme « couleur vraiment française », et dénonça Napoléon comme tyran coupable de la mort de millions des Français.

❦

AUGUSTA-AMÉLIE de Bavière, princesse et fille du roi de Bavière, épouse d'Eugène de Beauharnais.

J'ai fait la sottise de la donner à Eugène, qui ne sait pas l'apprécier et lui fait des infidélités, bien qu'elle soit la plus belle et la meilleure des femmes de toute l'Allemagne.

1807

Au moment du traité de Presbourg avec les Autrichiens (27 décembre 1805), Napoléon obtint pour Eugène, son fils adoptif, la main de cette princesse bavaroise. Le mariage eut lieu à Munich le 14 janvier 1806. L'empereur reprochait à Eugène de tromper sa femme et de ne pas la mériter.

Napoléon éprouva toujours pour cette princesse une grande admiration et la considéra comme une « femme d'élite ».

❦

BARRAS Paul François Jean Nicolas, vicomte de, membre du Directoire.

Je vous préviens que, l'épée hors du fourreau, je ne l'y remettrai qu'après avoir rétabli l'ordre.

1795

> *Réponse du jeune général Bonaparte au directeur Barras, l'homme fort du moment, qui le convoqua et lui donna trois minutes de réflexion pour prendre le commandement militaire de Paris et réagir contre les sections royalistes qui avaient pris les armes pour abattre la Convention. Bonaparte accepta et, grâce aux canons apportés par Murat, mitrailla les manifestants royalistes, sauvant la Convention et la République, le 5 octobre 1795 (13 vendémiaire).*

N'ayant aucun talent pour la tribune, et nulle habitude de travail, il se jeta dans le parti thermidorien menacé par Robespierre ainsi que Tallien et tout le reste du parti de Danton. Ils se réunirent et firent la journée du 9 Thermidor. Cette réussite lui donna une grande célébrité. Les événements le portèrent au Directoire : il n'avait point les qualités nécessaires pour cette place.

1816

> *Barras, Tallien et Fouché, menacés par le discours que Robespierre avait prononcé à la Convention le 8 thermidor (26 juillet 1794), décidèrent d'abattre le grand tribun avant d'être traduits par lui devant le tribunal révolutionnaire. Barras fut l'âme de ce mouvement qui le lendemain condamna Robespierre à mort. Le 10 thermidor, tous les Robespierristes furent mis « hors la loi » et guillotinés sans autre jugement. Cette élimination fit de Barras le personnage le plus important de la Convention. Nommé commandant de l'armée de Paris et cherchant un adjoint, il s'adressa à Bonaparte qu'il avait apprécié au siège de Toulon.*

Barras était d'une haute stature, il parla quelquefois dans les moments d'orage et sa voix couvrait alors la salle. Ses facultés morales ne lui permettaient pas d'aller au-delà de quelques phrases. La passion avec laquelle il parlait l'aurait fait prendre pour un homme de résolution, mais il ne l'était point : il n'avait aucune opinion faite sur aucune partie de l'administration publique.

1817

> *Barras fut le seul membre du Directoire qui resta au pouvoir pendant toute la durée de ce régime jusqu'au coup d'État du 18 Brumaire. En cette qualité, il fit prendre au Directoire des décisions capitales, parmi lesquelles la nomination du jeune général Bonaparte à la tête de l'armée d'Italie, le 2 mars 1796. Pour l'histoire, Barras restera identifié avec le Directoire et surtout avec les tares de ce régime. Son goût du luxe et sa corruption le firent surnommer « le roi des pourris ».*

❈

BERNADOTTE Charles Jean-Baptiste Jules, maréchal, puis roi de Suède et de Norvège.

Il a manqué de me faire perdre la bataille d'Iéna ; il s'est médiocrement conduit à Wagram ; il ne s'est pas trouvé à Eylau lorsqu'il aurait pu y être, et n'a pas fait à Austerlitz ce qu'il aurait pu faire.

1809

> *Racontant à Fouché qu'à la bataille d'Austerlitz (1805) Bernadotte n'engagea qu'une partie de ses troupes pour soutenir Soult. Il n'eut qu'un rôle effacé à Auerstedt (1806) où il laissa Davout seul contre les Prussiens, refusant de lui porter secours. À Eylau (1807) Bernadotte arriva deux jours après la bataille.*

C'est un homme usé qui veut de l'argent, des plaisirs, des grandeurs, mais ne veut pas les acheter dans les dangers et les fatigues de la guerre.

1809

> *Bernadotte commandait à Wagram (1809) le corps des Saxons qui se débanda. Pourtant il déclara, après la bataille, que ce corps avait le mérite de la victoire, ce qui provoqua la fureur de l'empereur qui le mit à l'écart.*

J'espère que vous n'oublierez jamais que vous êtes Français et que vous devez la couronne de Suède à la gloire des armées françaises que vous avez commandées.

1810

> *Charles XIII de Suède n'ayant pas d'enfants, et voulant plaire à Napoléon, désigna Bernadotte pour monter sur le trône de son pays après sa mort.*
> *Le 21 août 1810, les États de Suède proclamaient le maréchal Bernadotte prince héritier de Suède. Le 10 octobre Bernadotte prit congé de l'empereur qui, en recevant ses adieux, lui fit cette déclaration.*

C'est lui qui a donné à nos ennemis la clef de notre politique, la tactique de nos armées ; c'est lui qui a montré le chemin du sol sacré. Vraiment dirait-il pour excuse qu'en acceptant le trône de la Suède, il n'a plus dû être que suédois, excuse banale, bonne tout au plus pour la multitude et le vulgaire des ambitieux. Pour prendre femme on ne renonce point à sa mère, encore moins est-on tenu de lui percer le sein et de lui déchirer les entrailles.

1816

> *Napoléon, malgré le comportement ambigu de Bernadotte pendant la campagne de Prusse (1806) et à Wagram (1809), ne fit pas opposition à la surprenante nomination du maréchal comme prince héritier de Suède, escomptant sans doute de lui une fidélité inébranlable. L'empereur commit là une lourde erreur, car Bernadotte, devenu roi, se rapprocha du tsar Alexandre de Russie. En 1813 il entra activement dans la coalition contre Napoléon en prenant part à la bataille de Leipzig contre la France, où il provoqua la fatale défection des Saxons. Jusqu'à sa mort, l'empereur n'oublia ni n'excusa le comportement de son ex-maréchal, et il porta sur lui, devant Las Cases à Sainte-Hélène, un jugement sans indulgence.*

Si une nation acceptait un Français qui s'est fait étranger, qui est venu les armes à la main envahir son pays avec les hordes du Nord, ce serait se déshonorer. Le destin, il faut l'espérer, n'a pas réservé une telle honte à la France ! Un Français qui doit la gloire qu'il s'est acquise, la réputation qui l'a porté sur la première marche du trône, au courage et à la valeur de ses compatriotes, ce Français, qui a oublié qu'il est né sur cette terre des braves et qui vient pour asservir, celui-là ne peut espérer commander à la grande nation ; son nom seul doit faire bouillonner le sang de tout ce qui est français.

1816

> *Bernadotte lutta aux côtés des alliés contre la France en 1813, battant Oudinot à Grossbeeren et Ney à Dennewitz. Il semblait désirer, à cette époque, succéder à Napoléon sur le trône de France.*
> *Apprenant ces rumeurs à Sainte-Hélène, l'empereur expose ses pensées à Las Cases.*

Il était suédois en quelque sorte et n'a jamais promis que ce qu'il avait l'intention de tenir. Je puis l'accuser d'ingratitude, non de trahison.

1817

> *Noble explication donnée par l'empereur au docteur O'Meara, à Sainte-Hélène, concernant un de ses collaborateurs qui l'avait cependant profondément déçu.*
> *Bernadotte devint roi de Suède et de Norvège en 1810 sous le nom de Charles XIV.*

※

BERTHIER Louis Alexandre, prince de Neuchâtel, prince de Wagram, maréchal.

Je ne craindrai pas que l'amitié me rende partial en retraçant les services que ce brave général a rendus à la patrie ; mais l'histoire prendra ce soin, et l'opinion de toute l'armée fondera le témoignage de l'histoire.

1796

S'adressant au Directoire, pendant la campagne d'Italie en 1796, quand le général Berthier se distingua à la bataille de Lodi et fut nommé chef d'état-major de l'armée. Pendant sa carrière d'« idéal second » de Napoléon, il fut comblé de biens et d'honneurs : maréchal d'Empire en 1804, prince de Neuchâtel en 1806 et prince de Wagram en 1809. Il disposa de plus d'un million de francs annuels et reçut en dotation le château de Chambord.

Vous seriez donc bien content d'aller pisser dans la Seine.

1806

Réponse au maréchal Berthier quand celui-ci laissa entendre qu'il se sentait trop vieux (il avait 53 ans à cette époque) pour courir les risques de la guerre contre la Prusse en 1806.

Vous voulez aller à Grosbois, voir la Visconti.

1812

Pendant la campagne de Russie, à Moscou, Berthier montra à l'empereur, non sans raison, l'urgence de la retraite et de l'abandon de cette capitale. Mais Napoléon supposa que le désir de revoir Mme Visconti, la maîtresse en titre du maréchal, était la cause véritable de son insistance.

En 1804 le magnifique château de Grosbois dans la Brie (ancienne propriété de Barras) fut confisqué par l'État, puis donné par Napoléon au général Berthier.

Il ne reviendra pas.

1814

Après l'abdication en 1814, à Fontainebleau, le maréchal Berthier demanda à l'empereur la permission de se rendre à Paris pour une journée. Napoléon ressentit devant Maret, avec amertume et justesse, que Berthier le quittait définitivement.

À la chute de l'Empire, Berthier se ralliait aux Bourbons. Lors du retour de l'empereur, il rejoignit sa famille au château de Banberg en Bavière. Il y trouva la mort, en 1815, en tombant d'une fenêtre située au troisième étage du château, sous laquelle défilaient les troupes alliées en marche vers la France.

Qui m'eût dit qu'il serait un des premiers à me quitter ? Il a des enfants, sa femme, cela impose aussi des devoirs... C'est de quitter Fontainebleau avant mon départ qui me choque.

1814

> Continuant à se plaindre devant Maret de l'abandon du maréchal Berthier, à Fontainebleau.

Si j'avais eu Berthier, je n'aurais pas eu ce malheur.

1816

> Parlant à Sainte-Hélène, à Las Cases, de la défaite de Waterloo, l'empereur rendit un hommage tardif au maréchal Berthier qui fut son plus proche collaborateur militaire et le meilleur chef d'état-major qu'ait eu la Grande Armée. Il fut, pendant toute l'épopée, un secrétaire irréprochable, sachant répartir les tâches, interpréter les ordres de Napoléon, et faire circuler les informations.
> Le maréchal, mort dans des circonstances mystérieuses le 1er juin 1815, était absent de la bataille de Waterloo.

En vérité je ne puis comprendre comment il a pu s'établir entre Berthier et moi une relation qui ait quelque apparence d'amitié. Je ne m'amuse guère aux sentiments inutiles, et Berthier était si médiocre que je ne sais pourquoi je m'amusais à l'aimer. Et cependant, au fond, quand rien ne m'en détourne, je crois que je ne suis pas tout à fait sans quelque penchant pour lui.

1817

> Parlant avec Bertrand, à Sainte-Hélène, du maréchal Berthier qui fut un ami fidèle jusqu'à la première abdication. Soldat courageux et brave, intelligent et passionné, il voua à l'empereur, pendant toute sa carrière, une affectueuse et totale obéissance. Comme organisateur et ministre de la guerre (1799-1807), il prépara et façonna l'appareil de guerre de Napoléon. La diversité de l'œuvre qu'il accomplit pendant l'Empire témoigne de sa valeur et de la richesse de son intelligence.

Il y a des hommes que la nature a marqués pour les postes subordonnés. Tel était Berthier ! Il n'y avait pas au monde meilleur chef d'état-major, mais, changé son état, il ne pouvait commander à cinq cents hommes.

1817

> Berthier, malgré ses qualités d'excellent chef d'état-major, de remarquable organisateur, et malgré son courage au combat, ne témoigna jamais des qualités d'un grand chef de guerre.

※

BERTRAND Henri Gatien, comte, général, grand maréchal du palais.

J'ai dit que le général Bertrand était l'homme de la vertu, je n'ai rien dit de trop ; sa réputation est faite.

1814

> Bertrand, grand maréchal du palais après la mort de Duroc en 1813, entêté dans sa fidélité, suivit l'empereur sur l'île d'Elbe en 1814 et puis à Sainte-Hélène, entraînant aussi son épouse en exil. Il fut le plus désintéressé de tous les fidèles pendant les dernières années de Napoléon. Laconique de tempérament, il ne quitta l'île Sainte-Hélène qu'après la mort de Napoléon, emportant avec lui les « Cahiers » consignant les détails de la vie quotidienne de l'empereur entre 1816 et 1821.

Bertrand est le meilleur ingénieur depuis Vauban.

1817

> À Sainte-Hélène, devant Las Cases, l'empereur faisait l'éloge de Bertrand en le comparant au maréchal Vauban, commissaire général des fortifications de Louis XIV.
> Bertrand fut nommé en 1800, après son retour de la campagne d'Égypte, inspecteur général des fortifications et commandant du camp de

Saint-Omer. Il créa le port de Wimereux et ancra les forts de L'Heurt et de La Crèche.

❋

BESSIÈRES Jean-Baptiste, duc d'Istrie, maréchal.

Bessières, voilà un beau boulet qui a fait pleurer ma garde.

1809

> *Pendant la bataille de Wagram, le maréchal Bessières, conduisant la célèbre charge de la cavalerie de la garde impériale contre les chevaliers-gardes du tsar Alexandre, fut renversé avec son cheval atteint par un boulet, ce qui lui valut ces mots de Napoléon.*

Ce maréchal, qu'on peut à juste titre nommer brave et juste, était recommandable autant par son coup d'œil militaire et par sa grande expérience de l'arme de la cavalerie que par ses qualités civiles et son attachement à l'empereur.

1813

> *Les charges du maréchal Bessières, à la tête de la cavalerie de la garde impériale, furent de grands moments d'affrontement à Austerlitz (1805) et à Eylau (1806). En Espagne (1808), Bessières battit l'ennemi à Medina del Rio Seco. Son comportement à Wagram (1809) et sa belle contenance face au débarquement anglais de Walcheren lui valurent le titre de duc d'Istrie. En Russie (1812) il se distingua particulièrement au combat de Maloiaroslavets.*

Le duc d'Istrie est mort de la plus belle mort, sans souffrir. Il laisse une réputation sans tache : c'est le plus bel héritage qu'il ait pu laisser à ses enfants.

1813

> *Dès les premiers engagements de la campagne de Saxe (où il fut commandant en chef de toute la cavalerie de l'armée), le maréchal Bessières, duc d'Istrie, âgé de 44 ans, trouva la mort à Rippach, le 1ᵉʳ mai 1813, recevant un boulet de canon dans la poitrine. La mort de ce héros intègre de l'Empire lui épargna, au moins, la vision des grands revers des années 1813-1814. Il fut une des figures les plus chevaleresques de l'épopée napoléonienne.*

Bessières a vécu comme Bayard et il est mort comme Turenne.

1814

> *L'empereur vanta l'héroïsme, le dévouement réfléchi et l'honnêteté du maréchal Bessières en le comparant à Bayard, héros historique et symbole du courage militaire français, et à Turenne, maréchal général de France, mort sur le champ de bataille.*

Les hommes de 1815 n'étaient pas les mêmes que ceux de 1792. Les généraux craignaient tout... J'aurais eu besoin d'un commandant de la garde ; si j'avais eu Bessières à Waterloo, ma garde aurait décidé de la victoire. Il était d'une bravoure froide, calme au milieu du feu ; il avait de très bons yeux, il était fort habitué aux manœuvres de cavalerie. Plein de vigueur mais prudent et circonspect. On le verra dans toutes les grandes batailles rendre les plus grands services. Il avait en moins ce que Murat avait en trop.

1816

> *Un dernier hommage, à Sainte-Hélène, devant Gourgaud, à la mémoire du maréchal Bessières, connu autant pour son intrépidité à toute épreuve que pour sa loyauté et sa magnanimité.*
>
> *Durant la campagne de 1815 (Waterloo), la cavalerie française fut placée sous les ordres du maréchal de Grouchy, qui était loin d'avoir la valeur de Bessières.*

🐝

BEUGNOT Jacques, comte, conseiller d'État.

Tant que celle-là [son épée] pendra à mon côté, et puisse-t-elle y pendre longtemps, vous n'aurez aucune des libertés après lesquelles vous soupirez, pas même, monsieur Beugnot, celle de faire à la tribune quelque beau discours à votre manière.

1810

> Beugnot remit de l'ordre au ministère de l'intérieur après le coup d'État du 18 Brumaire et fut un préfet modèle. Il remporta de grands succès dans le domaine économique et, favorable à une politique d'assimilation, il fut désigné comme rapporteur du dossier des juifs d'Alsace. Il organisa les finances du royaume de Westphalie et l'administration du grand-duché de Berg. Pourtant Napoléon ne l'aimait pas, car il le soupçonnait d'être un « idéologue » dévoué à son frère Lucien Bonaparte avec qui il était en conflit.

BLÜCHER Gebhard Leberecht, prince, maréchal prussien.

Blücher est un très brave soldat, un bon sabreur. C'est comme un taureau qui ferme les yeux et se précipite en avant sans voir aucun danger. Il a commis des millions de fautes et, s'il n'eût été servi par les circonstances, j'aurais pu différentes fois le faire prisonnier, ainsi que la plus grande partie de son armée. Il est opiniâtre et infatigable, n'a peur de rien et est très attaché à son pays ; mais, comme général, il est sans talent.

1817

> À O'Meara.
> Blücher fut un adversaire résolu de la France. Défait par Napoléon à Auerstedt (1806), à Bautzen (1813), à Brienne (1814) et à Ligny (1815), sa contribution fut cependant décisive lors des victoires des alliés à Leipzig (1813), La Rothière (1814) et Waterloo (1815). Après Waterloo, il marcha directement sur Paris, où il entra le 3 juillet 1815.

> *Il est difficile de séparer objectivement les mérites militaires du maréchal Blücher de ceux de ses proches collaborateurs, les généraux Gneisenau, son quartier-maître général, et Scharnhorst, son chef d'état-major.*

※

BONAPARTE Marie-Annonciade, dite Caroline, sœur de Napoléon, épouse de Murat, reine de Naples.

Avec elle, il faut que je me mette toujours en bataille rangée ; pour faire entendre mes vues à une petite femme de ma famille, il faudrait que je lui fisse des discours aussi longs qu'au Sénat et au Conseil d'État.

1804

> *Les ambitions de la plus jeune sœur de Napoléon, Caroline, née Annunziata, femme de tête, intelligente, calculatrice et habile, grandirent avec les succès de son frère. Après la proclamation de l'Empire, elle obtint le titre d'altesse impériale, et son mari Murat celui de maréchal. En 1806 l'empereur créa pour eux le grand-duché de Berg et de Clèves, et en 1808 leur réserva le royaume de Naples. Caroline connaissait l'art de plaire à Napoléon et, au besoin, de calmer son mécontentement, notamment quand Murat commettait une erreur.*

Dans sa petite enfance, on la regardait comme la sotte et la cendrillon de la famille ; mais elle en a bien rappelé ; elle a été une très belle femme et elle est devenue très capable.

La reine de Naples [Caroline] s'était beaucoup formée dans les événements. Il y avait chez elle de l'étoffe, beaucoup de caractère et une ambition désordonnée.

1817

> *À Las Cases, à Sainte-Hélène.*
> *Lorsque Murat rejoignit la Grande Armée en partance pour la Russie (1812), Caroline prit la régence du royaume de Naples et s'acquitta fort*

bien de cette fonction pendant l'absence de son mari. Elle le critiqua sévèrement pour avoir quitté le commandement de l'armée de Russie après le départ de Napoléon. Norois constata que l'application qu'elle portait aux affaires de l'État était « une disposition de famille ».

En 1813 Caroline fut l'instigatrice des négociations entre Murat et les puissances coalisées contre la France, et en 1815 elle poussa Murat à envahir les États du pape et l'Italie du Nord, avec l'espoir de le faire proclamer roi d'Italie.

※

BONAPARTE Élisa, sœur de Napoléon, mariée Bacciochi, grande duchesse de Toscane.

Maîtresse femme, elle avait de nobles qualités, un esprit recommandable et une activité prodigieuse, connaissant les affaires de son cabinet aussi bien qu'eût pu le faire le plus habile diplomate. Il n'y a pas eu d'intimité entre nous, nos caractères s'y opposaient.

1820

Déclaration faite à Montholon, à Sainte-Hélène.

En 1809, Napoléon attribua à sa première sœur, Élisa Bonaparte, le grand-duché de Toscane, enlevé à la reine d'Étrurie. Elle résida au palais Pitti de Florence où elle imposa une étiquette très stricte. Elle s'entoura de gens compétents et, parce qu'elle administrait ses États fort habilement, fut appréciée par ses sujets. Dans les affaires d'État, Élisa suivit de son mieux les directives de l'empereur qui, d'ailleurs, ne lui laissait pas beaucoup de liberté d'action. Parmi tous les Bonaparte, c'est Élisa qui saura le mieux se conduire et le moins déshonorer la France.

※

BONAPARTE Jérôme, frère de Napoléon, roi de Westphalie.

Il a de l'esprit, du caractère, de la décision et assez de connaissances générales du métier pour pouvoir se servir du talent des autres.

1805

> *En ces termes Napoléon recommanda Jérôme, son frère benjamin, au vice-amiral Decrès, ministre de la marine. Le premier consul avait décidé, à cette époque, que Jérôme devait faire carrière dans la marine.*

La guerre ne s'apprend pas qu'en allant au feu. Vous moquez-vous de moi ? Quand vous aurez fait six campagnes et que vous aurez six chevaux tués sous vous, je verrai.

1808

> *Quand Jérôme, devenu roi de Westphalie, osa demander à l'empereur de le nommer son lieutenant général.*

Vous êtes roi et frère de l'empereur, qualités ridicules à la guerre ! Il faut être soldat et puis soldat et encore soldat. Il faut bivouaquer avec son avant-garde pour avoir des nouvelles ou bien rester dans son sérail.

1809

> *La conduite de Jérôme, roi de Westphalie, fut très critiquée par l'empereur pendant la campagne d'Autriche (1809). À la veille de la bataille de Wagram, Jérôme reçut l'ordre d'aller renforcer le corps du général Junot, aventuré en Bohême, mais il perdit trop de temps en préparatifs inutiles.*

Vous faites la guerre comme un satrape... Vous avez été constamment dans cette campagne où l'ennemi n'était pas.

1809

> *Napoléon eut des mots très durs pour son frère Jérôme, qui commandait le 10ᵉ corps de la Grande Armée pendant la campagne contre l'Autriche en 1809.*

Mon frère, je regrette de vous avoir connu si tard.

1815

> *Hommage tardif de Napoléon à son frère à l'occasion de la bataille de Waterloo, où Jérôme conduisit avec beaucoup de courage ses troupes à l'assaut du château d'Hougoumont, tenu par l'ennemi.*

Jérôme, en mûrissant, eût été propre à gouverner ; je découvrais en lui de véritables espérances.

1816

> *Parlant à Las Cases, à Sainte-Hélène, de la période durant laquelle Jérôme, roi de Westphalie, s'efforça de reconstituer dans ce pays une petite armée, en dépit de ses difficultés financières.*

❋

BONAPARTE Joseph, frère de Napoléon, roi de Naples (1806-1808), roi d'Espagne (1808-1813).

Il est bien facile à Joseph de me faire des scènes ! Quand il m'a fait celle de l'autre jour, il n'a eu qu'à s'en aller à Mortefontaine chasser et s'amuser, et moi, en le quittant, j'avais devant moi toute l'Europe contre moi.

1801

> *Joseph acheta en 1798 le château de Mortefontaine, une magnifique propriété à 40 kilomètres de Paris, qui appartenait à Barras. Dans ce château Joseph Bonaparte négocia, du 2 avril au 30 septembre 1800, le traité par lequel la France cédait le territoire de la Louisiane aux États-Unis et mettait un terme à l'état de belligérance partielle sur mer entre les deux États. Pendant cette période, Joseph se réserva surtout les emplois de négociateur avec l'Autriche (paix de Lunéville), l'Angleterre (paix d'Amiens) et les États-Unis (traité de Mortefontaine).*

Citoyen ministre, recevez mes compliments pour la manière dont vous avez assiégé et pris Mantoue sans quitter Lunéville.

1803

> *Joseph fut le représentant de la République au Congrès de Lunéville (9 février). Ce traité stipulait que Mantoue, que Bonaparte avait laissée au pouvoir des Autrichiens pendant l'armistice de Campoformio, devenait possession de l'armée française. Devant le chancelier Cobenzl, le négociateur autrichien, le premier consul félicita avec humour son frère Joseph pour cette victoire diplomatique.*

Qu'il me parle de ses droits et de ses intérêts à moi, c'est me blesser dans mon endroit sensible ; c'est comme s'il eût dit à un amant passionné qu'il avait baisé sa maîtresse ou seulement qu'il espérait réussir auprès d'elle. Ma maîtresse, c'est le pouvoir ! C'est la France ! J'ai trop fait pour sa conquête pour me la laisser ravir et souffrir qu'on me la convoite.

1804

> *Au début de l'Empire, Joseph affichait un dédain outrancier pour Napoléon. L'empereur avait l'impression que son frère voulait partager le pouvoir avec lui, car nombre d'hommes politiques jugeaient Joseph plus libéral et souhaitaient qu'il lui succédât. L'empereur lui proposa la couronne du royaume d'Italie, mais Joseph refusa, ce qui provoqua une brouille entre les deux frères.*

Vos proclamations au peuple de Naples ne sentent pas assez le maître ; vous ne gagnerez rien en caressant trop.

1806

> *Conseils à Joseph, nommé roi de Naples le 31 mars 1806.*
>
> *Bien entouré de très capables ministres français, Joseph mena à Naples d'importantes réformes qui donnèrent à l'économie du pays, jusque-là somnolente, une impulsion importante.*

Si demain je perdais une bataille sur l'Isonzo, vous apprendriez ce qu'il faut penser de votre popularité.

1806

> *Le roi Joseph se croyait très populaire à Naples, parlant fréquemment de l'attachement de ses sujets, alors que l'empereur le mettait en garde contre une insurrection qui se préparait en Calabre. Une révolte se produisit réellement et, par la faute du roi Joseph, le général français Reynier subit un échec éclatant à Maida.*

Sa tête s'est perdue, il est devenu tout à fait roi ! La fantaisie de donner des ordres et de travailler ne prenait Joseph qu'une fois par mois... Il se croyait militaire, et du talent.

1808

> *Napoléon offrit à son frère Joseph, en 1808, le trône d'Espagne. Joseph éprouva, pendant toute la période de son règne à Madrid, une forte aversion pour son royaume où il avait besoin en permanence de l'aide militaire des maréchaux français qui opéraient dans la péninsule.*

Tu [Joseph] est bien différent de l'empereur Alexandre [de Russie] qui, ayant dans sa voiture Lannes [le maréchal] qui s'était endormi, lui chassa les mouches, craignant qu'elles le réveillent ; c'était pour lui un héros, il sentait son mérite et le respectait ! Toi, tu ne le sens pas.

1809

> *Le maréchal Lannes participa à la guerre d'Espagne entre novembre 1808 et mars 1809, menant, entre autres actions, le siège de Saragosse, alors que Joseph était roi du pays.*

Aujourd'hui je ne donnerais pas un cheveu pour avoir Joseph [Bonaparte] en Espagne plutôt que Ferdinand [prince d'Espagne devenu le roi Ferdinand II].

1813

> *Déclaration de l'empereur, reconnaissant son erreur dans l'affaire d'Espagne. Lorsqu'il dut quitter Madrid pour la dernière fois, le roi Joseph perdit son trésor et tous ses papiers dans la défaite militaire française de Vitoria (21 juin 1813) qui laissait au général anglais Wellington la possibilité d'envahir le Midi de la France.*

Joseph, c'est un fort bon homme. Je ne doute pas qu'il ne fît tout au monde pour moi ; mais toutes ses qualités tiennent uniquement de l'homme privé. Dans les hautes fonctions que je lui avais confiées, il a fait ce qu'il a pu, mais dans les circonstances bien grandes la tâche s'est trouvée peu proportionnée avec ses forces.

1816

> *Régent en 1805, roi de Naples en 1806, roi d'Espagne en 1808, lieutenant général en 1814 avec mission de défendre Paris, Joseph ne confirma pas les espoirs que l'empereur avait placés en lui.*

BONAPARTE Letizia, mère de Napoléon.

Tout petit garçon, j'ai été initié à la gêne et aux privations d'une nombreuse famille. Mon père et ma mère ont connu de mauvais jours... huit enfants ! Le ciel est juste... ma mère est une digne femme.

1814

> *Letizia Ramolino, issue d'une famille d'origine toscane, épousa à 15 ans Charles Bonaparte. Ils eurent 13 enfants, dont huit survécurent. Après 22 ans de mariage, Charles mourut, et Letizia dut faire face à des difficultés financières. Elle montrait un grand sens de l'économie, se privant parfois des choses indispensables pour donner davantage à ses enfants.*

Madame mère était trop parcimonieuse ; c'en était ridicule... c'était excès de prévoyance ; elle avait connu le besoin, et ces terribles moments ne lui sortaient pas de la pensée... mais chez elle le grand l'emportait encore sur le petit : la fierté, la noble ambition marchaient avant l'avarice.

1816

> À partir du 1er janvier 1808, Napoléon attribua à sa mère une rente viagère d'un million de francs par an, mais elle ne dépensa qu'une petite partie de ses revenus, mettant en réserve des sommes importantes. Son entourage l'accusait de ladrerie, mais son sens de l'économie lui permit d'aider toute sa famille, notamment son fils Lucien. Quand l'époque des désastres arriva, Letizia manifesta un grand courage. Elle s'installa même à l'île d'Elbe, auprès de Napoléon, et demanda plusieurs fois, mais sans succès, l'autorisation de rejoindre l'empereur à Sainte-Hélène.

Madame mère avait une âme forte et trempée aux plus grands événements.

1816

> À Sainte-Hélène, devant Las Cases, l'empereur exprimait cette opinion sur sa mère, tellement vraie qu'elle n'a pas même été contestée par les historiens anti-napoléoniens. Dans le conflit de Napoléon avec son frère Lucien, Letizia prit le parti de Lucien, rompant un moment avec l'empereur.

※

BONAPARTE Louis, frère de Napoléon, comte de Saint-Leu, roi de Hollande.

Un prince qui, la première année de son règne, passe pour être si bon est un prince dont on se moque la seconde. L'amour qu'inspirent les rois doit être un amour mâle, mêlé d'une respectueuse crainte et d'une grande opinion d'estime. Quand on dit d'un roi que c'est un bon homme, c'est un règne manqué.

1807

> *Jeune, Louis avait un bel esprit, un bon cœur et se montrait assez sympathique. À cette époque il était le préféré de Napoléon qui lui avait fait épouser Hortense, la fille de Joséphine. Avec le temps il devint nerveux, jaloux, maniaque et même névropathe.*
>
> *Le 5 juin 1806, Louis Bonaparte fut proclamé roi de Hollande, mais il se rendit compte que Napoléon ne lui laissait aucune autonomie dans ce pays que le Blocus continental faisait beaucoup souffrir.*

Votre Majesté trouvera en moi un frère si je trouve en elle un Français ; mais si elle oublie les sentiments qui l'attachent à la commune patrie, elle pourra trouver mauvais que j'oublie ce que la nature a placé entre nous.

1810

> *Napoléon demanda plusieurs fois à son frère Louis de sacrifier les intérêts du royaume de Hollande à la politique générale de la France.*

Il a de l'esprit et n'est point méchant, mais avec ces qualités un homme peut faire bien des sottises et causer bien du mal. Dès son arrivée en Hollande, il n'imaginait rien de beau comme de faire dire qu'il n'était plus qu'un bon Hollandais.

1816

> *L'empereur critiqua fermement Louis parce qu'il ne faisait pas respecter en Hollande le Blocus continental, et parce que ce pays n'avait pas aidé suffisamment la France lors de la campagne contre la Prusse en 1806.*

Jamais homme ne s'égara plus complètement avec de bonnes intentions ; jamais l'honnêteté sans intelligence ne fit plus de mal. Défenseur des intérêts matériels, Louis laissa par son départ un prétexte à bien des mécontentements, et sa révolte de 1810 servit en 1814 d'exemple et d'excuse aux passions égoïstes.

1817

> *Devant Gourgaud, à Sainte-Hélène.*
> *Le 1ᵉʳ juillet 1810, à bout des nerfs, après quatre ans de gouvernement de la Hollande, le roi Louis, s'insurgeant ouvertement contre la politique de Napoléon, son frère et bienfaiteur, abdiqua et menaça de remettre une protestation aux empereurs d'Autriche et de Russie, les prenant pour juges, et Napoléon comme accusé devant un tribunal de rois. Il partit à Töplitz où il demanda asile aux Autrichiens.*

Quand il était petit, il faisait des vers. Mais, pour Dieu, pourquoi les fait-il imprimer [maintenant] ? Il faut avoir le diable au corps !

1817

> *Quand son hypocondrie empira, Louis, tourmenté par le démon littéraire, composa des contes, des romans et des poèmes sans valeur.*

🐝

BONAPARTE Lucien, frère de Napoléon, prince de Canino.

Je joins à quelque esprit une très mauvaise tête.

1800

> *Napoléon passa sous silence le rôle prépondérant que son frère avait joué lors du coup d'État de 18 Brumaire. Lucien, l'homme politique de la famille, en ressentit une grande frustration. Malgré les qualités réelles de la jeune et jolie veuve Alexandrine de Bleschamp, le remariage de Lucien déplut tant à Napoléon qu'il provoqua un conflit intense et prolongé entre les deux frères.*

Beaucoup d'esprit, des connaissances, et beaucoup de caractère... ornement de toute assemblée politique.

1818

Réhabilitation tardive de Lucien dans le Mémorial de Sainte-Hélène.
En dehors de sa contribution décisive au coup d'État du 18 Brumaire, Lucien se distingua comme ministre de l'intérieur, comme ambassadeur à Madrid (où il obtint la signature du traité d'Aranjuez) et en qualité de président du Tribunat (rapporteur des projets du Concordat et de la Légion d'honneur). Son conflit dramatique avec Napoléon dura jusqu'en 1815 quand il revint près de l'empereur qui avait besoin du concours du parlement. Essayant d'aider son frère pendant les Cent-Jours, il se manifesta à la Chambre des pairs et au Conseil des ministres.

※

BONAPARTE Pauline, sœur de Napoléon, princesse Borghese.

Aimez votre mari et votre famille, soyez prévenante, accommodez-vous des mœurs de la ville de Rome et mettez-vous bien dans la tête que si, à l'âge que vous avez, vous vous laissez aller à de mauvais conseils, vous ne pourrez plus compter sur moi.

1806

> *Pauline se trouvait alors à Rome avec son deuxième époux, le très riche prince Camille Borghese, qui avait belle prestance mais médiocre intelligence. Pauline, tenant son mari pour quantité négligeable, manifesta son désir de rentrer en France parce qu'elle s'ennuyait, mais l'empereur ne voulut pas la voir se réinstaller à Paris.*

On retient bien plus longtemps les hommes par l'espoir qu'on leur donne que par les avances qu'on leur fait.

1816

> *À Las Cases.*
> *Se rappelant, à Sainte-Hélène, les conseils qu'il donnait à sa très belle sœur, la capricieuse et gâtée Pauline, qui préférait l'amour à l'estime et qui eut beaucoup d'aventures, trompant constamment son mari et ses amants.*

Pauline était trop prodigue ; elle avait trop d'abandon. Elle aurait dû être immensément riche par tout ce que je lui ai donné ; mais elle donnait tout à son tour, et sa mère la sermonnait souvent à cet égard, lui prédisant qu'elle pourrait mourir à l'hôpital.

1816

> *À Las Cases.*
> *Pauline fut la seule personne de la famille qu'aima sincèrement Napoléon. Elle obtint l'autorisation d'aller rendre visite au proscrit à l'île d'Elbe et lui offrit ses pierres précieuses, d'une valeur de plus de 500 000 francs. Pendant tout le temps que Napoléon vécut à Sainte-Hélène, elle s'intéressa à son sort, plaidant sans succès en sa faveur auprès des autorités anglaises. Elle songea même à le rejoindre, projet qui n'avait aucune chance de se réaliser.*

[les] BOURBONS d'Espagne (la famille royale).

Le prince des Asturies [Ferdinand] est très bête, très méchant, très ennemi de la France ; avec mon habitude de manier les hommes, son expérience de vingt-quatre ans n'a pu m'en imposer.

Le roi Charles est un brave homme. Je ne sais si c'est sa position ou les circonstances, il a l'air d'un patriarche franc et bon.

La reine a son cœur et son histoire sur sa physionomie, c'est vous en dire assez. Cela passe tout ce qu'il est permis de s'imaginer.

1818

> *Décrivant à Talleyrand les personnages de la famille royale d'Espagne, spécialement Charles IV qui eut un règne malheureux, car il fut obligé d'avouer que son fils Ferdinand, l'héritier de la couronne, complotait contre ses parents et contre Godoy, le premier ministre. Ferdinand fut arrêté par son père en octobre 1807, ce qui fut le début d'une crise très grave. Conscient de l'insuffisance de ses compétences politiques, Charles IV s'en remit à son épouse Marie-Louise de Parme, plus ambitieuse que lui. Selon toute probabilité, Godoy fut l'amant de la reine. Le peuple espa-*

gnol envahit en mars 1808 la résidence royale, acclamant le prince héritier sous le nom de Ferdinand VII. Charles IV abdiqua, mais revint sur cette renonciation et en appela à l'arbitrage de Napoléon, qui invita la famille espagnole à Bayonne. Sous la pression de l'empereur, Ferdinand rendit la couronne à son père qui abdiqua en faveur de Napoléon qui installa, à son tour, Joseph Bonaparte comme roi d'Espagne.

BOURMONT Louis Auguste Victor de GHAISNES, général.

Bourmont s'est conduit bassement... Il était connu pour être un des Vendéens les plus faux et les plus hypocrites : je n'aurais jamais dû l'employer.

1816

> À Gourgaud.
> Émigré en 1791, Bourmont servit dans l'armée de Condé. En 1795, il passa en Vendée, mais la pacification l'obligea à fuir en Suisse. Rentré en France, il fut incarcéré deux fois. Il participa à la campagne du Portugal (dans l'armée de Junot), à celle de Russie (1812) et à celle d'Allemagne (1813) et fut blessé à Lützen.

Bourmont est une de mes erreurs.

1816

> À Sainte-Hélène, devant Gourgaud.
> Général de brigade en 1813, général de division en 1814, Bourmont passa à l'ennemi avec son état-major le 15 juin 1815 à la veille de la bataille de Ligny, peu avant Waterloo, et dévoila à l'ennemi les intentions stratégiques de Napoléon. Sa carrière se poursuivit brillamment sous la Restauration.

BOURRIENNE Louis Antoine Fauvelet de, diplomate et secrétaire de Bonaparte.

Je parie que je ferais enfermer Bourrienne seul dans le jardin des Tuileries qu'il finirait par y trouver une mine d'argent.

1803

> *Bourrienne fut collègue et ami intime de Bonaparte à l'école de Brienne. Rédacteur du traité de Campoformio après la première campagne d'Italie, et confident pendant le coup d'État du 18 Brumaire, il fut apprécié pour son intelligence et sa mémoire. Talentueux et voleur, il fut compromis dans la faillite des frères Coulon (1802) qui, grâce à son intervention, obtinrent l'absolution de Napoléon. Le premier consul fut obligé de se séparer de Bourrienne et refusa à jamais, au moins officiellement, de le revoir. Bourrienne se livra pendant des années au trafic d'importation de marchandises interdites par le Blocus continental. Il fut destitué et condamné à rembourser au Trésor un million de francs. Suite à des spéculations malheureuses, Bourrienne fut obligé de s'enfuir en Belgique où il réunit des notes pour la rédaction, en 1829, de ses « Mémoires » inspirés par une haine tenace contre Napoléon. Après la chute de Charles X, sa raison s'égara et il mourut dans un asile d'aliénés.*

※

BRAYER Michel Sylvestre, comte, général.

Je n'ai jamais rencontré d'homme aussi prononcé, aussi déterminé dans l'exécution de son opinion. J'aurais dû le nommer commandant de la garde nationale de Paris.

1816

> *À Las Cases.*
> *Brayer se fit remarquer pendant la bataille de Hohenlinden (1800), pendant la guerre d'Espagne et lors des campagnes de 1813 et 1814. Au retour de l'île d'Elbe, ce général se rallia à Napoléon et l'accompagna jusqu'à Paris. Après la chute de l'Empire, il quitta la France et fut*

condamné à mort par contumace. Il y revint en 1821, l'année de la mort de Napoléon.

✺

BRUEYS François Paul de, vice-amiral.

Si, dans ce funeste événement, il a fait des fautes, il les a expiées par une mort glorieuse.

1817

> *À Bertrand.*
> *Bonaparte reprocha à Brueys la défaite navale d'Aboukir, pendant la campagne d'Égypte, où les Français perdirent presque tous leurs navires, alors que les Anglais, sous le commandement de Nelson, ne perdirent aucun de leurs 14 bâtiments. Ce désastre priva la France de sa flotte en Méditerranée. D'après Napoléon, l'amiral aurait dû se mettre à l'abri dans le vieux port d'Alexandrie (au lieu de rester à Aboukir) et prendre alors les dispositions convenables.*

Brueys déploya le plus grand courage : plusieurs fois blessé, il refusa de descendre à l'ambulance. Il mourut sur son banc de quart, et son dernier soupir fut un ordre de combattre... L'amiral Brueys avait réparé autant qu'il l'avait pu, par son sang-froid et son intrépidité, les fautes dont il s'était rendu coupable.

1817

> *À Bertrand, à Sainte-Hélène, l'empereur reconnut la bravoure de Brueys lors de la bataille navale d'Aboukir. Deux fois blessé, l'amiral mourut héroïquement à son banc de quart, peu avant l'explosion de son navire l'*Orient.

✺

BRUIX Eustache, amiral.

Ils [les vice-amiraux Bruix, Ganteaume et Decrès] ont, à mes yeux, le mérite bien grand de n'avoir pas désespéré de notre marine, d'avoir lutté souvent contre des forces supérieures, et d'avoir toujours soutenu l'honneur du pavillon.

1805

> *Éloge adressé à quelques commandants de la marine française à l'occasion de la mort de l'amiral Bruix, le 18 mars 1805.*

Bruix était assez bon marin, il avait de l'esprit, mais il était sans caractère et toujours valétudinaire.

1816

> *À Bertrand.*
> *Bruix, l'un des plus instruits et des plus habiles officiers de sa génération, fut nommé en 1803 amiral commandant de la flotte française à Boulogne, destinée à l'invasion de l'Angleterre. Il se dépensa sans compter, malgré parfois des conflits assez vifs avec Bonaparte. Épuisé par les fatigues de son travail, il mourut en 1805.*

※

BRUNE Guillaume Marie Anne, maréchal.

Il s'est perdu dans mon esprit à cause de sa conduite avec le roi de Suède dans les affaires de Stralsund. Un maréchal de France valait un roi de Suède ! Je rends justice au maréchal Brune, il a bien fait en Hollande ; la bataille d'Alkemaar a sauvé la République d'un grand péril.

1815

> *À Las Cases.*
> *Contrairement aux autres maréchaux, Brune ne reçut aucun titre de noblesse. Il fut nommé, en septembre 1805, général en chef de l'armée de Boulogne. Il fut chargé de l'occupation de la Poméranie suédoise, conséquence du choix fait par la Suède de rester fidèle à l'Angleterre. Brune s'empara, le 15 juillet 1807, du port de Stralsund. Il fut disgracié pour*

*avoir parlé aux Suédois de « l'armée française » au lieu de « l'armée de Sa
Majesté impériale et royale ». Rallié à Napoléon pendant les Cent-Jours, il
maintint le drapeau tricolore à Toulon même après la bataille de Waterloo.*

✱

BRUNSWICK Karl Wilhelm Ferdinand, duc de, général prussien.

Le duc de Brunswick a eu tous les torts dans cette guerre [contre la Prusse en 1806] ; il a mal conçu et mal dirigé les mouvements de l'armée ; il croyait l'empereur à Paris lorsqu'il se trouvait sur ses flancs ; il pensait avoir l'initiative des mouvements et il était déjà tourné.

1806

> *Le duc de Brunswick, neveu et élève du grand Frédéric de Prusse, fut un de ceux qui déterminèrent l'entrée de leur pays dans la guerre contre la France en 1806. Nommé commandant en chef de l'armée, il se montra trop hésitant pendant cette campagne. Essayant de repousser l'armée française commandée par Davout à Auerstedt, il fut gravement blessé par un coup de feu qui le rendit totalement aveugle.*

Les faux calculs des jeunes gendarmes sont pardonnables ; mais la conduite de ce vieux prince [Brunswick] âgé de soixante et onze ans est un excès de délire dont la catastrophe ne saurait exciter de regrets. Qu'aura donc de respectable la vieillesse si, aux défauts de son âge, elle joint la fanfaronnade et l'inconsidération de la jeunesse ?

1806

> *Pensant au général prussien Brunswick qui mourut à l'âge 71 ans, au cours de la retraite de l'armée prussienne, un mois après la blessure qu'il reçut à Auerstedt. Il fut considéré comme un des meilleurs généraux de son époque.*

✱

CAFFARELLI Louis Marie Joseph Maximilien, général.

Le général Caffarelli était d'une activité qui ne permettait pas de s'apercevoir qu'il avait une jambe de moins. Il entendait parfaitement les détails de son arme, mais il excellait par les qualités morales et par l'étendue de ses connaissances dans toutes les parties de l'administration publique. C'était un homme de bien, brave soldat, fidèle ami, bon citoyen. Il périt glorieusement au siège de Saint-Jean-d'Acre en prononçant sur son lit de mort un très éloquent discours sur l'instruction publique.

1816

> *L'empereur rappelait à Bertrand, à Sainte-Hélène, les qualités de Caffarelli, commandant en chef du génie de l'armée d'Égypte, qui eut la jambe gauche emportée par un boulet de canon quatre ans avant cette expédition. Il mourut à la suite de l'amputation de son bras droit, brisé par une balle, devant Saint-Jean-d'Acre.*

CAMBACÉRÈS Jean-Jacques Régis de, consul, duc de Parme.

Si vous voulez bien manger, allez chez Cambacérès.

1803

> *Choisi deuxième consul à la demande de Bonaparte, Cambacérès, déjà ministre de la justice, se spécialisa dans les études de législation, joua un rôle essentiel dans la préparation du Concordat et fut l'un des principaux inspirateurs du Code civil. Remarquable juriste, Cambacérès devint archichancelier pendant l'Empire, et Napoléon, qui appréciait la sagesse de ses conseils, le consulta systématiquement sur toutes sortes de problèmes. Cambacérès se prononça contre l'exécution du duc d'Enghien, le divorce de l'empereur, la guerre d'Espagne et l'expédition de Russie. Il fut autorisé par l'empereur à intervenir dans plusieurs affaires délicates concernant de hauts personnages de la cour et de l'armée. Il se déroba toujours aux responsabilités en temps de crise. Vieux garçon vaniteux, sérieux, mais sans aucune cordialité, Cambacérès était un vrai gourmet,*

et sa table célèbre fut considérée comme l'une des meilleures de Paris ; seule celle de Talleyrand pouvait lui faire concurrence. Cambacérès fut aussi président de la Société de gastronomie.

※

CARNOT Lazare, ministre de l'intérieur, duc.

Il aura toujours des droits à ma reconnaissance et à mon intérêt. Je ne ferai point de difficulté de l'employer.

1810

> *Impressionné par les plans de campagne du jeune général Bonaparte, Carnot encouragea sa nomination à la tête de l'armée d'Italie en 1796. Napoléon employa Carnot comme ministre de la guerre entre avril et octobre 1800, puis se brouilla avec lui. Carnot s'enferma dans une opposition silencieuse et digne. En 1810 l'empereur se rapprocha de Carnot, lui assurant une confortable pension.*

Carnot était travailleur, sincère dans tout, sans intrigues, mais facile à tromper. Il montra toujours un grand courage moral. Il a été fidèle, probe, travailleur, et toujours vrai.

1810

> *Carnot fut nommé membre du Tribunat en mars 1802. Il y resta jusqu'à la suppression de cette assemblée en 1807. L'indépendance de son caractère le fit voter contre l'institution de la Légion d'honneur, contre le consulat à vie de Bonaparte et contre l'établissement de l'Empire. Il fut le seul tribun à prendre cette position courageuse. Pourtant son sens du devoir l'amena à se rallier à Napoléon en 1814, quand la France était en danger, et aussi pendant les Cent-Jours en 1815. L'empereur le fit duc et le nomma ministre de l'intérieur. Dans cette fonction il déploya une grande activité, digne des qualités que lui attribuait l'empereur devant Las Cases, à Sainte-Hélène.*

Carnot, c'est le plus honnête des hommes. Il a quitté la France sans un sou.

1817

> *L'empereur rappelait à O'Meara, à Sainte-Hélène, qu'après Waterloo Carnot avait été proscrit avec ceux qui avaient accepté une fonction pendant les Cent-Jours. Il quitta Paris pour s'installer à Varsovie, puis à Magdeburg en Prusse, où il mourut en 1823 à l'âge de 69 ans.*

CATHERINE II, impératrice de Russie.

C'était une maîtresse femme, elle était digne d'avoir de la barbe au menton.

1805

> *Rappelant que l'impératrice Catherine la Grande, la grand-mère du tsar Alexandre, prévoyant les dangers d'une guerre contre la France, n'envoya point d'armée russe dans la première coalition européenne contre la Révolution française.*

CATHERINE de Wurtenberg, princesse, épouse de Jérôme Bonaparte, reine de Westphalie.

J'aurai toujours pour vous l'affection et les sentiments que vous méritez, vous aimant comme ma propre fille.

1807

> *Dès la fin de 1806, Napoléon avait négocié le mariage de son frère cadet Jérôme avec la princesse Catherine, fille du roi de Wurtemberg. Elle fut une excellente épouse, persistant à aimer son frivole époux qui la torturait de ses infidélités.*

Cette princesse s'est inscrite de ses propres mains dans l'histoire.

1816

> *Devant Las Cases, à Sainte-Hélène, l'empereur fit l'éloge de Catherine pour son attitude correcte et courageuse envers son mari, Jérôme Bonaparte, après la défaite de Waterloo. Son père, le roi de Wurtemberg, passant dans le camp des coalisés contre la France, voulut la faire divorcer. Catherine refusa, et les époux, après avoir séjourné au château de Goppingen puis en Autriche, allèrent à Rome et s'installèrent ensuite à Florence où la fidèle Catherine mourut en 1835.*

☙

CAULAINCOURT Armand Augustin, marquis de, duc de Vicence, ministre des affaires étrangères.

Caulaincourt n'a pas fait grand-chose à Saint-Pétersbourg. C'est un honnête homme qui m'a bien servi, mais il ne convenait pas comme ministre des affaires étrangères.

1812

> *Grand écuyer en 1804, général de division en 1805, Caulaincourt fut ambassadeur en Russie entre 1807 et 1811, remplacé ensuite par Lauriston. Napoléon l'accusait d'être « manœuvré » par le tsar Alexandre et par Talleyrand qui, à cette époque, devenait l'agent de l'Autriche.*

Vous savez que nous sommes deux amoureux qui ne peuvent se passer l'un de l'autre.

1812

> *Pendant la campagne de Russie, à la suite d'une très vive discussion avec l'empereur, Caulaincourt quitta le quartier général en décidant de renoncer à sa fonction. Napoléon le rappela et, lui tendant la main, lui dit en riant cette parole de réconciliation.*

On ne vous reprochera pas d'avoir été courtisan. Vous vous êtes opposé à la guerre de Russie. Si je vous avais cru, nous aurions fait la paix depuis longtemps.

1812

> À Erfurt (1808), Caulaincourt plaida pour une alliance avec la Russie. Rappelé de son poste d'ambassadeur à Saint-Pétersbourg, il suivit Napoléon dans la campagne de Russie (1812). Entre le 5 et le 18 décembre, il revint en traîneau vers Paris en tête-à-tête avec Napoléon. Sincèrement dévoué à l'empereur, qui apprécia toujours sa franchise, Caulaincourt devint ministre des relations extérieures en 1813 et négocia au congrès de Châtillon pendant la campagne de France.

❦

CÉSAR Jules, empereur romain.

César n'a jamais voulu se faire roi, et il n'a pas été tué pour avoir ambitionné la couronne, mais pour avoir voulu établir l'ordre civil par la réunion de tous les partis. Il a été tué dans le Sénat où il avait placé un grand nombre de ses ennemis, c'est-à-dire plus de quarante amis de Pompée.

1816

> Napoléon connaissait très bien l'histoire de César et appréciait à sa juste valeur la personnalité politique de ce grand chef de guerre. Pompée, général et homme d'État, forma avec César et Crassus le premier triumvirat. Soutenu par le Sénat, Pompée fut nommé consul unique et ne tarda pas à entrer en rivalité avec César.

❦

CHAPTAL Jean Antoine, ministre.

Qu'appelez-vous jardins « anglais » ? Il n'y a que des mauvais Français qui aient pu en faire honneur à l'Angleterre. Apprenez donc que le nom de « jardins français » est le seul qui puisse lui convenir, et que ce nom de « jardins anglais » ne vienne plus désormais fatiguer mon oreille.

1802

> *Peu d'hommes politiques révélés par l'Empire avaient l'envergure du célèbre chimiste Chaptal. Comme ministre de l'intérieur il fut associé à la grande œuvre du Consulat, à la réorganisation de l'administration, à la réalisation des grands travaux publics et à la liberté de l'industrie. Riche et indépendant, il contribua à la grandeur impériale sans servilité. Au début du Consulat, ses rapports avec Bonaparte étaient excellents, mais pendant l'Empire ils se gâtèrent. Napoléon se livra parfois devant lui à de grandes colères. Il lui retira son portefeuille en 1804, mais ne cessa de le combler de faveurs jusqu'à la fin de l'Empire.*
>
> *Au cours d'un voyage en Normandie, Chaptal ayant parlé de « jardins anglais », Napoléon le reprit vertement.*

※

CHARETTE DE LA CONTRIE François Athanase de, chef vendéen.

Le vrai caractère perce toujours dans les grandes circonstances ; voilà l'étincelle qui signale le héros de la Vendée.

1816

> *Rappelant à Las Cases, à Sainte-Hélène, le caractère de Charette.*
>
> *Mis à la tête de l'insurrection vendéenne par les paysans, Charette remporta avec l'armée vendéenne les victoires de Torfou et de Montaigu contre les républicains du général Hoche. En 1793 il fut le chef suprême, au nom du roi, de la basse-Vendée qui se présentait comme territoire indépendant, et il put entrer, cocarde blanche au chapeau, en grande pompe à*

> Nantes. Capturé par l'armée de Hoche en 1796, le grand contre-révolutionnaire fut fusillé, dans cette ville, en présence d'une foule immense.

※

CHARLES, archiduc d'Autriche, frère de l'empereur François II, général.

Le prince Charles est un homme sage, aimé par ses troupes... Bien qu'il ait commis un millier de fautes, il est le meilleur général autrichien.

1817

> À Bertrand.
> Frère de l'empereur d'Autriche François II, l'archiduc Charles, maréchal et commandant en chef des armées autrichiennes, fut un grand capitaine. Il remporta deux grandes victoires contre Napoléon, à Essling et à Aspern, avant d'être vaincu à Wagram (1809). Il fut un habile théoricien de guerre, mais ses talents ne furent pas assez appréciés par son frère, l'empereur François II, ni surtout par Metternich. Il fut obligé de démissionner après l'armistice de Znaim, et se retira de la vie politique et militaire.

※

CHATEAUBRIAND François René de, écrivain.

Eh bien ! Est-ce que cela vous réjouit ? C'est cependant du moins un homme qui fait honneur à son pays et que je regrette, moi qui suis le seul qui ait eu à s'en plaindre.

1806

> Lorsque le bruit courut que l'écrivain Chateaubriand, qui s'était embarqué pour aller à Jérusalem en 1806, avait péri en Méditerranée,

> *Napoléon ordonna qu'on n'avertisse pas Mme de Chateaubriand avant que la nouvelle soit confirmée.*
>
> *L'écrivain publia en 1811, sous le titre de* L'itinéraire de Paris à Jérusalem, *le récit de son voyage dans le Proche-Orient. Le livre n'est qu'un pamphlet déguisé contre l'absolutisme.*

Il s'est offert vingt fois à moi ; mais comme c'est pour me faire plier à son imagination et non pour m'obéir, je me suis refusé à ses services, c'est-à-dire à le servir.

1810

> *Parlant à Metternich de Chateaubriand et d'autres hommes de lettres marquants de son époque.*
>
> *L'écrivain, apprécié par Élisa et Lucien Bonaparte, Fontanes et Talleyrand, fut employé peu de temps dans la diplomatie comme secrétaire de légation à Rome et ensuite comme ministre de France auprès de la république du Valais. Il démissionna courageusement lorsqu'il apprit l'exécution du duc d'Enghien.*

Comme homme de lettres et comme homme de goût, il a fait une inconvenance, car enfin, lorsqu'on est chargé de faire l'éloge d'une femme qui est borgne, on parle de tous ses traits, excepté de l'œil qu'elle n'a plus.

1811

> *Dans son discours de réception à l'Académie française (20 février 1811), Chateaubriand, succédant à Marie-Joseph de Chénier, refusa de supprimer le texte où il blâmait le vote régicide (condamnation à mort de Louis XVI) de son prédécesseur. Refusant de modifier son discours, Chateaubriand ne fut pas autorisé à le prononcer. Exilé à Dieppe, il ne pourra occuper sa place à l'Académie qu'après 1815.*

Je n'ai point de reproches à faire à Chateaubriand. Il m'a résisté dans ma puissance.

1814

> *Remarque faite par Napoléon quand on lui apporta, à Fontainebleau,*
> *De Buonaparte et des Bourbons,* le pamphlet contre l'empereur vaincu et
> *qui parut le 4 avril, quelques jours après l'entrée des alliés dans Paris.*
> *Napoléon, qui abdiqua le 6 avril 1814, fit cette remarque loyale, bien qu'à*
> *son égard l'article fût injuste et souvent de mauvaise foi.*

Tout ce qui est grand et national doit convenir au génie de Chateaubriand.

1819

> *Éloge rendu à Chateaubriand, devant Bertrand, à l'occasion de la lecture d'un article publié par l'écrivain dans* Le Conservateur *du 17 novembre 1818 et qui parvint à l'empereur à Sainte-Hélène. Dans ce journal, Chateaubriand, qui avait été le porte-parole des ultra-royalistes, rejoignait les libéraux dans leur opposition.*

✼

CLARKE Henri Jacques, duc de Feltre, ministre de la guerre.

Un vrai courtisan, et d'ailleurs l'homme le plus vaniteux qu'il eût jamais vu.

> *Clarke fut ministre plénipotentiaire, conseiller d'État, gouverneur en Autriche et à Berlin, et enfin ministre de la guerre entre 1807 et 1814. On disait qu'il était « l'homme d'épée qui devait le plus au travail de sa plume ».*

Clarke n'avait point l'esprit militaire ; c'était un homme de bureau, travailleur exact et probe, fort ennemi des fripons.

1819

> *À Las Cases, à Sainte-Hélène.*
> *L'empereur se rappelait de Clarke, ministre de la guerre, comme d'un bon bureaucrate et un administrateur correct. Pourtant, au cours de la*

campagne de France (1814), Clarke fit preuve d'une étonnante incurie, s'affolant à la moindre rumeur alarmante.

Il croyait que j'étais comme Louis XV, qu'il fallait me cajoler, me plaire. Si j'avais des maîtresses, il serait leur plus empressé serviteur.

1816

> *Napoléon expliquait à Las Cases, à Sainte-Hélène, que le ministre Clarke espérait se pousser par la flatterie comme les anciens courtisans. Le ministre, comblé d'honneurs et d'argent par l'empereur, l'abandonna pour devenir pair de la première Restauration en 1814.*

※

COCKBURN George sir, contre-amiral anglais.

Malgré certaines contrariétés, l'amiral Cockburn avait mérité ma parfaite confiance ; mais il ne paraît pas que son successeur soit jaloux de m'en inspirer une semblable.

1816

> *À Montholon.*
> *Cockburn fut chargé d'escorter l'empereur sur le navire Northumberland, en 1815 vers Sainte-Hélène, et il assura la sécurité de l'île jusqu'à l'arrivée du gouverneur Hudson Lowe en 1816.*

C'est un homme d'honneur. Sa brusquerie nous blesse parfois ; mais, en définitive, c'est un vieux et brave soldat, et avec eux je finis toujours par m'entendre... J'ai eu quelques reproches à lui faire, mais j'ai toujours rendu justice à ses sentiments honorables. Jamais il ne m'a inspiré la plus légère méfiance.

1816

Napoléon déclarait à Montholon que l'amiral Cockburn, qui s'était illustré dans les guerres maritimes contre la Révolution, s'était montré correct comme gouverneur provisoire de l'île Sainte-Hélène, bien qu'on lui reprochât parfois la dureté de ses consignes.

※

CONSTANT Benjamin, écrivain politique.

Comme homme d'esprit, écrivain, il fallait qu'il écrive, qu'il accuse. Il était l'amant de Mme de Staël qui eût aimé me culbuter. Il avait été fort partisan du 18 Fructidor et du 18 Brumaire. Constant avait toujours été désireux de se rapprocher de moi sous l'Empire.

1821

À Montholon.
Benjamin Constant fut un écrivain libéral qui rédigea de gros ouvrages politiques et qui s'opposa au régime dictatorial. Sa liaison avec Mme de Staël fit croire qu'elle lui avait influencé sa conduite contre Napoléon. Pourtant il se rallia à l'empereur pendant les Cent-Jours, devenant le principal rédacteur de la nouvelle Constitution qui devrait réconcilier le libéralisme avec le bonapartisme.

※

CORBINEAU Jean-Baptiste Juvénal, général, aide de camp de l'empereur.

C'est une famille de braves ; je n'ai pas fait assez pour lui.

1814

Éloge à cet officier de cavalerie promu général de division et aide de camp de l'empereur en 1813, et qui se fit remarquer pour ses qualités de combattant. Corbineau, pendant la retraite de Russie (1812), découvrit le gué de Studienka, sur la Berezina, ce qui permit à l'armée française

> d'échapper à l'encerclement et à la destruction totale. Il sauva aussi
> Napoléon des cosaques à Brienne pendant la campagne de France en
> 1814.

Monsieur le général Corbineau, je ne veux pas m'éloigner de vous sans vous témoigner la satisfaction que j'ai toujours eue de vos bons services. Vous soutiendrez la bonne opinion que j'ai conçue de vous en servant le nouveau souverain de la France avec la même fidélité et le même dévouement que vous m'avez montrés.

1814

> *Au général Corbineau, à Fontainebleau, après la première abdication.*

※

CORNEILLE Pierre, poète dramatique.

D'où a-t-il cette grandeur antique ? C'est le génie ! Le génie, voyez-vous, est une flamme qui tombe du ciel mais qui trouve rarement un esprit prêt à la recevoir. Corneille était un homme qui connaissait le monde. C'est justement pourquoi je prétends qu'il est un grand homme.

1802

> *Les goûts littéraires de Napoléon se limitaient à la tragédie qu'il appréciait pour son rôle éducatif. Parmi les poètes tragiques, Corneille, le vrai « professeur de l'héroïsme », faisait l'admiration de l'empereur.*

S'il vivait, je le ferais prince.

1809

> *Recevant à sa table Eugène de Beauharnais et les maréchaux Bernadotte et Davout, l'empereur leur parla de théâtre et de son auteur préféré, Corneille.*

※

CORVISART Jean Nicolas, premier médecin de l'empereur, baron, chef du service médical de la cour.

Vous voilà, grand charlatan ! Avez-vous déjà tué beaucoup du monde aujourd'hui ?

1808

> L'empereur manifestait un certain scepticisme à l'égard des médecins. Corvisart accéda au poste de premier médecin de l'empereur lors de l'accession de Napoléon au trône, et devint indispensable à la cour pendant dix ans. Il venait aux Tuileries deux fois par semaine, et presque toujours l'entretien avec l'empereur commençait ou se terminait par une boutade. Corvisart n'était nullement troublé et répondait généralement sur un ton analogue. Napoléon demanda en vain qu'on lui envoie Corvisart à Sainte-Hélène.

Ne vous livrez pas à des idées mélancoliques ; j'espère que vous vivrez encore pour rendre des services et pour vos amis.

1814

> Paroles adressées par Napoléon à Corvisart, pour qui il nourrissait une confiante sympathie, avant de s'embarquer pour l'île d'Elbe. Le médecin ne suivit pas l'empereur dans cette sombre période, préférant rester auprès de Marie-Louise et de son fils qu'il accompagna à Vienne.

※

CROMWELL Oliver.

Ce n'était pas un grand militaire, il n'a gagné que deux batailles. La révolution d'Angleterre n'a rien de commun avec la nôtre, et Cromwell rien de commun avec moi : Cromwell a tout fait par la force, et moi tout régulièrement par les lois.

1821

> À Montholon.
> Oliver Cromwell, personnage mystique, parlementaire et commandant en chef de l'armée anglaise, vainquit les troupes royalistes anglaises à

Naseby (1645) et les Écossais à Worcester (1651). Contrairement à Napoléon, quand Cromwell mourut en 1658, tout ce qu'il avait créé n'était plus que poussière.

※

DANTON Georges Jacques, grand révolutionnaire, Montagnard.

C'était un homme bien extraordinaire, fait pour tout ; on ne conçoit pas pourquoi il s'est séparé de Robespierre et s'est laissé guillotiner. Il paraît que les deux millions qu'il avait pris en Belgique avaient altéré son caractère. C'est lui qui disait : « De l'audace, puis de l'audace et encore de l'audace. »

1817

À Bertrand.
Caractère et personnalité exceptionnels, Danton fut le sauveur de la France révolutionnaire à l'heure où l'armée autrichienne et les émigrés marchaient sur Paris. Grâce à lui le gouvernement ne s'enfuit pas de la capitale alors que les troupes étrangères étaient entrées en France. Danton appartint au Comité de salut public où il s'occupa des affaires étrangères. On l'accusa d'avoir reçu, à l'occasion de tractations avec l'ennemi, des subsides de l'étranger. À l'instigation de Danton, Camille Desmoulins aurait, paraît-il, entrepris une campagne antiterroriste ; aussi Robespierre décida-t-il d'en finir avec eux. Sur un rapport truqué de Saint-Just, Danton fut arrêté, jugé et guillotiné.

※

DARU Pierre Antoine Noël Bruno, comte, ministre, secrétaire d'État, intendant général de la Grande Armée.

Un homme d'une rare capacité, mon meilleur administrateur... un bœuf au travail.

1806

> *Napoléon apprécia Daru pour sa probité et sa capacité de travail ; c'était un homme qui « valait un ministère tout entier », selon l'expression de Mollien. Daru organisa le camp de Boulogne et toutes les grandes campagnes de l'Empire. Daru, également lettré, traduisit Horace.*

🐝

DAVOUT Louis Nicolas, duc d'Auerstedt, prince d'Eckmühl, maréchal.

Mon cousin, le combat d'Auerstedt est une des plus belles journées de l'histoire de France ! Je la dois aux braves du 3ᵉ corps et au général qui les commande ; je suis bien aise que ce soit vous.

1806

> *À la tête du 3ᵉ corps de la Grande Armée, le maréchal Davout, guerrier de premier ordre, culbuta le gros de l'armée prussienne à Auerstaedt le 14 octobre 1806, facilitant la victoire de Napoléon à Iéna. L'empereur ne prit conscience qu'un peu plus tard de l'importance décisive de la victoire remportée par Davout ; aussi le désigna-t-il pour entrer le premier à Berlin à la tête de son corps d'armée.*

Ce maréchal a déployé une bravoure distinguée et de la fermeté de caractère, première qualité d'un homme de guerre.

1806

> *Déclaration de l'empereur après la bataille d'Iéna.*
> *Davout fut le plus jeune de la première promotion de maréchaux du 19 mars 1804. Il devint duc d'Auerstedt en mars 1808 et, après Wagram (1809), reçut le titre de prince d'Eckmühl. Il resta le seul maréchal de l'Empire invaincu.*

Je suis seul, seul en face de l'Europe. Voilà ma situation. Voulez-vous m'abandonner ?

1815

> *Davout fut le seul maréchal de l'Empire qui ne prêta pas serment au roi Louis XVIII. De retour de l'île d'Elbe, Napoléon lui proposa le ministère*

OPINIONS

de la guerre. Le maréchal refusa, mais l'empereur insista en lui avouant sa situation. Davout accepta alors cette charge et mit une armée entière sur pied de combat en quelques semaines.

Si Davout avait été dans cette campagne [de Russie] ce que je l'avais toujours connu, l'armée russe aurait été entièrement détruite, et de bien grands malheurs n'auraient pas eu lieu.

1817

Parmi les réflexions devant Montholon, à Sainte-Hélène, sur Davout et son comportement pendant la retraite de Russie. Après la sanglante bataille de Viazma (3 novembre 1812), Napoléon retira à Davout le commandement de l'arrière-garde, parce que la lenteur de la marche de cette unité avait fait courir à toute l'armée le risque d'être coupée en deux. Pourtant, après la Berezina, quand Davout arriva à Smorgoni, l'empereur l'accueillit avec grande satisfaction.

La conduite du maréchal prince d'Eckmühl avait été pure et les mémoires justificatifs qu'il avait publiés convenables.

1817

Réflexions sur Davout, à Gourgaud, à Sainte-Hélène, concernant le procès du maréchal Ney à Paris (août 1815). La déposition de Davout au procès fut interrompue par le procureur, et le maréchal fut mis en résidence forcée où il connut la misère.

❦

DECRÈS Denis, duc, ministre de la marine.

Il me semble que vous n'avez pas l'esprit assez exclusif pour une grande opération : c'est un défaut dont il faut vous corriger, car c'est là l'art des grands succès et des grandes affaires.

1805

Pendant la période du camp de Boulogne, Decrès fit preuve de belles qualités. Cependant Napoléon imagina, pour l'emploi des escadres fran-

> çaises dans l'invasion de l'Angleterre, des combinaisons plus compliquées et plus hardies que celles proposées par son ministre.

Son cynisme, ses formes dures, désagréables, déplaisent. Ensuite, il pèche sous le rapport de la première éducation, où la vie de l'homme de mer a gâté la sienne.

1812

> *Parlant avec Caulaincourt de son ministre Decrès, durant le trajet en traîneau de la Russie vers Paris. Très intelligent, lucide et sceptique, Decrès fut l'un de ceux qui avaient prévu le désastre final de l'Empire.*

Decrès est généralement détesté mais on a tort ; il a rendu de grands services à la marine. Il est très capable, homme d'esprit, beaucoup de caractère, et ennemi, en tout genre, des abus.

1814

> *Decrès fut détesté par ses collaborateurs au ministère de la marine, où il n'avait promu que des éléments médiocres. Pourtant il joua un rôle considérable dans l'organisation de la marine française et le perfectionnement de son matériel. Il eut le mérite de tenter cette œuvre de reconstruction dans des circonstances très difficiles. Decrès conserva la confiance de l'empereur pendant toute la période du Consulat et de l'Empire.*

※

DESAIX Louis Charles Antoine des Aix, dit, général.

Enfin vous voilà arrivé ! Une bonne nouvelle pour toute la République, mais plus spécialement pour moi, qui vous ai voué toute l'estime due aux hommes de votre talent, avec une amitié que mon cœur, aujourd'hui bien vieux et connaissant trop profondément les hommes, n'a pour personne.

1800

Après la campagne d'Égypte, où il se fit remarquer pour son courage et pour la modération de son administration, le général Desaix débarqua à Toulon le 5 mai 1800. Après une quarantaine d'un mois, il rejoignit en Italie le général Bonaparte qui lui confia le commandement de deux divisions avant la bataille de Marengo (14 juin 1800).

Desaix a été frappé d'une balle au commencement de la charge de sa division : il est mort sur le coup. Il n'a eu que le temps de dire au jeune Lebrun, qui était avec lui : « Allez dire au premier consul que je meurs avec le regret de n'avoir pas assez fait pour vivre dans la postérité. »

1800

Alors que les Français reculaient presque en déroute sous la pression de l'armée autrichienne, l'intervention du général Desaix changea complètement le sort de la bataille de Marengo, décidant de la victoire des Français. Malheureusement Desaix trouva la mort pendant l'affrontement.

Desaix ! Ah ! Si j'avais pu l'embrasser après la bataille, que cette journée eût été belle !

1800

Après la victoire de Marengo, Bonaparte fut très touché de la mort de Desaix qui avait reçu une balle en plein cœur. Le général n'avait que 31 ans.

Desaix était dévoué, généreux, tourmenté par la passion de la gloire. Sa mort fut une de mes calamités ! Il était habile, vigilant, plein d'audace ; il comptait la fatigue pour rien, la mort pour moins encore.

1820

À Sainte-Hélène, l'empereur se rappelait Desaix auquel l'unissait une authentique amitié depuis l'expédition d'Égypte, où, en raison de son comportement équitable, Desaix avait été surnommé « le sultan juste ».

DROUET Jean-Baptiste, comte d'Erlon, maréchal.

Je gagne brillamment la bataille de Ligny, mais un lieutenant [Drouet d'Erlon] me prive de ses fruits... Le mouvement d'Erlon m'a fait bien du tort... D'Erlon est un bon chef d'état-major, a de l'ordre, mais voilà tout.

1816

> À Gourgaud, à Sainte-Hélène, évoquant le général Drouet et la bataille de Waterloo. À cause des ordres contradictoires du maréchal Ney et de Napoléon, le général Drouet ne participa pas à la bataille de Ligny (qui avait précédé Waterloo), où sa présence aurait pu être déterminante. Pourtant, quelques jours après, il aida vigoureusement, mais sans succès, le maréchal Ney à la bataille de Waterloo. Plus tard, en 1842, un an avant sa mort, ce brave général fut promu maréchal de France.

※

DROUOT Antoine, général d'artillerie, commandant général de la Garde impériale, comte.

Eh bien ! Fameux canonnier, vous avez fait de bonne besogne aujourd'hui.

1813

> Napoléon félicita en ces termes soldatesques le général Drouot qui emporta, avec son artillerie, la décision lors de la bataille de Hanau (30 octobre 1813). Malheureusement cette victoire n'apporta aux Français qu'un maigre réconfort après leur défaite de Leipzig (16-19 octobre), mais, ouvrant la route de Francfort et puis celle de Mayence, elle permit la retraite de l'armée française.

Drouot, c'est la vertu !

1814

Après la première abdication, l'empereur avait emmené avec lui en exil à l'île d'Elbe deux hommes dont le dévouement était à toute épreuve : Bertrand et Drouot. Celui-ci devint le gouverneur de l'île.

Plein de charité et de religion, sa morale, sa probité et sa simplicité lui eussent fait honneur dans les plus beaux jours de la république romaine ; il n'existait pas deux officiers dans le monde pareils à Murat pour la cavalerie et à Drouot pour l'artillerie.

1817

À Gourgaud, à Sainte-Hélène, l'empereur rappelait que le général Drouot s'était distingué spécialement en Espagne (1808), à Wagram (1809), à Borodino (1812), à Lützen, à Bautzen, à Leipzig et à Hanau (1813), dans la campagne de France (1814) et à Waterloo (1815) où il était le commandant général de la Garde impériale.

DUCOS Pierre Roger, directeur, consul.

Ce nain de Ducos, ce cul-de-jatte de Ducos, un homme borné et facile.

1816

Le projet du coup d'État de 18 Brumaire se noua chez Roger Ducos qui devint, avec Bonaparte et Sieyès, consul de la République. En fait, chacun des trois fut, à tour de rôle, « consul de jour » pour vingt-quatre heures. Ducos fut président du Sénat, grand officier de la Légion d'honneur et comte de l'Empire. À Sainte-Hélène, Napoléon prétendit que Ducos s'était partagé avec Sieyès le trésor secret du Directoire exécutif.

DUGOMMIER Jacques François Coquille, général.

Dugommier avait toutes les qualités d'un vieux militaire ; extrêmement brave de sa personne, il aimait les braves et en était aimé ; il était bon, quoique vif, très actif, juste, avait le coup d'œil militaire, le sang-froid et de l'opiniâtreté dans le combat.

1816

> *Comme général en chef, et aidé par Bonaparte, Dugommier remporta la bataille de Toulon, en novembre 1793. Un obus de mortier le tua l'année suivante.*

✼

DUMAS Mathieu, comte, général.

Personne ne m'a dit de mal du général Dumas ; et, puisque vous ne le croyez pas un grand guerrier, pour la probité et la moralité je pense tout comme vous sur son compte.

1806

> *Recommandation à son frère Joseph, devenu roi de Naples, à l'occasion de la nomination du général Dumas comme ministre de la guerre du royaume. Auparavant ce général, le père du romancier, avait servi pendant la campagne d'Italie en 1800, puis comme chef d'état-major de Davout en 1801. Il participa plus tard à la campagne de Russie (1812) et fut fait prisonnier à la bataille de Leipzig (1813).*

✼

DUPONT de l'Étang Pierre, comte, général.

Dupont a flétri nos drapeaux. Quelle ineptie, quelle bassesse ! Il a signé une capitulation où il a compromis les intérêts de son armée en ne la faisant pas garantir par les agents anglais qui étaient au camp de l'ennemi.

1808

Le général Dupont s'illustra à Marengo (1800), à Durrenstein (1805), à Halle (1806) et spécialement à Friedland (1807). Il fut à la veille de recevoir le bâton de maréchal. Malheureusement, blessé au cours de la bataille de Bailen en Espagne, le 22 juillet 1808, et dans d'épouvantables conditions, il se laissa convaincre de se rendre avec son corps d'armée au général espagnol Castanos. Rapatrié, il fut destitué et jeté en prison où il resta jusqu'en 1814. Après la première abdication de Napoléon (1814), il fut promu ministre de la guerre pendant la première Restauration. Après Waterloo et la seconde abdication de l'empereur, il devint ministre d'État.

DUROC Géraud Christophe Michel, duc de Frioul, maréchal du palais.

J'aime Duroc parce qu'il est sérieux et décidé de caractère ; je crois que cet homme n'a jamais pleuré.

1810

Le maréchal du palais Duroc resta jusqu'à sa mort le meilleur ami et confident de l'empereur qui appréciait beaucoup sa loyauté et son efficacité de négociateur ainsi que sa valeur militaire.

C'est depuis vingt ans la seule fois qu'il n'ait pas deviné ce qui pouvait me plaire.

1813

Duroc fut aide de camp du général Bonaparte et premier aide de camp du premier consul. Il fut nommé général de division en 1803, grand maréchal du palais en 1805 et duc de Frioul en 1808. Il fut mortellement blessé par un boulet de canon russe à Makersdorf en Silésie pendant la campagne de Saxe (le 22 mai 1813). Il était âgé de 40 ans.

« Ici le général Duroc, duc de Frioul, grand maréchal du palais de l'empereur Napoléon, frappé glorieusement par un boulet, est mort entre les bras de l'empereur, son ami. »

1813

> Duroc survécut à sa blessure assez longtemps pour recevoir la visite de l'empereur. napoléon fit acheter un terrain à Makersdorf et ordonna à Berthier l'érection d'un monument pour lequel il écrivit lui-même cette épitaphe.

Duroc avait des passions vives, tendres et secrètes, qui répondaient peu à sa froideur extérieure. Duroc était pur et moral, tout à fait désintéressé pour recevoir, extrêmement généreux pour donner.

1817

> Éloge posthume rendu à Duroc, à Sainte-Hélène.
> Plein de finesse, de charme et d'enjouement, Duroc, comme grand maréchal du palais, réglait tous les détails de la vie personnelle et quotidienne de l'empereur.

❈

ÉBLÉ Jean-Baptiste, général, comte.

Éblé était un homme du plus grand mérite.

1818

> En 1812, le général Éblé, après avoir combattu à Smolensk, commanda le train des pontonniers qui sauvèrent les débris de l'armée française en construisant deux ponts sur la Berezina en Russie. Peu après ce bain prolongé dans l'eau glacée, épuisé, il mourut à Königsberg le 31 décembre 1812, avant de recevoir les lettres de sa nomination comme comte de l'Empire. À Sainte-Hélène, Napoléon lui rendit justice.

❈

ÉMERY Jacques André, religieux.

Vous vous trompez, messieurs, je ne suis pas irrité contre lui. Il a parlé comme un homme qui sait et possède son sujet. C'est ainsi que j'aime qu'on me parle.

1811

> Émery, grâce à son ascendant sur les évêques et au respect que lui témoignait Bonaparte, fut conseiller des évêques pendant le Concordat. Lorsque Napoléon accentua ses pressions contre le pape Pie VII en 1810, Émery se rangea aux côtés du pape. Pendant le Conseil ecclésiastique, l'abbé répondit avec courage à l'empereur, disant que le pape ne ferait pas de concessions. Après la séance du Conseil, les évêques crurent opportun d'excuser l'abbé auprès de Napoléon, mais celui-ci leur répondit avec fermeté. Avec intelligence, Émery mit tout son talent à défendre les libertés pontificales et finit par emporter l'admiration de l'empereur, mais sans pour autant le faire changer d'avis. Émery mourut en 1811 dans les bras du cardinal Fesch.

※

ENGHIEN Louis Antoine Henri de Bourbon, duc d', cousin de Louis XVI.

Il faut supporter la responsabilité de l'événement ; la rejeter sur d'autres, même avec vérité, ressemblerait trop à une lâcheté pour que je veuille m'en laisser soupçonner.

1804

> Le duc d'Enghien avait émigré en 1789 et avait combattu dans le corps d'armée de Condé contre l'armée de la Révolution. Soupçonné, sans aucune preuve, d'être associé à un complot contre le premier consul, il fut enlevé le 15 mars 1804 de son domicile à Ettenheim, dans le territoire neutre de l'électorat de Bade, où il séjournait depuis deux ans et demi avec l'assentiment du gouvernement français. Il fut conduit à Vincennes, jugé, condamné à mort et fusillé la nuit même. L'affaire du duc d'Enghien, liée au complot de Cadoudal, servit Bonaparte vers l'établissement de

> l'Empire. Même dans son testament, Napoléon revendiqua l'entière responsabilité de l'acte.

Assurément, si j'eusse été instruit à temps de certaines particularités concernant les opinions et le naturel du duc d'Enghien, et surtout si j'avais vu la lettre qu'il m'écrivit et que Talleyrand ne me remit que quand il n'était plus, bien certainement j'eusse pardonné.

1804

> Le duc d'Enghien une fois arrêté, Bonaparte voulait attendre avant de décider du sort du prisonnier ; mais, influencé par son entourage qui le pressait, il ordonna un jugement rapide capable d'intimider pour toujours l'agitation royaliste. Parmi ses collaborateurs, Cambacérès fut le seul à faire des réserves.

※

BEAUHARNAIS Eugène de, vice-roi d'Italie, prince.

Si je viens de franchir un fossé, il est le seul à me tendre la main.

1806

> Eugène de Beauharnais, le fils de Joséphine, fut très apprécié par l'empereur qui le promut prince et général à 23 ans, l'adopta en 1806 sous le nom d'Eugène-Napoléon, et le nomma vice-roi d'Italie en 1805. En 1814, lors de son abdication, l'empereur fit son éloge et obtint pour lui la promesse d'un établissement convenable.

Le vice-roi [Eugène] a montré dans toute cette campagne un sang-froid et un coup d'œil qui annoncent un grand capitaine.

1806

> Eugène, outre sa détermination dans la campagne contre l'Autriche (1809), se fit remarquer dans la campagne de Russie (1812), spécialement à la bataille de Borodino et à la Berezina.

Eugène est une tête carrée, un administrateur habile, c'est un homme de mérite supérieur, mais ce n'est pas un homme de génie. Il n'a pas ce caractère ferme qui distingue les grands hommes.

1817

> *Évoquant devant Montholon, à Sainte-Hélène, la personnalité d'Eugène qui, pendant les Cent-Jours et à Waterloo, en dépit du passé et de ses obligations morales envers son bienfaiteur, ne manifesta pas sa reconnaissance en désapprouvant le retour de l'île d'Elbe. Il semble que sa femme Augusta-Amélie, la fille du roi de Bavière, ait pris sur lui l'ascendant jusque-là exercé par Napoléon. Après l'abdication de l'empereur en 1815, Eugène se retira auprès du roi de Bavière, son beau-père, obtenant la principauté d'Eichstätt et le titre de duc de Leuchtenberg.*

❋

EXELMANS Remy Joseph Isidore, baron, général.

Je sais qu'on ne peut être plus brave que vous !

1805

> *Après le combat de Wertingen (8 octobre 1805), où il s'était distingué, Exelmans fut chargé d'aller porter à l'empereur les drapeaux enlevés à l'ennemi, ce qui lui valut cette exclamation de l'empereur.*
>
> *Le général Exelmans participa à presque toutes les campagnes de l'Empire. En 1808 il fut fait prisonnier par les Anglais en Espagne. Il réussit à s'échapper, participa à la campagne de Russie (1812) et fut promu général de division après la bataille de Borodino.*
>
> *Après la bataille de Waterloo (1815), se repliant aux environs de Paris, il eut l'honneur de remporter, à Rocquencourt, la dernière victoire des guerres de l'Empire.*

❋

FLAHAUT de la Billarderie, Auguste Charles Joseph, comte de, général.

Ce n'est pas, comme on l'a dit, parce qu'il était trop jeune que je ne l'ai pas nommé [comme grand maréchal du palais, après la mort de Duroc en 1813]. C'est parce qu'il était homme à bonnes fortunes, et surtout parce que sa mère, Mme de Souza, était lancée dans toutes les intrigues de Paris. Flahaut je l'aimais... Il a beaucoup d'esprit naturel, une brillante bravoure et une grande habitude du monde.

1817

> Flahaut était le fils illégitime de Talleyrand et de la marquise Souza-Botelho, romancière célèbre. Il combattit dans presque toutes les grandes batailles de l'Empire, fut nommé général de brigade, et en 1813 devint aide de camp de l'empereur. Après la défaite de Waterloo, il défendit la cause de Napoléon devant la Chambre des pairs.
> Le beau Flahaut fut le père illégitime du célèbre duc de Morny, fruit de son amour pour Hortense, reine de Hollande et fille adoptive de Napoléon.

※

FONTANES Louis de, grand maître de l'Université.

Homme d'esprit, mais petite tête... trop adulateur.

1816

> Fontanes poussa à la création de l'Empire en engageant Napoléon vers un autoritarisme absolu. Il en fut récompensé par la présidence du Corps législatif et fut l'orateur attitré des grandes circonstances. Son adulation exaspérait parfois l'empereur.

Mon Université, telle que je l'avais conçue, était un chef-d'œuvre dans ses combinaisons, et devait en être un dans ses résultats nationaux. Un méchant homme [Fontanes] m'a tout gâté, et cela avec mauvaise intention et par calcul sans doute.

1816

> *Devant Las Cases, à Sainte-Hélène, Napoléon se rappela avec regret qu'en 1806 il avait préféré Fontanes au chimiste comte Fourcroy comme grand maître de l'Université impériale, bien que ce dernier, grand spécialiste de tous les problèmes touchant à l'instruction publique, ait accompli un travail considérable en vue de la création de cette grande école.*

Si je ne l'eusse retenu, il nous aurait donné l'éducation de Louis XV, nous aurait fait des marquis ; or ils ne sont bons qu'à la comédie.

1816

> *Comme sénateur et grand maître de l'Université, Fontanes entra en conflit avec Napoléon, souhaitant pour les étudiants une formation plus humaniste que scientifique et technique comme le préconisait l'empereur. Conservateur et royaliste de tempérament, il favorisa l'Église en lui permettant de reprendre, dans une certain mesure, sa place dans l'enseignement. Fontanes vota en 1814 la déchéance de l'empereur et fut absent lors des Cent-Jours.*

🐝

FOUCHÉ Joseph, duc d'Otrante, ministre de la police.

Je ne puis pas espérer que vous changiez de manière de faire, puisque, depuis plusieurs années, des exemples éclatants et des témoignages réitérés de mon mécontentement ne vous ont pas changé, et que, satisfait de la pureté de vos intentions, vous n'avez pas voulu comprendre qu'on pouvait faire beaucoup de mal en ayant l'intention de faire beaucoup de bien.

1810

> *Après le débarquement des Anglais à Walcheren (juillet 1809), Fouché, comme ministre de l'intérieur (lors de la campagne d'Autriche) et de la police, décréta la levée de la Garde nationale, en confiant le commandement à son ami le maréchal Bernadotte qui était alors en brouille avec Napoléon. Cependant il ouvrit, en sous-main, des négociations avec les*

> *Anglais et avec Metternich. Pour toutes ces raisons il fut renvoyé de son ministère en 1810, et voua dès lors à l'empereur une haine tenace.*

Je ne remplacerai jamais cet homme-là. Il avait ses défauts, mais c'est le seul homme d'État que j'aie eu.

1810

> *Ayant reçu, le 31 juillet, la visite de congé de Fouché, ministre disgracié, Napoléon, après la sortie de celui-ci, lui faisait ce compliment indirect devant Jérôme Bonaparte et Cambacérès. Fouché fut réinvesti comme ministre de la police en 1815, pendant la période de Cent-Jours.*

Celui-ci n'est qu'un intrigant ; il a prodigieusement d'esprit et de facilité pour écrire. C'est un voleur qui prend de toutes mains. Il doit avoir des millions ! Il a été un grand révolutionnaire, un homme de sang. Il croit racheter ses torts ou les faire oublier en cajolant les parents de ses victimes et se faisant, en apparence, le protecteur du faubourg Saint-Germain. C'est un homme qu'il peut être utile d'employer parce qu'il est encore le drapeau de beaucoup de révolutionnaires, et d'ailleurs très capable, mais je ne puis jamais avoir confiance en lui.

1812

> *En 1793, Fouché se prononça pour la mort du roi Louis XVI et la même année fut envoyé pour réprimer la rébellion de Lyon où il porta la responsabilité des exécutions collectives et des grands massacres. Comme ministre de la police, pendant le Directoire, le Consulat et l'Empire, Fouché restera parmi les figures les plus capables et les plus indéchiffrables de l'époque.*

J'aurais dû le faire pendre plus tôt, j'en laisse maintenant le soin aux Bourbons.

1815

> *À Las Cases.*

> *Fouché fut le principal artisan du rétablissement des Bourbons. Après Waterloo et après la « capitulation » qu'il signa devant les alliés, Fouché mit l'empereur sur la route de Rochefort. Quelques jours après, avec Talleyrand, il prêta serment au roi Louis XVIII. Les voyant ensemble, Chateaubriand disait : « Le vice [Talleyrand] appuyé sur le bras du crime [Fouché]. »*

C'est un homme de peu de moyens, d'une parfaite immoralité, qui n'est bon qu'à tramer des petites intrigues, et ce qui peut lui arriver de plus heureux c'est qu'on ne parle pas de lui. Louis XVIII a sagement fait de le chasser.

1818

> *À Gourgaud.*
> *Après le départ de Napoléon, pendant la deuxième Restauration, Fouché fut nommé ministre de la police par Louis XVIII. Remplacé peu après, il fut nommé ministre plénipotentiaire auprès du roi de Saxe. Ensuite exilé par la Chambre, il ne revint jamais en France. L'empereur apprit à Sainte-Hélène l'exil de Fouché qui erra de Prague à Linz, pour finir par se fixer à Trieste ou, après des années d'aigreur et de solitude, il mourut en 1820.*

※

FOX Charles James et PITT William, grands hommes d'État britanniques.

Chez Fox le cœur échauffait le génie, au lieu que chez Pitt le génie desséchait le cœur.

1817

> *À Gourgaud.*
> *Comparant, à Sainte-Hélène, la personnalité de Fox, chef du parti whig en Angleterre, et qui avait conclu la paix d'Amiens avec la France en 1802, avec celle de son principal adversaire politique, William Pitt, qui avait constamment combattu la France de Napoléon.*

La mort de M. Fox est une des fatalités de ma carrière. S'il eût continué de vivre, les affaires eussent pris une tout autre tournure ; la cause des peuples l'eût emporté, et nous eussions fixé un nouvel ordre des choses en Europe.

1817

> À Gourgaud.
> Fox fut le seul homme politique anglais de premier plan qui eut une attitude favorable envers la Révolution et prôna le rapprochement avec la France. Cet illustre orateur eut de fréquents entretiens avec Bonaparte qui reconnaissait en lui beaucoup de noblesse de cœur et lui porta une profonde estime. Mort en 1806, Fox ne put jouer un rôle déterminant en Angleterre pendant l'Empire, et Napoléon dira toujours qu'il considérait la disparition prématurée de Fox comme l'un des grands malheurs de sa carrière.

Une demi-douzaine de Fox et de Cornwallis suffiraient pour faire la fortune d'une nation.

1818

> À Gourgaud.
> À Sainte-Hélène, Napoléon montrait la véritable affection qu'il portait à lord Cornwallis, plénipotentiaire anglais qui signa la paix d'Amiens avec la France, le 27 mars 1808, où il eut un comportement digne et correct.

※

FRANÇOIS Ier, roi de France.

Si François Ier avait embrassé le luthérianisme, si favorable à la suprématie royale, il eût épargné à la France les terribles convulsions religieuses amenées plus tard par les calvinistes. Après tout, il n'était qu'un héros de tournoi, un beau de salon, un de ces grands hommes pygmées.

1817

À Gourgaud.
Napoléon n'avait pas grande considération pour les actions politiques et les égarements stratégiques militaires de François Ier.

🐝

FRANÇOIS II, empereur d'Autriche, beau-père de Napoléon.

Ce squelette de François II, que le mérite de ses ancêtres a placé sur le trône.

1805

> *Fils de l'empereur Léopold II, François se montra particulièrement rétrograde. Il se fit le champion de la contre-Révolution et des guerres contre la France. Il participa à presque toutes les coalitions, Napoléon n'étant à ses yeux qu'un « Robespierre botté ». Il mourut en 1835, laissant un héritier, l'archiduc Ferdinand, débile et incapable de gouverner.*

Je préfère un homme d'honneur qui tient parole à un homme consciencieux. L'empereur François a fait ce qu'il estimait être le plus utile pour le bien de son peuple, il est consciencieux, mais il n'est pas homme d'honneur.

1813

> *Parlant au maréchal Marmont, avant la bataille des Nations à Leipzig (1813), des façons d'agir de son beau-père, l'empereur François II, qui décida, au cours de cette campagne, de s'allier aux ennemis de Napoléon.*

Je croyais l'empereur François un bon homme ; je me suis trompé ! C'est un imbécile, un paresseux sans cervelle et sans cœur. Il est dépourvu de tout talent. Il ignore l'affection, la sensibilité et la gratitude. En fait, les bonnes qualités lui font complètement défaut.

1816

À Las Cases.

L'empereur se rappelait, à Sainte-Hélène, comment, après la bataille de Wagram (1809), pour plaire à Napoléon, François II lui avait accordé la main de sa fille Marie-Louise, ce qui ne l'empêcha pas de retourner dans le camp des alliés contre son beau-fils (1813), puis d'envahir la France l'année suivante.

❋

FRÉDÉRIC II le Grand, roi de Prusse.

En plaine, je pense comme Frédéric : il faut toujours attaquer le premier.

1816

À Las Cases.

Napoléon a toujours considéré Frédéric II comme l'un des plus grands chefs d'armée de l'histoire.

Il a été grand surtout dans les moments les plus critiques : c'est le plus bel éloge que l'on puisse faire de son caractère. Ce qui distingue le plus Frédéric, ce n'est pas l'habileté de ses manœuvres, c'est son audace ! Il a exécuté ce que je n'ai jamais tenté. Il a quitté sa ligne d'opération et a souvent agi comme s'il n'avait aucune connaissance de l'art militaire.

1817

Analysant devant Gourgaud, à Sainte-Hélène, les victoires de Frédéric le Grand dans les batailles de Prague et de Kolin (1757).

❋

FRÉDÉRIC-GUILLAUME III, roi de Prusse.

C'est un homme entièrement borné, sans caractère, sans moyens, un vrai benêt, un balourd, un ennuyeux.

1807

> À Tilsit, Napoléon fit cette constatation impitoyable au sujet du roi de Prusse qui, s'engageant dans la guerre en 1806, amena son pays à une défaite totale. Pourtant sa décision, en 1813, de s'allier contre la France lui permit de faire de la Prusse une grande puissance après l'abdication de Napoléon.

Le plus grand sot de la terre, sans talent, sans instruction, incapable de soutenir une conversation de cinq minutes. Il a l'air d'un vrai don Quichotte.

1817

> À O'Meara, à Sainte-Hélène, Napoléon racontait comme Frédéric-Guillaume II, neveu et successeur du grand Frédéric II, fut un roi faible, qui poursuivit pendant plusieurs années la politique de neutralité de son père envers la France. Mais son entourage, et spécialement son épouse Louise-Augusta, qui passait pour une des plus belles femmes de son temps, l'influencèrent et l'engagèrent dans la malheureuse guerre contre la France en 1806, où l'armée prussienne fut totalement anéantie.

Pas un tailleur n'en savait plus long que le roi Frédéric-Guillaume sur ce qu'il fallait de drap pour faire un habit. Si l'armée française avait été commandée par un tailleur, le roi de Prusse aurait certainement gagné la bataille à cause de son savoir supérieur en cette matière.

1817

> Parlant avec O'Meara, à Sainte-Hélène, du goût pour l'élégance vestimentaire du roi de Prusse et de son manque de capacité comme chef de guerre.

FRÉDÉRIC Ier de Wurtemberg, duc, puis roi de Wurtemberg.

Dieu l'a créé pour démontrer à quel point la peau humaine est extensible.

1807

> Le roi Frédéric II était tellement gros qu'il a fallu faire, dit la rumeur, des encoches dans les tables devant lesquelles il devait s'asseoir. Il devint le beau-père de Jérôme Bonaparte qui épousa sa fille, la princesse Catherine, le 22 août 1807.

❊

FRIANT Louis, général, comte.

Je sais que depuis, et dans toutes les occasions, vous avez soutenu la réputation que vous avez acquise. Lorsque vous vous serez reposé dans le sein de votre famille le temps que vous jugerez convenable, venez à Paris, je vous y verrai avec le plus grand plaisir.

1801

> À Friant, général de division et gouverneur d'Alexandrie pendant la campagne d'Égypte, qui rentrait en France avec les débris de l'armée à la fin de l'année 1801.

Friant, des braves gens comme nous doivent rester tant qu'il y a quelque chose à faire.

1813

> Le général Friant s'illustra au cours des batailles d'Austerlitz, d'Auerstedt, d'Iéna, de Wagram et de Smolensk. Après la bataille des Nations à Leipzig (16-19 octobre 1813), où il se distingua, le général de division Friant se plaignit, devant Napoléon, d'une fatigue extrême. Pourtant il continua bravement de se battre pendant la campagne de France (1814) et puis à Waterloo (1815) où il fut blessé.

❊

FULTON Robert, mécanicien américain.

Si cet homme dit vrai, je lui donne un royaume.

1805

> *Le mécanicien et l'inventeur américain Fulton, le premier qui eut l'idée d'un sous-marin et celle d'un navire à vapeur, proposa ses projets à Napoléon, au camp de Boulogne, pendant la préparation de l'invasion de l'Angleterre. Malheureusement la commission qui examina le projet trouva chimériques les idées de l'inventeur. Fulton n'expérimenta avec succès ses inventions qu'en 1807, aux États-Unis.*

✾

GANTEAUME Honoré Joseph Antonin, comte, amiral.

Je compte sur vos talents, votre fermeté et votre caractère dans une circonstance si importante. Partez et venez ici. Nous aurons vengé six siècles d'insultes et de honte. Jamais, pour un plus grand objet, mes soldats de mer et de terre n'auront exposé leur vie.

1804

> *Exemple du verbe de Napoléon, utilisant les images héroïques employées par les orateurs révolutionnaires pour stimuler l'amour de la gloire. Ganteaume, qui ramena Bonaparte en France (de retour d'Égypte) sur le bateau Muiron, fut nommé vice-amiral et commandant de l'escadre de Brest en 1804. Napoléon l'attendit en vain au camp de Boulogne afin d'assurer à l'armée française les moyens de traverser la Manche.*

✾

GAUDIN Martin Michel Charles, duc de Gaète, ministre des finances.

C'est un homme tout d'une pièce, et c'est une forteresse inattaquable pour la corruption. Je me suis toujours applaudi de son concours, et je lui porte une amitié que je me plais à rappeler.

1816

À Las Cases.

Napoléon manifesta continuellement la confiance absolue qu'il portait à ce ministre en le couvrant d'honneurs pendant l'Empire. Gaudin garda une totale fidélité politique à l'empereur. Pendant la Restauration il ne se mit pas au service des Bourbons, contrairement à ce que firent la plupart de ses homologues.

※

GAZAN Honoré Théodore Maxime, comte de LA PEYRIÈRE, général.

Vous êtes fait grand officier de la Légion d'honneur. C'est par erreur que vous n'avez pas été porté dans l'état des promotions faites à Schönbrunn. Je ne regrette point cette erreur, puisqu'elle me fournit l'occasion de vous assurer de l'estime que je vous porte et de ma satisfaction de votre bonne conduite à Durrenstein.

1806

Le général Gazan combattit à Durrenstein, Iéna, Pultusk, et puis en Espagne sous les ordres du maréchal Mortier. En 1813 il fut nommé chef d'état-major du maréchal Soult dans l'armée des Pyrénées.

※

GÉRARD Maurice Étienne, maréchal, comte.

Le comte Gérard s'y couvrit de gloire et y montra autant d'intrépidité que de talent... Les généraux qui semblaient devoir s'élever aux destinées de l'avenir étaient Gérard, Clauzel, Foy, Lamarque... C'étaient mes nouveaux maréchaux.

1816

À Las Cases.

Le général Gérard a brillamment combattu à Austerlitz, Eylau, Wagram, en Espagne et dans les campagnes de 1813 et 1814. L'empereur loua également Gérard pour sa participation à la victoire de Ligny, le 16 juin 1815. Malheureusement, deux jours après, Gérard ne réussit pas à convaincre le maréchal Grouchy de marcher sur le champ de bataille de Waterloo où Napoléon les attendait. Après l'abdication, il fut exilé jusqu'en 1817. Rentré en France, il reçut le bâton de maréchal de France en 1830.

GOETHE Johann-Wolfgang von, écrivain allemand.

Voilà un homme !

1808

Flatteuse remarque de l'empereur recevant Goethe à Erfurt, en octobre 1808, et lui conférant en personne la médaille de la Légion d'honneur. Ils se voueront une mutuelle admiration et Goethe restera très à l'écart du mouvement antinapoléonien de 1813 en Allemagne.

Vous devriez écrire « La mort de César », mais dans une manière beaucoup plus digne et plus grandiose que ne l'a fait Voltaire. Dans cette tragédie, il faudrait montrer au monde comment César aurait pu faire le bonheur de l'humanité si on lui avait laissé le temps d'exécuter ses vastes plans.

1808

Parmi les brillants éloges que l'empereur faisait à Goethe, à Erfurt.

GOUVION-SAINT-CYR Laurent, comte puis marquis, maréchal.

Je compte sur son zèle et ses talents militaires pour agir avec décision et vigueur.

1813

> Gouvion-Saint-Cyr fut le plus intellectuel des maréchaux de l'Empire, l'un des plus honnêtes, et peut-être le seul qui eut aussi la carrure d'un homme d'État. Il prouva à diverses reprises ses qualités militaires et sa science tactique, spécialement en matière de guerre défensive. Il remporta la victoire contre l'armée de Finlande du général russe Wittgenstein à Polotsk (18 août 1812), ce qui lui valut la seule nomination de maréchal obtenue au cours de la campagne de Russie. Malheureusement Napoléon ne l'apprécia que tardivement.

Mon tort est d'avoir employé Saint-Cyr ; il ne va pas au feu, ne visite rien, laisse battre ses camarades et aurait pu secourir Vandamme.

1813

> L'aide de Gouvion-Saint-Cyr conduisit à la victoire des Français à Dresde (26-27 août 1813). Cependant l'empereur le considérait comme partiellement responsable de la sanglante défaite du corps d'armée du général Vandamme qui, isolé dans une position avancée à Kulm (30 août 1813), fut cerné par les alliés.

GROUCHY Emmanuel, marquis de, maréchal.

La conduite du maréchal Grouchy, qui s'était distingué si souvent depuis vingt ans à la tête de la cavalerie, était aussi imprévisible que si, sur sa route, son armée eût éprouvé un tremblement de terre qui l'eût engloutie.

1815

> À Las Cases.
> L'empereur faisait allusion à la néfaste journée de Waterloo où Grouchy, malgré l'insistance du général Gérard, ne marcha pas au bruit

> *du canon et ne manœuvra pas suffisamment pour s'interposer entre Blücher et Wellington.*
>
> *Le général Grouchy, s'étant illustré à Novi, Iéna, Eylau, Wagram et en Russie, fut nommé maréchal de l'Empire pendant les Cent-Jours.*

Non, non, Grouchy n'a pas agi [à Waterloo] avec l'intention de trahir, mais il a manqué d'énergie. Il y a eu aussi de la trahison parmi l'état-major. Cependant je n'en suis pas certain, n'ayant jamais revu Grouchy depuis lors.

1817

> *Napoléon expliquait à O'Meara, à Sainte-Hélène, qu'à Waterloo Grouchy avait mission de retenir, avec ses 30 000 hommes, l'armée prussienne de Blücher. Mais, ne connaissant de son adversaire ni son emplacement précis ni son mouvement, Grouchy n'a pas pu empêcher le général prussien de déboucher le premier sur le champ de bataille à Mont-Saint-Jean, décidant ainsi de la terrible défaite des Français à Waterloo.*

HANNIBAL, général carthaginois.

Il a été le plus audacieux de tous [les plus grands guerriers], le plus étonnant peut-être ! Si hardi, si sûr, si large en toutes choses, qui, à vingt-six ans, conçoit ce qui est à peine concevable, exécute ce qu'on devait tenir pour impossible ; qui, renonçant à toute communication avec son pays, traverse des peuples ennemis ou inconnus qu'il faut attaquer et vaincre, escalade les Pyrénées et les Alpes... Certes, il devait être doué d'une âme de la trempe la plus forte et avoir une bien haute idée de sa science en guerre.

1815

> *À Las Cases, à Sainte-Hélène.*
>
> *Napoléon expliquait pourquoi il considérait Hannibal, général carthaginois qui battit les Romains dans la deuxième guerre punique, comme le plus grand chef de guerre de l'histoire.*

HENRI IV, roi de France.

Sa vie a été malheureuse, il méritait mieux... Un mariage forcé, presque massacré à la Saint-Barthélemy, contraint de changer de religion, tenu captif dans une cour qui voulait sa perte, chef d'un parti méfiant et indiscipliné ; conquérant sa couronne à la pointe de l'épée ; régnant au milieu des conspirateurs et des assassins ; trahi par ses maîtresses ; troublé par une femme acariâtre, et finir par un coup de poignard.

1813

Au baron de Barante, préfet de la Loire-Inférieure.

Henri, prince de Navarre, prit pour épouse Marguerite de Valois, la sœur du roi Henri III, plus connue sous le nom de la reine Margot. Quand le roi mourut, Henri de Navarre fut désigné comme son successeur bien qu'il fût protestant. Il combattit les catholiques, puis se résolut à se convertir. Henri IV finit tragiquement, assassiné par Ravaillac.

C'était un bon homme, mais il n'a rien fait d'extraordinaire, et ce barbon qui courait les rues de Paris après les catins n'était qu'un vieux fou. Je suis sûr que, de son temps, il n'avait pas la réputation qu'on lui donne maintenant.

1816

À Las Cases, à Sainte-Hélène.

Henri IV avait une réputation de vert galant. Sa deuxième femme, Marie de Médicis, lui donna six enfants. Il eut de nombreuses maîtresses parmi lesquelles Gabrielle d'Estrées, Henriette d'Entragues et Charlotte de Montmorency.

HOCHE Louis Lazare, général.

Hoche fut un des premiers généraux que la France ait produits. Il était brave, intelligent, plein de talent, de résolution et de pénétration. Il était aussi intrigant. Si Hoche avait débarqué en Irlande, il aurait réussi. Il possédait toutes les qualités nécessaires pour assurer le succès de son expédition. Il était accoutumé à la guerre civile et savait comment s'y prendre en pareil cas. Il avait pacifié la Vendée et était ce qu'il fallait pour l'Irlande : c'était un homme superbe, très adroit et d'un extérieur prévenant.

1816

À Las Cases.

Hoche, un des généraux les plus remarquables de la Révolution, reste connu par sa victoire sur les Autrichiens à Wissembourg (1793) et l'écrasement des royalistes débarqués par les Anglais à Quiberon, le 21 juillet 1795. Napoléon faisait allusion à l'expédition tentée contre l'Irlande dont fut chargé Hoche en 1796 et qui échoua, la flotte française ayant été dispersée par la tempête. Hoche eut aussi le mérite de savoir calmer l'insurrection dans l'Ouest de la France et de prendre la tête de l'armée de Sambre-et-Meuse qui franchit le Rhin et battit les Autrichiens à Neuvied (1797).

Ce fut une des plus belles réputations militaires de la Révolution... Hoche était un véritable homme de guerre.

1816

Hoche fut, selon Napoléon, le seul personnage de l'époque qui eût pu lui tenir tête. L'empereur a souvent rendu hommage au général Hoche à Sainte-Hélène, devant Las Cases.

JOMINI Antoine Henri, baron, aide de camp du maréchal Ney.

C'est un militaire de peu de valeur ; c'est cependant un écrivain qui a saisi quelques idées saines sur la guerre.

1813

> Jomini, écrivain suisse sur l'art de la guerre, entra au service de la France comme aide de camp, puis comme chef d'état-major du maréchal Ney, et prit part aux campagnes d'Allemagne (1805), de Prusse (1806), d'Espagne (1808), de Russie (1812) et de Saxe (1813). Napoléon fut frappé par la pertinence de ses talents, spécialement pour sa prévision de la guerre contre la Prusse en 1806. Jomini passa à l'ennemi après la bataille de Bautzen (1813) en apprenant que le maréchal Berthier, ministre de la guerre, qui l'avait pris en aversion pendant la guerre d'Espagne, bloquait son avancement.

Il était aveuglé par un sentiment honorable ; l'amour de la patrie ne l'a pas retenu.

1818

> *À Bertrand.*
> Le départ de Jomini fit sensation dans l'armée française, et la rumeur courut qu'il avait fourni aux alliés le plan de campagne de Napoléon en 1813. À Sainte-Hélène, l'empereur soutenait que Jomini ne connaissait pas son plan. Considérant que Jomini avait été victime d'une injustice, Napoléon lui pardonna sa défection.

JOSÉPHINE DE BEAUHARNAIS, première épouse de Napoléon, impératrice des Français.

Si je gagne les batailles, c'est toi qui gagnes les cœurs.

1802

> *Napoléon ne tarissait pas de compliments sur le charme de Joséphine et sur sa facilité à se faire des relations et des amis en maniant avec habileté l'art de la conversation.*

Joséphine avait donné le bonheur à son mari et s'était constamment montrée son amie la plus tendre, professant – à tout moment et en toute occasion – la soumission, le dévouement et la complaisance la plus absolue.

1816

> *À Las Cases.*
> *Après le retour de Bonaparte d'Égypte (1799), Joséphine, effrayée par l'éventualité d'un divorce, deviendra et restera une épouse fidèle et jalouse.*

Joséphine faisait des dettes que j'étais obligé de payer. Je ne l'aurais jamais quittée si elle avait pu avoir un enfant.

1817

> *À Gourgaud.*
> *Très dépensière, Joséphine provoqua à maintes reprises la colère de l'empereur, las de payer continuellement ses dettes.*
> *Pour consolider sa dynastie, et pour cette raison seulement, Napoléon se résigna à la répudier en 1809.*

Joséphine était une femme des plus agréables. Elle était pleine de grâce, femme dans toute la force du terme, ne répondant jamais d'abord que « non » pour avoir le temps de réfléchir. Elle mentait presque toujours, mais avec esprit. Je puis dire que c'est la femme que j'ai le plus aimée.

1817

> *À Gourgaud.*
> *Éloge posthume à Joséphine, fait à Sainte-Hélène.*

※

JOUBERT Barthélemy, général.

Le général Joubert, qui a commandé à la bataille de Rivoli, a reçu de la nature les qualités qui distinguent les guerriers : grenadier par le courage, il est général par le sang-froid et les talents militaires.

1816

> *À Las Cases.*
> Joubert, une des hautes figures des guerres de la Révolution, protégé et ami de Barras, commanda et s'illustra dans la première campagne d'Italie (1797), spécialement à la bataille de Rivoli où il fut nommé général de division par Bonaparte qui avait pour lui une grande considération. Il devint commandant en chef de l'armée d'Italie en octobre 1798.

Il était grand, maigre, semblait naturellement d'une faible complexion ; mais il avait trempé sa constitution au milieu des fatigues, des champs et de la guerre des montagnes. Il était intrépide, vigilant, actif… Il était fait pour arriver à une grande renommée militaire.

1816

> *À Las Cases.*
> Joubert fut tué, le 15 août 1799, à la tête de ses troupes à la bataille de Novi en Italie, en affrontant l'armée russe du général Souvarov.

Joubert avait une haute vénération pour moi ; à chaque revers éprouvé par la République, durant l'expédition d'Égypte, il déplorait mon absence. Se trouvant en cet instant chef de l'armée d'Italie, il m'avait pris pour modèle, aspirait à me recommencer, et ne prétendait à rien moins qu'à tenter ce que j'ai exécuté depuis en brumaire, seulement, il eût agi avec les Jacobins.

1816

À Las Cases.

À Sainte-Hélène, Napoléon racontait qu'en 1799, quand il se trouvait encore en Égypte, il savait que le général Joubert avait été choisi par le Directoire pour exécuter un coup d'État en France, mais que sa mort avait mis fin à ce projet. Bonaparte, rentrant d'Égypte, « chaussa ses bottes » le 18 Brumaire.

JOURDAN Jean-Baptiste, comte, maréchal.

Je ne suis point surpris que vous soyez satisfait du maréchal Jourdan. J'ai été également content de lui dans son administration d'Italie ; c'est un homme probe, actif et mesuré.

1806

Pendant le coup d'État du 18 Brumaire, Jourdan, héros de Valmy, se trouvait à Saint-Cloud d'où il fut expulsé par les soldats. Inscrit sur la liste de proscription, il échappa à la déportation grâce à l'intervention du général Lefebvre. Il n'avait pas su, ou pu, s'opposer à Bonaparte et se rallia à lui. En 1804 il fut nommé maréchal, mais Napoléon l'utilisa peu sur les champs de bataille. Son activité militaire pendant l'Empire se manifesta essentiellement en Espagne. Napoléon l'avait envoyé à son frère Joseph, roi de Naples, qui l'employa comme gouverneur de Naples puis l'entraîna avec lui à Madrid, où les chefs militaires français lui imputèrent beaucoup de leurs revers.

En voilà un que j'ai fort maltraité assurément. Rien de plus naturel sans doute que de penser qu'il eût dû m'en vouloir beaucoup. Eh bien, j'ai appris avec un vrai plaisir qu'après ma chute il est demeuré constamment très bien. Il a montré là cette élévation d'âme qui honore et classe les gens. Du reste, c'est un vrai patriote ; c'est une réponse à bien des choses.

1816

À Las Cases.

Napoléon rappelait comment il s'était conduit envers Jourdan, et comment celui-ci s'était comporté loyalement après son abdication et pendant la Restauration.

JUNOT Jean Andoche, duc d'Abrantès, général.

Il est nécessaire que tu t'éloignes quelque temps de Paris ; cela est convenable pour détruire tous les bruits qui ont couru sur ma sœur et toi.

1807

> À son retour de l'entrevue de Tilsit (1807), l'empereur ne tarda pas à apprendre la liaison sentimentale de sa sœur Caroline, l'épouse du maréchal Murat, avec le général Junot, avec qui elle avait évoqué le problème de la succession de l'empereur en cas de disparition. Ces propos, rapportés, mécontentèrent Napoléon qui envoya Junot, le 12 octobre, à la tête de l'armée dite de la Gironde, chargée de franchir la frontière espagnole dans les vingt-quatre heures et d'envahir le Portugal. Junot deviendra, le 1ᵉʳ février 1808, gouverneur général du royaume de Portugal.

J'ai éprouvé une véritable peine de ce que vous m'avez écrit de ce pauvre Junot. Il avait perdu mon estime dans la dernière campagne [Russie 1812] ; mais je n'ai pas pour cela cessé de lui être attaché. Aujourd'hui il a recouvré cette estime, puisque je vois que sa pusillanimité alors était déjà l'effet de sa maladie.

1813

> En Russie, diminué psychiquement et pris d'apathie, Junot n'est pas intervenu à Valoutina (19 août 1812) où Napoléon espérait remporter une victoire décisive. Après la bataille, l'empereur lui retira son commandement. Junot fut bientôt emporté par la folie. Il mourut l'année suivante, en Bourgogne, en se jetant d'une fenêtre.

Junot, dans la campagne de Russie, me mécontenta fort ; on ne le reconnaissait plus ; il fit des fautes capitales qui nous coûtèrent bien cher.

1816

> *À Las Cases.*
> *À Sainte-Hélène, Napoléon évoquait la bataille de Valoutina où Junot resta sans agir sous prétexte qu'il n'avait pas reçu l'ordre d'attaquer.*

Il avait dissipé de vrais trésors sans discernement, sans goût, trop souvent même dans des excès grossiers.

1816

> *À Las Cases.*
> *À Sainte-Hélène, Napoléon racontait qu'après le siège de Toulon Junot lui resta fidèle et le suivit dans la campagne d'Italie et dans l'expédition d'Égypte. Nommé gouverneur de Paris après Marengo (1800), Junot mena une vie déréglée, faisant beaucoup des dettes et entretenant des maîtresses. L'empereur l'appréciait pourtant, surtout pour son courage physique et pour son dévouement.*

✼

KELLERMANN François Étienne Christophe, duc de Valmy, maréchal.

Kellermann était brave soldat, extrêmement actif, avait beaucoup de bonnes qualités, mais il était tout à fait privé des moyens nécessaires pour la direction en chef d'une armée. Il ne fit dans la conduite de cette guerre [d'Italie] que des fautes.

1816

> *À Las Cases.*
> *Kellermann, le héros de Valmy, commanda l'armée des Alpes et d'Italie jusqu'en octobre 1797. Napoléon lui manifesta beaucoup d'égards en le*

faisant sénateur, maréchal et duc de Valmy, mais, n'ayant pas une grande estime pour ses talents militaires, il ne lui confia que des formations secondaires.

KELLERMANN François Étienne, fils du maréchal, comte puis marquis, général.

L'adjutant-général Kellermann a reçu plusieurs coups de sabre en chargeant à la tête de la cavalerie avec son courage ordinaire.

1797

> *Kellermann le jeune s'est fait remarquer à la bataille du Tagliamento (1797) et surtout à Marengo (1800) où la charge qu'il exécuta comme commandant d'une brigade de cavalerie fut décisive pour la victoire finale des Français.*
>
> *Il prit également part à la grande charge de Waterloo où il fut blessé.*

De tous les gouvernements d'Espagne, le sien [Kellermann fils] est celui dans lequel il se commet le plus de brigandage.

1808

> *Pendant la guerre d'Espagne, Kellermann fils fut un des héros de l'armée, mais son administration laissa à désirer et on l'accusa d'être responsable des réquisitions abusives et du brigandage de ses soldats.*

KLÉBER Jean-Baptiste, général, chef adjoint de l'armée d'Égypte.

Kléber était doué du plus grand talent, mais il n'était que l'homme du moment ; il cherchait la gloire comme la seule route aux jouissances ; d'ailleurs, nullement national, il eût pu, sans effort, servir l'étranger : il avait commencé dans sa jeunesse sous les Prussiens, dont il demeurait fort engoué.

1816

> *À Las Cases.*
> *Kléber fut l'un des vainqueurs de Fleurus (1794) à l'aile gauche de l'armée de Jourdan. Considéré comme un des meilleurs chefs de guerre de la République, il seconda Bonaparte, qui l'accueillit avec beaucoup d'égards, dans l'expédition d'Égypte (1798). Il se vit investir du commandement de l'armée d'Égypte après le départ de Bonaparte pour la France.*

Il y a des dormeurs dont le réveil est terrible : Kléber était d'habitude un endormi, mais dans l'occasion – et toujours au besoin – il avait le réveil du lion.

1816

> *À Gourgaud.*
> *L'empereur loua à Sainte-Hélène les qualités de Kléber, le guerrier qui savait, en cas de besoin, réanimer toute une armée ; cependant Bonaparte se méfiait de lui comme d'un homme qui pouvait se mettre en travers de ses ambitions.*

Si Kléber avait vécu, la France aurait conservé l'Égypte.

1816

> *À Las Cases.*
> *Commandant en chef de l'armée d'Égypte au départ de Bonaparte en France, le général Kléber prouva ses grandes qualités en écrasant les Turcs à Héliopolis (18 mars 1800), malgré son infériorité numérique, et en reprenant Le Caire en révolte.*

La mort de Kléber fut une perte irréparable pour la France et pour moi. C'était un homme doué des talents les plus brillants et de la plus grande bravoure.

1816

> *Au docteur O'Meara.*

Rappelant, à Sainte-Hélène, que le général Kléber, âgé de 47 ans, avait été assassiné au Caire, par un étudiant syrien fanatique, le jour même de la bataille de Marengo (14 juin 1800).

Kléber, c'était l'image du dieu Mars en uniforme.

1817

> *À Gourgaud.*
> *Évoquant, à Sainte-Hélène, l'expédition d'Égypte et ses principaux collaborateurs.*
> *Kléber était de haute stature et d'une force physique prodigieuse. Il avait une noble figure, une haute prestance et un regard vif et fier.*

❈

LA BÉDOYÈRE Charles François Huchet, comte de, général.

La Bédoyère était éminemment français ; il fut guidé par les sentiments les plus nobles et les plus chevaleresques dans la démarche qu'il fit à Grenoble ; dévouement alors admirable, car tout était douteux.

1816

> *À Las Cases.*
> *D'un famille légitimiste, La Bédoyère fut pourtant l'un des premiers à rejoindre Napoléon au moment du retour de l'île d'Elbe (1815). Il fut nommé général de brigade et aide de camp de l'empereur. Il fut l'un des derniers à quitter le champ de bataille de Waterloo. Il défendit les droits du roi de Rome devant la Chambre des Pairs à Paris. Mis sur la liste des proscrits, il fut arrêté, condamné à mort et exécuté le 19 août 1815.*

❈

LACUÉE Jean Gérard, comte de Cessac, ministre de l'administration de la guerre.

J'ai eu hier [Tilsit, le 27 juin] une entrevue avec l'empereur de Russie. J'en ai une aujourd'hui avec le roi de Prusse. Vous deviez savoir ces nouvelles qui doivent vous faire plaisir plus qu'à personne, car les victoires s'obtiennent par la bonne administration des armées, et vos veilles et vos sueurs sont depuis longtemps consacrées à cet objet important.

1807

> *Lacuée fut un administrateur zélé et efficace, conservant son portefeuille de ministre jusqu'en 1813 et s'imposant par sa probité et sa lucidité. Il se tint à l'écart des affaires pendant les Cent-Jours.*

Lacuée est un homme intègre ; plus propre que personne, après Daru, pour mener l'administration de la guerre.

1812

> *Pendant la retraite de Russie, Napoléon donna à Caulaincourt son opinion sur les qualités de Lacuée qui pourtant s'était prononcé, au début de la guerre (1812), contre cette campagne.*

❈

LA FAYETTE Marie Joseph du Motier, marquis de.

La Fayette est un monomane politique, un entêté, il ne comprend pas ; j'en suis fâché, car c'est un honnête homme. J'ai voulu le faire sénateur, il a refusé ! Ma foi, tant pis pour lui, je me passerai bien de son vote.

1801

> *La Fayette fut général et vaillant guerrier dans l'armée américaine contre les Anglais durant la guerre d'Indépendance des États-Unis. Bonaparte n'était d'accord ni avec la doctrine de Napoléon ni avec ses idées de liberté. La Fayette refusa à plusieurs reprises d'entrer au Sénat.*

Il se croit en Amérique !

1801

> *La Fayette refusa de voter la nomination de Napoléon comme consul à vie en disant qu'il lui accorderait sa voix « seulement lorsque la liberté serait suffisamment garantie ».*

Tout le monde en France est corrigé ; un seul ne l'est pas : c'est La Fayette. Il n'a jamais reculé d'une ligne. Vous le voyez tranquille ; eh bien, je vous dis, moi, qu'il est prêt à tout recommencer.

1812

> *La Fayette ne cachait pas dans ses conversations son hostilité au régime napoléonien. Il se tint dignement à l'écart de la scène politique pendant toute la période du Consulat et de l'Empire. Parlant de cette époque, La Fayette disait : « Ce que j'ai fait durant ces douze années ? Je me suis tenu debout. »*

La Fayette a été un niais politique. Sa bonhomie doit le rendre constamment dupe des hommes et des choses. Son insurrection des chambres, au retour de Waterloo, a tout perdu.

1817

> *À Gourgaud.*
> *Pendant les Cent-Jours, La Fayette revint à Paris comme député. Après la défaite de Waterloo, les Chambres, sur une motion de La Fayette, se constituèrent en permanence, se déclarant menacées par la dictature de l'empereur. Napoléon lui en conserva une terrible amertume jusqu'à sa mort.*

La Fayette... était un homme sans talents, ni civils ni militaires ; esprit borné, caractère dissimulé, dominé par des idées vagues de liberté, mal digérées chez lui et mal conçues. Au reste, dans la vie privée, La Fayette était un honnête homme.

1817

> *À Gourgaud.*

Malgré son opposition à Napoléon, La Fayette conservait de bonnes relations avec le reste de la famille Bonaparte, surtout avec Joseph, Lucien et la reine Hortense.

Les deux issues si malheureuses des invasions de la France lorsqu'elle avait encore tant de ressources sont dues aux trahisons de Marmont, Augereau, Talleyrand et La Fayette. Je leur pardonne ; puisse la postérité française leur pardonner comme moi !

1821

Dans le testament de Napoléon, La Fayette figure parmi ceux que l'empereur accusait de « traîtres ».

❋

LA HARPE Amédée Emmanuel de, général.

La Harpe... était un officier d'une bravoure distinguée, grenadier par la taille et par le cœur, conduisant avec intelligence ses troupes dont il était fort aimé, quoique d'un caractère inquiet.

1796

D'origine suisse, La Harpe devint général de division dans l'armée française en 1795, participa à la première campagne d'Italie et fut tué à Codogno en 1796. On dit qu'il avait eu un pressentiment funeste toute la soirée qui précéda sa mort.

❋

LALLEMAND François Antoine, baron, général.

Lallemand, que vous avez vu sur le *Bellerophon*, s'est déclaré pour moi à mon retour de l'île d'Elbe, dans le moment le plus périlleux.

Lallemand a beaucoup de résolution, est capable de faire des combinaisons, et il y a peu d'hommes plus propres que lui à conduire une entreprise hasardeuse. Il a le feu sacré.

1817

> *À Las Cases.*
> *Napoléon, à Sainte-Hélène, évoquait Lallemand qui se rallia à lui au retour de l'île d'Elbe et commanda les chasseurs à cheval de la Garde à Fleurus et à Waterloo. Après le désastre, il accompagna Napoléon à Rochefort, s'embarqua avec lui sur le bateau anglais* Bellerophon, *mais il fut arrêté à Plymouth. Remis en liberté, il partit pour les États-Unis où il tenta de fonder une communauté de réfugiés français.*

※

LANNES Jean, duc de Montebello, maréchal.

Il fut un instant au champ d'Arcole où la victoire incertaine eut besoin de l'audace des chefs. Je vous vis constamment au premier rang des braves ! C'est à vous à être le dépositaire de cet honorable drapeau qui couvre de gloire les grenadiers.

1796

> *Pendant la première campagne d'Italie, Bonaparte, recevant en souvenir un drapeau ennemi après la bataille d'Arcole, l'envoya au général Lannes.*

Vous l'avez mérité au champ de Friedland, comme à celui de Pultusk ! Ce titre d'un de mes anciens ennemis, aujourd'hui mon intime allié, vous honore et me plaît.

1807

> *Le maréchal Lannes combattit vaillamment les Russes à Austerlitz (2 décembre 1805), à Pultusk (26 décembre 1806) où il fut blessé, et à*

Friedland (14 juin 1807). Napoléon l'autorisa à porter le grand cordon de Saint-André, importante distinction reçue de l'empereur Alexandre de Russie après l'entrevue de Tilsit (26 juin 1807).

Je perds le général le plus distingué de mes armées, celui que je considérais comme mon meilleur ami ; ses enfants auront toujours des droits particuliers à ma protection.

1809

Éloge après la mort du maréchal.

Maréchal d'Empire en 1804, Lannes fut blessé plusieurs fois, à Banyuls, Governolo, Arcole, Saint-Jean-d'Acre, Aboukir et Pultusk. Il mourut (31 mai 1809) à cause d'un boulet qui lui traversa le genou à Essling pendant la campagne d'Autriche.

L'un des militaires les plus distingués qu'a eus la France ! Chez Lannes, le courage l'emportait d'abord sur l'esprit, mais l'esprit montait chaque jour pour se mettre en équilibre. Je l'avais pris pygmée, je l'ai perdu géant... Un des hommes au monde sur lesquels je pouvais le plus compter.

1816

À Las Cases.

Lannes, surnommé « le Roland de l'armée » pour son courage et son ardeur légendaire au combat, fut l'un des plus prestigieux chefs de guerre de l'Empire et aussi l'une des figures militaires les plus tragiques de cette époque. Il fut célèbre pour son franc-parler, son courage et son esprit querelleur.

LAPLACE Pierre Simon, marquis de, astronome, sénateur.

Je vous remercie de votre dédicace, que j'accepte avec grand plaisir, et je désire que les générations futures, en lisant votre mécanique céleste, n'oublient pas l'estime et l'amitié que j'ai portées à son auteur.

1802

> *Membre correspondant de toutes les académies des sciences de l'Europe, Laplace laissa un nombre important d'ouvrages qui impressionnèrent beaucoup Napoléon.*

Géomètre de premier rang, Laplace ne tarda pas à se montrer administrateur plus que médiocre ; dès son premier travail nous reconnûmes que nous nous étions trompé.

1816

> *Laplace, choisissant la politique comme moyen de parvenir, fut nommé par Napoléon, en 1799, ministre de l'intérieur pour une période de six mois ; puis il fut remplacé par Lucien Bonaparte. L'opinion de l'empereur à son sujet se trouve dans le* Mémorial de Sainte-Hélène.

※

LA REVELLIÈRE-LÉPEAUX Louis Marie de, membre du Directoire.

Il était de la très petite bourgeoisie ; petit, bossu, de l'extérieur le plus désagréable qu'on puisse imaginer, c'était un véritable Ésope. Il n'avait ni l'habitude des affaires ni la connaissance des hommes. Du reste il était patriote, chaud et sincère, honnête homme, citoyen probe et instruit ; il entra pauvre au Directoire et sortit pauvre. La nature ne lui avait accordé que les qualités d'un magistrat subalterne.

1816

> *À Gourgaud.*

La Revellière-Lépeaux, Carnot et Barras furent les trois (parmi les cinq) directeurs qui préférèrent et nommèrent le général Bonaparte commandant de l'armée d'Italie, en remplacement du général Scherer. Les deux autres directeurs, Letourneur et Rewbell, penchèrent respectivement pour Bernadotte et Championnet. La Révellière-Lépeaux resta irréductiblement hostile à l'institution de l'Empire.

※

LARREY Dominique Jean, baron, chirurgien en chef de l'armée.

Adieu, monsieur Larrey, un souverain est bien heureux d'avoir affaire à un homme tel que vous.

1813

Éloge prononcé après la bataille de Bautzen (campagne d'Allemagne, 1813).
Le docteur Larrey fut l'un des précurseurs les plus qualifiés de la chirurgie d'urgence et le plus connu des chirurgiens des armées napoléoniennes. Il participa, dévoué et omniprésent, à presque toutes les grandes batailles de l'Empire, restant dans l'histoire médicale le symbole de la chirurgie de guerre.

À la science il joignait au dernier degré toute la vertu d'une philanthropie effective ; tous les blessés étaient de sa famille.

1816

Bénéficiant constamment de la sympathie de Napoléon qui louait son honnêteté et son travail, Larrey fut nommé baron, commandeur de la Légion d'honneur et reçut la propre épée de l'empereur, que celui-ci lui offrit après la bataille d'Eylau.
On a dit que Wellington, à Waterloo, apercevant ce chirurgien, murmura en levant son bicorne : « Je salue l'honneur qui passe. » Il s'adressait – à travers l'homme – davantage encore aux ambulances françaises, préconisées par Larrey, qu'il observait au cours de la bataille.

C'est l'homme le plus vertueux que j'aie rencontré. Il a laissé dans mon esprit l'idée du véritable homme de bien.

1821

> *Jugement et hommage reconfirmé par l'empereur à Sainte-Hélène, dans son testament.*

✻

LASALLE Antoine Charles Louis, comte de, général.

Couche-toi dessus, tu l'as bien mérité !

1796

> *Le général Lasalle se distingua pendant la première campagne d'Italie en dégageant le plateau de Rivoli dans un moment critique. Le soir, à la fin de cette bataille, sur les hauteurs de Zoana, Lasalle arriva, très fatigué, avec une brassée de drapeaux. Bonaparte, apercevant les drapeaux ennemis pris et entassés après la victoire, s'adressa au général avec ces mots.*

Le général de division Lasalle a été tué d'une balle. C'était un officier du plus grand mérite et l'un de nos meilleurs généraux de cavalerie légère.

1809

> *Lasalle fut l'un des plus brillants chefs de la cavalerie française et l'un des plus grands héros de l'Empire. Il se distingua à Salabrieh (Égypte), Ulm, Austerlitz, Iéna, Stettin, Eylau, Heilsberg et Medina del Rio Seco. À la bataille de Wagram (1809), où avec ses cavaliers il réalisa l'impossible, Lasalle fut tué, à l'âge de 34 ans, par une balle en plein front, en poursuivant les Autrichiens. Napoléon commenta avec ces mots, dans le bulletin de l'armée, la grave perte du général Lasalle, le plus jeune des chefs de guerre français.*

✻

LAS CASES Emmanuel, comte de, chambellan.

Votre conduite à Sainte-Hélène a été, comme votre vie, honorable et sans reproche : j'aime à vous le dire... Ce sera pour moi une grande consolation que de vous voir en chemin pour de plus fortunés pays.

1816

> *Las Cases sollicita et obtint de partager l'exil du souverain déchu à Sainte-Hélène en tant que secrétaire particulier. Le* Mémorial de Sainte-Hélène *est le résultat de ses conversations avec l'empereur pendant 13 mois. Il nota avec une minutie scrupuleuse les moindres faits, incidents et propos concernant Napoléon. On a dit que la mauvaise santé de son fils Emmanuel (qui l'aidait dans la rédaction du* Mémorial*) et les tracasseries de l'entourage de l'empereur l'incitèrent, à un moment donné, à trouver un moyen de quitter l'île (novembre 1816).*

※

LATOUCHE-TRÉVILLE Louis-René LE VASSOR, comte de, vice-amiral.

Soyons maîtres de la Manche pendant six heures et nous serons les maîtres du monde.

1804

> *Latouche-Tréville reçut, en décembre 1803, le commandement en chef de l'escadre de la Méditerranée pour diriger la gigantesque manœuvre navale qui devait aboutir au débarquement en Angleterre. Il fut l'un des meilleurs marins de l'époque, et Bonaparte lui envoya sa Légion d'honneur, le 15 juillet 1804, en ajoutant les mots ci-dessus. Latouche mourut le 19 août 1804, à bord du* Bucentaure, *son navire amiral.*

※

LEBRUN Charles François, consul, duc de Plaisance.

Je vous ai témoigné mon mécontentement du bulletin que vous avez imprimé sur l'insurrection de Plaisance. Je veux vous témoigner toute ma satisfaction des mesures que vous avez prises pour détruire cette insurrection. J'ai blâmé vos paroles, mais je loue beaucoup votre zèle.

1806

> *Après le coup d'État de 18 Brumaire, Bonaparte choisit Lebrun comme troisième consul. À l'avènement de l'Empire, Lebrun devint prince, architrésorier de l'Empire et membre de droit du Sénat et du Conseil d'État. En 1806, Napoléon lui conféra le titre de duc de Plaisance. À la suite de l'abdication du roi Louis Bonaparte en Hollande (1810), Lebrun fut nommé lieutenant général de l'empereur dans ce pays. Son excellente administration fut fort appréciée des Hollandais qui le surnommèrent « le Bon Stathouder ».*

Naturellement dissimulé, inobligeant, dur et sans affection, dévoré d'ambition.

1812

> *Conseiller éminent et circonspect en matière de finances, Lebrun fut aussi employé dans de hautes missions par Napoléon qui éprouva pour lui une sorte d'antipathie mêlée de considération. L'empereur, agacé par le scepticisme et le puritanisme de Lebrun, fut parfois injuste envers lui. L'architrésorier refusa de participer à la délibération du Sénat qui vota la déchéance de l'empereur (1814) et il se rallia à Napoléon pendant les Cent-Jours, où il fut nommé grand maître de l'Université.*

LECOURBE Claude Jacques, comte, général.

C'est un sournois, un méchant homme, dangereux, et qui est lié à nos ennemis.

1806

OPINIONS

> *Chef intelligent et audacieux, le général républicain Lecourbe prouva plusieurs fois son aptitude à commander une armée, accumulant les victoires en 1800. Le Directoire, frappé par ses qualités exceptionnelles, lui attribua le commandement en chef de l'armée du Rhin en 1799, mais Lecourbe le transmit au général Moreau, son ami.*

Lecourbe était un excellent général, accumulant des victoires qui ont achevé la victoire de son ami le général Moreau à Hohenlinden en 1800.

1816

> *À Las Cases.*
>
> *Parce que, pendant l'Empire, le général Lecourbe continuait à affirmer ses bonnes relations avec le général Moreau, l'ennemi de Napoléon, il fut mis à la retraite d'office à 45 ans et resta à l'écart de la vie militaire et politique jusqu'à la déchéance de l'empereur en 1814.*

Très brave, il eût été un excellent maréchal de France ; il avait reçu de la nature toutes les qualités nécessaires pour être un excellent général… Je l'ai éloigné parce que, lors du procès de Moreau et de Georges Cadoudal, il s'est rangé du côté de mes ennemis.

1819

> *À Montholon.*
>
> *À Sainte-Hélène, Napoléon porta un jugement favorable sur le général Lecourbe, probablement parce qu'en 1815 celui-ci s'était rallié à lui en acceptant le commandement d'un corps d'armée dans le Jura où il réussit à arrêter l'invasion des Austro-Allemands.*

※

LEFEBVRE François Joseph, duc de Dantzig, maréchal.

Monsieur le duc de Dantzig, l'empereur des Français vous salue et vous adresse ses chaleureuses félicitations !

1807

> Pendant la guerre contre la Prusse, le maréchal Lefebvre fut chargé de commander le siège de Dantzig, dernière place forte de l'ennemi, qui capitula après deux mois de résistance (26 mai 1807). Napoléon récompensa Lefebvre de son succès en le faisant duc de Dantzig. Il fut le tout premier duc nommé par Napoléon.

Au siège de Dantzig, il ne m'écrivait d'abord que des sottises ; mais, lorsque les Russes débarquèrent, il se trouva dans son élément et ses rapports devinrent ceux d'un homme qui voit bien.

1817

> À Gourgaud.
> L'empereur rappelait, à Sainte-Hélène, les qualités dont le maréchal Lefebvre avait fait preuve à l'occasion de la capitulation de Dantzig (occupée par le maréchal Kalkreuth avec 14 000 Prussiens et les 40 000 Russes du maréchal Kamenski).

Lefebvre est cause de la victoire de Fleurus. C'est un bien brave homme qui ne s'occupe pas des grands mouvements qui s'opèrent à sa droite et à sa gauche ; il ne songe qu'à se bien battre. Il n'a pas peur de mourir. C'est bien ! Mais, parfois, ces gens-là se trouvent dans une position aventurée, entourés de tous côtés, alors ils capitulent, et après, ils deviennent lâches pour toujours.

1817

> À Gourgaud.
> Général de division en 1794, Lefebvre participa activement au coup d'État de 18 Brumaire et Napoléon l'utilisa dans toutes les campagnes de l'Empire, malgré son scepticisme sur les talents du maréchal comme chef d'armée.

Pendant la campagne de France en 1814, Lefebvre, à la tête de la Vieille Garde, livra sa dernière bataille victorieuse à Montereau (18 février) où l'armée de Silésie fut repoussée en désordre.

Le maréchal assista à la déchéance de Napoléon à Fontainebleau, en 1814, faisant assez grossièrement pression sur l'empereur pour obtenir son abdication.

※

LEPIC Louis, comte, général.

Lepic est avec eux : ils rentreront.

1816

Pendant la bataille d'Eylau (1807), les grenadiers à cheval de la Garde, avec la colonne Lepic en tête, furent submergés par le flot de l'armée russe. Napoléon rassura ceux qui les croyaient perdus dans la mêlée. De fait, les grenadiers rentrèrent avec Lepic qui, sérieusement blessé, trouva la force de faire à l'empereur le rapport de l'action.

Nommé général, Lepic s'illustra aussi à Wagram (1809) et en Russie (1812) contre les cosaques de Platov. En 1813 il fut nommé général de division et il participa aux campagnes de 1813, 1814 et 1815.

※

LOUIS XIV [le ROI-SOLEIL], roi de France.

Depuis Charlemagne, quel est le roi de France qu'on puisse comparer à Louis XIV sous toutes les faces ?

1816

À Las Cases.
Napoléon manifesta toujours une grande admiration pour les réalisations de Louis XIV dont le règne, le plus long qu'ait connu la monarchie française (72 ans), laissa des traces nombreuses. La personnalité du sou-

verain influença beaucoup la politique extérieure et les arts. La puissance et l'influence de la France en Europe atteignirent un développement inconnu. Nul monarque avant lui ne porta aussi haut le sentiment de la dignité nationale.

Louis XIV fut un grand roi ; c'est lui qui a élevé la France au premier rang des nations... Mais le soleil n'a-t-il pas lui-même ses taches ?

1816

> *À Las Cases.*
> *Napoléon excusait avec délicatesse les erreurs de Louis XIV, dit le Roi-Soleil. Les détracteurs de Louis XIV lui reprochèrent son orgueil, son ambition démesurée qui réunit contre la France l'Europe entière, la révocation de l'Édit de Nantes (1685) qui jeta hors de France des milliers de familles, les désordres de sa vie privée (ses relations avec la duchesse de La Vallière, la marquise de Montespan et Mme de Maintenon) et son amour insensé pour ses bâtards. Jusqu'à la fin de sa vie, le souverain fut fidèle à une maxime qu'on lui attribue mais qu'il n'a peut-être jamais prononcée : « L'État, c'est moi. »*

※

LOUIS XVI, roi de France (décapité pendant la Révolution).

Sa mort m'a paru une opprobre pour la nation ! Quant aux juges du roi, chez plusieurs, c'est la peur plutôt que la haine et la méchanceté qui l'a jugé. J'ai toujours regardé sa mort comme un crime.

1812

> *À Caulaincourt.*
> *Rentrant de Russie en traîneau, Napoléon parla du procès de Louis XVI et des raisons que conduisirent les « régicides » à se prononcer pour la condamnation à mort du roi, provoquant ainsi une immense émotion dans les cours royales d'Europe.*

Nous condamnons Louis XVI ; mais, indépendamment de sa faiblesse, il a été le premier prince attaqué. C'est celui sur lequel les nouveaux principes faisaient leur essai.

1816

> À Las Cases.
> Les relations secrètes de la cour avec l'ennemi autrichien et la déclaration de guerre des coalisés contre la France, en 1792, précipitèrent le procès, la condamnation et le supplice final du roi.

Qui fut plus populaire, plus débonnaire que le malheureux Louis XVI ? Pourtant quelle a été sa destinée ? Il a péri ! C'est qu'il faut servir dignement le peuple et ne pas s'occuper de lui plaire. La belle manière de le gagner, c'est de lui faire du bien, car rien n'est plus dangereux que de le flatter : s'il n'a pas ensuite tout ce qu'il veut, il s'irrite et pense qu'on lui a manqué de parole et, si alors on lui résiste, il hait d'autant plus qu'il se dit trompé.

1817

> À Gourgaud.
> Lors de son avènement, Louis XVI fut accueilli avec une joie universelle par ses sujets, car ses vertus privées, qui ne se démentirent jamais, faisaient contraste avec les vices honteux de ses courtisans.
> Devant les événements révolutionnaires qui se précipitèrent avec une rapidité imprévisible, le roi, complètement dominé par la reine et son entourage, se perdit en tergiversations continuelles, fut bientôt accusé de déloyauté et perdit sa popularité.

Si Louis XVI s'était échappé à Varennes, le duc d'Orléans aurait été élu roi et la Révolution aurait pris un tout autre cours.

1817

> À Gourgaud.
> Pendant la Révolution, la famille royale prit la fuite dans la nuit du 20 au 21 juin 1791, ce qui porta un coup fatal au prestige royal et précipita l'issue tragique.

LOUISE-AUGUSTA, reine de Prusse.

Il me semble voir Armide, dans son égarement, mettant le feu dans son propre palais.

1806

> *Phrase contenue dans le premier bulletin de l'armée pendant la campagne contre la Prusse (1806).*
> *La belle reine fut parmi ceux qui poussèrent le roi Frédéric-Guillaume de Prusse à déclarer la guerre à la France. Elle participa effectivement à l'armée, vêtue en amazone avec l'uniforme de son régiment de dragons.*

LOWE Hudson, sir, gouverneur de Sainte-Hélène.

Vous êtes pour nous un plus grand fléau que toutes les misères de cet affreux rocher.

1817

> *À Bertrand.*
> *Dès son installation en avril 1816 comme gouverneur de Sainte-Hélène, Hudson Lowe multiplia les restrictions et les interdictions à l'encontre de l'empereur et des prisonniers français. Le ton ne cessa de monter entre lui et Napoléon au cours des cinq entrevues qui les rassemblèrent.*

J'ai vu des tartares, des cosaques, des kalmouks, mais je n'ai jamais vu une figure aussi sinistre et aussi repoussante.

1817

> *À O'Meara.*
> *Le gouverneur Hudson Lowe avait 47 ans quand il fut envoyé à Sainte-Hélène. De haute taille, mince, le visage rougeaud, avec des sourcils épais et des yeux souvent mi-clos, il était, paraît-il, coléreux, vaniteux et mes-*

quin. Maladivement méfiant et dénué de tact, il refusa de prendre en considération la gravité de la maladie de Napoléon.

Si un tel homme reste un instant seul près d'une tasse de café, c'est à ne pas la boire ! Il a le crime gravé sur le visage.

1820

> À Bertrand.
> *À son retour de Sainte-Hélène, Hudson Lowe fut reçu par ses compatriotes anglais avec réprobation et mépris.*

MACDONALD Étienne Jacques Joseph Alexandre, duc de Tarente, maréchal.

Vous vous êtes vaillamment conduit et vous m'avez rendu les plus grands services dans toute cette campagne. C'est sur le champ de bataille de votre gloire que je vous dois une grande partie de cette journée d'hier ; aussi je vous fais maréchal de France.

1809

> *À Wagram, le 6 juillet 1809, la manœuvre imaginée par l'empereur réussit en particulier grâce au général Macdonald qui, malgré deux chevaux tués sous lui, enfonça le centre ennemi et décida de l'issue du combat. Après la victoire, Macdonald fut l'unique général qui reçut le titre de maréchal de l'Empire sur le champ de bataille.*

Il ne m'aime pas, mais c'est un homme d'honneur qui a des sentiments élevés et sur lequel je peux, je crois, compter.

1814

> À Caulaincourt.
> *Pendant la campagne de France (1814), le maréchal Macdonald s'opposa honorablement aux Prussiens de Blücher, malgré l'infériorité numérique de ses forces.*

Je ne suis plus assez riche pour récompenser vos divers services. Je vois maintenant comme on m'avait trompé sur votre compte ! Maréchal, donnez-moi la main et embrassez-moi.

1814

>   *Au maréchal Macdonald.*
>
>   *Après la signature de l'acte d'abdication à Fontainebleau, le 6 avril 1814.*
>
>   *Quelques jours auparavant, Napoléon avait chargé Macdonald, Caulaincourt et Ney de négocier avec les souverains alliés, effort rendu inutile par la capitulation du corps d'armée du maréchal Marmont.*
>
>   *Après l'abdication de l'empereur, Macdonald fut le dernier maréchal à se mettre à la disposition du ministre de la guerre, et sa lettre fut plus honorable que toutes celles écrites par ses collègues en la circonstance.*

※

MARAT Jean-Paul, grand révolutionnaire.

Marat avait de l'esprit, mais était un peu fou. Ce qui lui a donné une grande popularité, c'est qu'en 1790 il annonçait ce qui arriverait en 1792 ; il luttait seul contre tous. C'était un homme bien singulier.

1816

>   *À Las Cases.*
>
>   *Bonaparte connaissait bien l'histoire de la Révolution française et de ses héros ; parmi eux celle de Marat, le sanguinaire, qui de sa prose corrosive réclamait sans cesse de nouvelles proscriptions. D'habitude, Marat luttait seul ; quand Camille Desmoulins et Fréron lui proposèrent leur collaboration, il leur répondit : « L'aigle marche toujours seul, le dindon fait troupe. »*

※

MARBOT Jean-Baptiste Antoine Marcelin, baron de, général.

Voilà le meilleur ouvrage que j'aie lu depuis quatre ans ! Il y a des choses qu'il dit mieux que moi ; il les sait mieux parce que, dans le fond, il était plus chef de corps que moi. C'est un homme instruit qui écrit bien, simplement et convenablement.

1821

> À Montholon.
> Le général Marbot prit part à toutes les grandes batailles de l'Empire et fut blessé dix fois. Son livre sur les conceptions stratégiques de Napoléon parvint à Sainte-Hélène le 14 mars 1821. L'empereur le lut avec beaucoup d'intérêt.

Je l'engage à continuer à écrire pour la défense de la gloire des armées françaises et en confondre les calomniateurs et les apostats.

1821

> Dans son testament, l'empereur légua à Marbot 100 000 francs, ajoutant cette recommandation solennelle que Marbot appliqua rigoureusement.

※

MARCHAND Jean-Gabriel, comte, général.

Le général Marchand n'est pas maréchal d'Empire, mais il vaut quatre maréchaux.

1812

> Le général Marchand se fit connaître par ses mérites, en particulier au cours des campagnes d'Espagne et de Russie. L'empereur lui adressa cet éloge en janvier, quand le général devint chef d'état-major de Jérôme Bonaparte. Marchand combattit en 1813 et 1814 et se rallia à Napoléon pendant les Cent-Jours.

※

MARESCOT Armand Samuel, comte de, général.

Le général Marescot s'étant déshonoré en attachant son nom à une infâme capitulation, ce qui m'a contraint à lui ôter toutes ses charges et emplois.

1808

> Marescot fut l'un des meilleurs généraux du génie de la Grande Armée. Il rejoignit le corps du général Dupont en Espagne et fut conduit à négocier et à signer avec lui la déplorable capitulation de leurs corps d'armée à Bailen (22 juillet 1808), se rendant au général espagnol Castanos.

MARIE-CAROLINE, reine de Naples et des Deux-Siciles.

Quelle que soit la haine que Votre Majesté paraît porter à la France, je l'engage à garder quelque retenue. Que Votre Majesté reçoive le conseil d'un bon frère.

1805

> Napoléon disait à la reine qu'il savait que le royaume des Deux-Siciles se préparait à servir d'appui aux forces anglaises, au centre de la Méditerranée.
>
> Fille de l'impératrice Marie-Thérèse, sœur de Marie-Antoinette et épouse de Ferdinand de Bourbon, Marie-Caroline fut très marquée par la Révolution en France et surtout par l'exécution de ses souverains. Elle discerna dès le début la valeur et les ambitions de Napoléon.
>
> Après la bataille d'Austerlitz (1805), l'empereur notifia à toutes les cours d'Europe que les Bourbons avaient « cessé de régner à Naples ». En 1806, Marie-Caroline se réfugia en Sicile où elle apprit la nomination de Joseph Bonaparte, frère de Napoléon, comme roi de Naples.

MARIE-LOUISE, archiduchesse d'Autriche, deuxième épouse de Napoléon, impératrice des Français.

Douce, bonne, simple et fraîche comme une rose.

1810

> *Au lendemain de sa rencontre avec sa nouvelle épouse.*
> *Marie-Louise de Habsbourg, fille de l'empereur François II d'Autriche, était l'arrière-petite-fille de Marie-Thérèse. Elle se révéla dans l'intimité une femme simple et une épouse complaisante et ardente. Ce mariage eut les plus funestes conséquences pour Napoléon. Il négligea certaines affaires d'État importantes à cause d'elle, et se laissa endormir et abuser sur les véritables intentions politiques de son beau-père, l'empereur d'Autriche, et sur celles du cabinet de Vienne.*

Marie-Louise était l'innocence même, elle ne mentait jamais. Elle m'aimait, voulait toujours être avec moi.

1817

> *À Gourgaud.*
> *Éloge adressé à son épouse qui pourtant ne le suivit pas dans son exil de l'île d'Elbe et l'oublia bien vite dans les bras d'un autre.*

C'est une bonne petite femme timide qui avait toujours peur en se voyant au milieu des Français qui avaient assassiné sa tante.

1817

> *À Gourgaud.*
> *Napoléon ne laissa jamais percer la douleur causée par l'infidélité de Marie-Louise avec le général autrichien von Neipperg (son futur mari) et de son indifférence devant les malheurs de la France et ceux de son premier époux. Au contraire, l'empereur lui trouva toujours des excuses.*
> *Elle était la petite-nièce de la reine de France Marie-Antoinette, décapitée pendant la Révolution.*

✻

MARMONT Auguste Frédéric Louis Viesse de, duc de Raguse, maréchal.

Il était le plus médiocre des généraux ; je l'ai soutenu, défendu contre tous parce que je lui croyais de l'honneur. Élevé dans mon camp, nourri dans ma maison, marié par moi, comblé de faveurs, de richesses, devenu un des hommes les plus marquants de la France, au moins un des plus élevés en dignité, son ambition lui a fait rêver qu'il pouvait s'élever encore ; il a oublié sous quel drapeau il a obtenu tous ses grades, sous quel toit il a passé sa jeunesse ; il a oublié qu'il doit tous ses honneurs au prestige de cette cocarde nationale qu'il foule aux pieds pour se parer du signe des traîtres qu'il a combattus pendant vingt-cinq ans !... Voilà le sort des souverains : ils font des ingrats !

1816

> *À Las Cases.*
>
> *Remarqué par Bonaparte à Toulon, Marmont devint en 1796 son aide de camp en Italie. Il participa à l'expédition d'Égypte et fut choisi pour accompagner Bonaparte à son retour en France. Marmont se fit remarquer à Marengo (1800) et à Ulm (1805) et reçut le bâton de maréchal pour sa campagne d'Autriche, après la victoire de Znaim (1809). Pendant la campagne de France, Marmont se rendit avec tout son corps d'armée aux ennemis, le 5 avril 1814, découvrant ainsi la région de Fontainebleau où Napoléon avait ramené les restes de son armée, annihilant les dernières chances politiques de l'empereur. Napoléon ne lui pardonna jamais cette trahison.*
>
> *Louis XVIII le fit pair de France et, à la seconde Restauration, le couvrit d'honneurs. Marmont vota la mort du maréchal Ney.*

※

MASSÉNA André, duc de Rivoli, prince d'Essling, maréchal.

Masséna, « l'enfant chéri de la victoire », a des talents militaires devant lesquels il faut se prosterner.

1809

> *À Eugène, vice-roi d'Italie.*
> *D'un point de vue strictement militaire, Napoléon, tout en préférant Lannes, n'admira jamais personne plus que Masséna, le seul général à qui il aurait pu confier le commandement en chef de l'armée.*

Il a acquis assez de gloire et d'honneurs ; il n'est pas content, il veut être prince comme Murat et Bernadotte ; il se fera tuer demain pour être prince, c'est le mobile des Français.

1809

> *Masséna fit partie de la première liste de maréchaux de l'Empire en 1804, fut nommé duc de Rivoli après Tilsit en 1808, et fut récompensé par le titre de prince d'Essling, avec une riche dotation, après la victoire de Wagram en 1809 où, malgré ses blessures aux jambes, son rôle fut très important.*

Masséna, d'un rare courage et d'une ténacité si remarquable, dont le talent croissait par l'excès du péril et qui, vaincu, était toujours prêt à recommencer comme s'il eût été vainqueur.

1816

> *À Las Cases.*
> *Hommage aux talents militaires du grand guerrier que fut le maréchal Masséna.*

C'eût été un grand homme si ses qualités brillantes n'eussent été ternies par l'avarice... C'est Masséna qui a fait les plus grandes choses, quoique sa capitulation de Gênes, dont la défense lui fait un si grand honneur dans le public, soit sa plus grande faute.

1816

> *À Las Cases.*
> *Masséna arriva à Gênes, assiégée par les Autrichiens, en février 1800 et ne capitula honorablement que le 4 juin. Cette longue résistance de la*

ville permit aux armées de Bonaparte de progresser dans la seconde campagne d'Italie.

Tous les contemporains du maréchal s'accordaient à dire qu'il fut, pendant toutes les guerres de l'Empire, d'une rapacité légendaire.

Masséna avait été un homme très supérieur qui, par un privilège très particulier, ne possédait l'équilibre tant désiré qu'au milieu du feu ; il lui naissait au milieu du danger.

1816

À Las Cases.
Napoléon considérait comme très important, surtout pour les commandants des armées, l'équilibre qui doit exister entre le courage et la réflexion.

❋

MERLIN Philippe Antoine, dit Merlin de Douai, conseiller d'État, comte.

Au Conseil d'État, j'étais très fort tant qu'on demeurait dans le domaine du code. Mais, dès qu'on passait aux régions extérieures, je tombais dans les ténèbres et Merlin était ma ressource. Sans être brillant, il est fort érudit, puis sage, droit et honnête. Il m'était fort attaché.

1816

À Las Cases.
Reconnaissant les compétences de juriste de Merlin de Douai, Napoléon le nomma procureur général de la Cour de cassation, conseiller d'État et comte de l'Empire. Merlin régularisa l'ensemble des juridictions civiles et criminelles de l'époque et fut considéré comme l'un des plus grands jurisconsultes modernes.

La chute de l'Empire bouleversa son existence et il connut des temps difficiles jusqu'en 1819, quand il fut autorisé à s'installer à Bruxelles. En

1830, l'amnistie décrétée par Louis-Philippe le ramena à Paris. Son œuvre fait honneur à la science juridique française.

※

METTERNICH-WINNEBURG Klemens, comte, puis prince von, ministre des affaires étrangères d'Autriche.

Vous êtes bien jeune, monsieur, pour représenter la plus vieille monarchie de l'Europe.

1806

Ce fut en ces termes que Napoléon accueillit Metternich qui lui remettait ses lettres de créance. Nommé ambassadeur d'Autriche à Paris en 1806, à l'âge de 35 ans, Metternich plaira par sa personne et par son esprit.

Metternich est tout près d'être un homme d'État : il ment très bien.

1809

Metternich débuta dans la carrière diplomatique au congrès de Rastadt, puis il fut nommé ambassadeur en Saxe (1801) et en Prusse (1803). Après la victoire française d'Austerlitz (1805), Metternich fut promu, avec le concours positif de Napoléon, ministre plénipotentiaire d'Autriche à Paris, le poste le plus difficile de la diplomatie autrichienne de l'époque. Metternich lui-même disait qu'à Paris « commençait sa vie publique ». À cette époque, il éprouva des sentiments mêlés de haine et d'admiration pour Napoléon.

※

MOLÉ Louis Mathieu, comte, ministre de la justice.

Décidément, il n'y a que moi, ici, qui n'aie pas changé.

1815

> *À Molé.*
> *Après la première abdication, Molé se rallia aux Bourbons, puis de nouveau à Napoléon pendant les Cent-Jours, mais non sans réticence. Constatant, à cette occasion, son air las et désabusé, l'empereur fit cette remarque.*

Molé, ce beau nom de la magistrature, caractère appelé probablement à jouer un rôle dans les ministères futurs.

1818

> *À Bertrand.*
> *Comme conseiller d'État, comte de l'Empire, directeur général des ponts et chaussées et ministre de la justice, Molé fut très apprécié par Napoléon qui favorisa sa fulgurante ascension, et avec qui il eut l'occasion d'avoir de nombreuses et passionnantes entrevues. Chargé de la préparation du dossier des juifs, ses recherches aboutirent à formuler un véritable acte d'accusation contre toute la nation juive.*
> *Conformément aux prévisions de l'empereur, Molé, après l'écroulement de l'Empire, se rallia au roi et devint ministre de Louis XVIII puis président du Conseil sous la monarchie de Juillet.*

※

MOLLIEN François Nicolas, comte, ministre du trésor.

Mollien avait ramené le trésor public à une simple maison de banque, si bien que, dans un seul petit cahier, j'avais constamment sous les yeux l'état complet de mes affaires : ma recette, ma dépense, mes arriérés, mes ressources.

1816

> *À Las Cases.*
> *Ministre du trésor entre 1806 et 1814, Mollien créa la Cour des comptes et restaura une magistrature comptable. Pendant les Cent-Jours*

il fut l'un des collaborateurs dont Napoléon apprécia le plus la rigueur et l'efficacité.

Sa correspondance avec Napoléon démontre que l'empereur s'adressait à lui avec beaucoup de cordialité et de considération. Le livre Les mémoires d'un ministre du trésor public, *rédigé par Mollien sous le règne de Louis-Philippe, atteste réciproquement d'une réelle admiration pour l'empereur.*

✿

MONCEY Bon Adrien JEANNOT de, duc de Conegliano, maréchal.

Moncey était un honnête homme.

1816

Le général Moncey accéda aux plus grands honneurs pendant l'Empire, nommé maréchal de la première promotion (1804) et duc de Conegliano en 1808. Après le désastre de Waterloo, il fit preuve d'audace et d'honneur en refusant de présider le conseil de guerre chargé de juger le maréchal Ney.

À ses obsèques en 1842, le maréchal Soult le qualifia de « modèle de toutes les vertus ».

✿

MOREAU Jean Victor, général.

J'envie votre heureux sort ; vous allez avec des braves faire de belles choses. Je troquerais volontiers ma pourpre consulaire pour une épaulette de chef de brigade sous vos ordres.

1800

Au début, comme premier consul, Bonaparte s'adressa avec beaucoup de condescendance au général Moreau en lui donnant le commandement de l'armée réunie du Rhin et d'Helvétie.

Le 15 mars 1800, deux mois avant son départ pour la deuxième campagne d'Italie, Napoléon lui fit ce compliment, car alors il considérait Moreau comme le général français le plus habile après lui.

Faites graver sur les pistolets destinés au général Moreau quelques-unes des batailles qu'il a gagnées ; ne les mettez pas toutes, il faudrait ôter trop de diamants quoique le général Moreau n'y attache pas un grand prix.

1802

Victorieux à Rastadt en 1796 de l'archiduc Charles, le général Moreau, généralissime de l'armée du Rhin, remporta de grandes victoires à Hochstädt (19 juin 1800) et à Hohenlinden (3 décembre 1800) sur l'archiduc Jean, son armée s'approchant à vingt lieues de Vienne.

Ces victoires éclipsèrent un peu la gloire de Bonaparte en Italie ; cependant le premier consul tentait encore, à cette époque, d'attirer Moreau.

Il a du génie sur le champ de bataille, mais, dans la vie, c'est un faible servilement soumis à sa femme. Sa belle-mère lui a monté la tête contre moi.

1810

Avec le temps, la popularité du général Moreau commença à porter ombrage à Napoléon. Son mariage avec Mlle Hulot, d'une famille créole qui détestait celle de Joséphine, influença négativement les relations qui devinrent tendues entre les deux généraux.

En 1804 Moreau aurait donné un accord de principe aux conspirateurs royalistes, conduits par Cadoudal, qui voulaient abattre le premier consul. Jugé et gracié, Moreau accepta de s'exiler aux États-Unis.

La nature en lui n'avait pas fini sa création ; il avait plus d'instinct que de génie.

1816

À Gourgaud.

Même à Sainte-Hélène, Napoléon garda une rancune amère pour Moreau, coupable envers lui et surtout envers la France.

Moreau ne revint en Europe qu'en 1813 pour se joindre aux souverains coalisés contre Napoléon. Il trouva la mort, fauché par un boulet français, à la bataille de Dresde, au milieu de l'état-major russe.

Moreau ne connaissait pas le prix du temps ; il le passait toujours le lendemain d'une bataille dans une fâcheuse indécision.

1817

À Gourgaud.

Il était supérieur pour commander une forte division ou un de mes corps d'armée, mais pour bien commander en chef il faut être un autre homme que lui.

1818

Bon tacticien, le général Moreau fut un stratège sans audace qui, même victorieux, semblait toujours trop circonspect. Napoléon lui reprocha de n'avoir pas su profiter suffisamment de sa victoire à Hohenlinden (3 décembre 1800), après une campagne qui, dans les premiers jours, avait paru tourner contre lui. Pourtant la victoire finale lui valut une gloire incontestable.

Napoléon ne pardonna pas au général Moreau la désapprobation continuelle que ce dernier lui montra dans tous ses actes et pendant toute sa carrière.

❈

MORTIER Adolphe Édouard Casimir Joseph, duc de Trévise, maréchal.

Mortier m'a fait du mal en quittant le commandement de la Garde à Beaumont [pendant la campagne de Waterloo] ; il connaissait tout ce corps. Ce sera sûrement la faute de Mortier, à qui l'on aura écrit de Paris que le Corps législatif conspirait.

1816

> *À Las Cases.*
> *Mortier fit partie de la première liste des maréchaux d'Empire (mai 1804) et prit, en 1805, le commandement de l'infanterie de la Garde impériale. À la bataille de Friedland (1807) il commanda l'aile gauche de l'armée, et Napoléon le nomma duc de Trévise après Wagram (1809). Il combattit vaillamment à Borodino (1812) et devint gouverneur de Moscou pendant la campagne. Il fut commandant de la Jeune Garde à Lützen (1813) et de la Vieille Garde à Montmirail (1814). Pendant la campagne de 1815, il quitta l'armée à Beaumont, se déclarant malade de la goutte, et à Waterloo il ne joua aucun rôle. Napoléon pensa que Mortier avait choisi cette attitude pour ne pas être compromis en cas d'insuccès de cette campagne.*

※

MOUTON Georges, comte de Lobau, général.

Mon Mouton, c'est un lion.

1809

> *Mouton reçut le titre de comte de Lobau pour ses actions brillantes pendant la campagne d'Autriche (1809), en particulier pour son comportement à Landshut et à Essling, où il eut la main droite traversée par une balle.*

Mouton est le meilleur colonel qui ait jamais commandé un régiment de Français.

1809

> *Mouton fut nommé général de brigade et aide de camp de Napoléon en 1805. Il se montra franc, discipliné et loyal pendant toutes les grandes batailles de l'Empire. À Waterloo, il s'illustra à la tête du 6ᵉ corps d'armée face aux Prussiens du général Bülow.*

※

MUIRON Jean-Baptiste de, aide de camp.

Muiron est mort à mes côtés sur le champ de bataille d'Arcole. Vous avez perdu un mari qui vous était cher, j'ai perdu un ami auquel j'étais depuis longtemps attaché. Mais la patrie perd plus que nous deux en perdant un officier distingué autant par ses talents que par son rare courage.

1796

> *S'adressant à la citoyenne Muiron, après la mort de son mari, colonel et aide de camp de Bonaparte, tué au pont d'Arcole (1796) en couvrant le général de son corps. À sa mémoire, Napoléon nomma Muiron la frégate qu'il choisit pour son retour en France, après la campagne d'Égypte.*

※

MURAT Joachim, roi de Naples, maréchal, commandant général de la cavalerie, grand amiral et prince.

Si votre cavalerie légère prend ainsi des villes fortes, il faudra que je licencie le génie et que je fasse fondre mes pièces [d'artillerie].

1806

> *Chargé du commandement général de la cavalerie, Murat participa brillamment à la plupart des batailles de l'Empire, où il fut plusieurs fois « l'âme du combat ». Sa détermination à Marengo, à Austerlitz, à Iéna, à Eylau et à Borodino resteront légendaires. Napoléon lui fit ce compliment après la bataille d'Iéna (14 octobre 1806) pour sa bravoure infatigable pendant la poursuite de l'armée prussienne du prince de Hohenlohe et pour la prise de la forteresse de Stettin (30 octobre 1806).*

Il serait fort extraordinaire qu'après les bienfaits dont le peuple français vous a comblé vous pensiez à donner à vos enfants les moyens de lui nuire.

1806

> Le 30 mars 1806, Murat fut nommé grand-duc de Berg et de Clèves. À peine installé, il voulut des garanties pour s'assurer que cette principauté reviendrait à ses enfants. Napoléon répondit à cette inconvenante exigence.

Je suppose que vous n'êtes pas de ceux qui pensent que le lion est mort. Vous m'avez fait tout le mal que vous pouviez depuis mon départ de Vilna [retraite de Russie] : le titre de roi vous a tourné la tête.

1813

> Pendant la retraite de Russie (1812), Napoléon décida de partir vers Paris, confiant à Murat, roi de Naples, les débris de l'armée. Celui-ci, après une violente dispute avec le maréchal Davout, et songeant à l'avenir de son royaume, céda à son tour le commandement au prince Eugène et regagna Naples.
> Quand s'ouvrit la campagne de Saxe (1813), Napoléon dut faire appel au maréchal Murat, chef incontesté de la cavalerie. À cette occasion, la première entrevue avec l'empereur fut orageuse.

Le voilà, le Bernadotte du Midi.

1813

> Exclamation de Napoléon en apprenant la défection de Murat, attitude qu'il jugea similaire à celle de l'ex-maréchal Bernadotte, roi de Suède, qui combattit à Leipzig aux côtés des coalisés européens contre ses compatriotes français.
> Après le désastre de Leipzig (1813), Murat traita avec la coalition et trahit ouvertement Napoléon.

Le roi de Naples était vraiment sublime au feu, le meilleur officier de cavalerie du monde. Au combat c'était « un césar », mais, hors de là, « presque une femme »… Murat avait un très grand courage et fort peu d'esprit. La trop grande différence entre ces deux qualités l'explique en entier.

1816

À Las Cases.
Soulignant la brillante carrière d'homme de guerre de Murat, qui concentra entre ses mains la cavalerie impériale.

À Waterloo, je manquai d'un général pour mener toute ma cavalerie ; si j'avais eu Murat, j'aurais gagné la bataille.

1816

À Montholon.
Hommage au grand guerrier Murat, à Sainte-Hélène.
Le roi de Naples, dès l'annonce du retour de Napoléon de l'île d'Elbe, déclara intempestivement la guerre à l'Autriche ; mais, après sa défaite à Tolentino (Italie), il se réfugia en France, espérant que Napoléon l'appellerait pour la campagne de 1815. L'appel ne vint pas, et Murat ne participa donc pas à la bataille de Waterloo où sa présence aurait pu être décisive.

Murat et Ney étaient les hommes les plus braves que j'aie jamais vus. Cependant Murat avait un caractère plus noble que Ney. Murat était généreux et franc ; Ney tenait de la canaille. Mais, chose étrange, quoique Murat m'aimât, il m'a fait plus de mal que qui que ce soit au monde...

1817

À O'Meara.
À Sainte-Hélène, Napoléon n'oublia ni la valeur guerrière de Murat ni ses erreurs militaires (l'abandon de l'armée de Russie en 1812 et l'entente avec les Autrichiens en 1813).
Le maréchal brisa de plus les efforts politiques de Napoléon en 1815, en déclarant hâtivement la guerre à l'Autriche et en menant une campagne inconsidérée.

Sa mort a été un assassinat car il était bien roi, ayant été reconnu par toutes les puissances.

1817

À Gourgaud.

> *Apprenant à Sainte-Hélène l'exécution de Murat, fusillé par les Autrichiens le 13 octobre 1815, Napoléon rappela que le maréchal était roi de Naples et qu'il n'avait jamais abdiqué.*

Ce qui m'a porté le dernier coup, c'est d'avoir fait Murat roi de Naples.

1820

> À Montholon.
> *Murat, l'époux de Caroline Bonaparte, sœur de l'empereur, fut nommé par Napoléon roi de Naples et de Sicile par le décret du 15 juillet 1808.*

※

NAPOLÉON II, fils de l'empereur.

Je préférerais qu'on égorge mon fils plutôt que de le voir jamais élevé à Vienne comme un prince autrichien.

1814

> *Le 4 avril 1814, Napoléon abdiqua en faveur de son fils, réservant les droits monarchiques en France au « roi de Rome ». Mais, le 6 avril, il abdiqua sans conditions, et son fils fut emmené à Vienne par les Autrichiens, dans le palais de Schönbrunn. Il devint duc de Reichstadt. Prenant froid lors d'une parade, il mourut à Vienne en 1832.*

※

NARBONNE-LARA Louis Jacques Amalric, comte de, diplomate.

J'aurais nommé Narbonne grand maréchal à la mort de Duroc… Il est devenu homme de cour, homme de beaucoup d'esprit et diplomate de haute valeur. Malheureusement, j'ai écouté Talleyrand qui le craignait.

1817

À Gourgaud.

Napoléon remarqua Narbonne-Lara en 1809 quand il fut envoyé comme ambassadeur à Munich. Il devint l'aide de camp de l'empereur et son confident. Nommé ambassadeur à Vienne en 1813, il assista comme plénipotentiaire au congrès de Prague après les victoires de Napoléon à Lützen et à Bautzen. Chargé de défendre Torgau en Saxe, il mourut le 17 novembre 1813.

À cause de sa ressemblance physique étonnante avec Louis XV, on l'a dit fils naturel de ce dernier.

NELSON Horatio, vicomte, amiral anglais.

Nelson était un brave homme. Si Villeneuve à Aboukir et Dumanoir à Trafalgar avaient eu un peu de son sang, les Français auraient été vainqueurs.

1817

À Gourgaud.

Commentaire sur la passivité de deux amiraux français dans les plus grandes défaites navales contre la flotte anglaise commandée par le génial amiral Nelson.

Villeneuve participa à la bataille navale d'Aboukir (en Égypte, 1798) dans l'escadre de Brueys et se distingua par son inaction. Ses mauvaises dispositions au combat contribuèrent aussi à la terrible défaite de Trafalgar (1805).

Dumanoir fit également preuve d'inertie à Trafalgar et dans le combat du cap Villano où il fut fait prisonnier.

Nelson fut l'un des plus grands hommes de l'histoire de l'Angleterre. Par ses victoires il sema la terreur parmi les amiraux français et assura aux Anglais la complète domination des mers.

NEY Michel, prince de la Moskova, duc d'Elchingen, maréchal.

Cet homme-là, c'est un lion.

1807

> Le maréchal Ney se montra brillant aux batailles d'Elchingen (1805), d'Eylau (1807) et de Guttstadt (1807).
> À Friedland (14 juin 1807), ce fut au maréchal Ney que Napoléon confia le soin d'enlever la petite ville où le maréchal entra à la baïonnette et où une effroyable mêlée s'engagea avec les Russes qui se retirèrent en déroute. L'action et le comportement courageux de Ney provoquèrent l'admiration et cette exclamation de l'empereur. Après Tilsit, Ney fut nommé duc d'Elchingen.

J'ai plus de quatre cents millions dans les caves des Tuileries ; je les aurais donnés avec reconnaissance pour la rançon de mon fidèle compagnon d'armes.

1812

> À la bataille de Borodino (1812) Napoléon fut tellement satisfait de la conduite de Ney qu'il lui conféra le titre de prince de la Moskova.
> Pendant la retraite de Russie, le maréchal Ney commandait l'arrière-garde. À un moment donné, l'empereur, le croyant prisonnier, prononça la phrase ci-dessus. Heureusement Ney réussit, dans des conditions très difficiles, à résister aux Russes à Krasnoïe et à traverser le Dniepr sur la glace, rejoignant ainsi Napoléon et le reste de l'armée.

Venez me rejoindre à Châlons. Je vous recevrai comme le lendemain de la Moskova.

1815

> Quand Napoléon revint de l'île d'Elbe, Ney fut envoyé par le roi Louis XVIII pour arrêter sa marche vers Paris. Quelques jours plus tard, à Lons-le-Saunier, Ney fut ébranlé par la proclamation de l'empereur et par l'attitude de ses soldats prêts au ralliement. Ney craignit la rancune de l'empereur, mais le court billet qu'il reçut lui enleva toutes ses craintes.

Il est aussi faible qu'il est brave et son excessive ambition donne grande prise sur lui. Ney est le plus brave des hommes, mais là se bornent toutes ses facultés.

1815

> *À Las Cases.*
> *Le maréchal Ney, surnommé « le brave des braves », se montra tellement orgueilleux et susceptible qu'un de ses aides de camp disait de lui : « Il est comme un demi-dieu sur son cheval, un enfant quand il en descend. » Ney peut être considéré comme l'un des responsables du désastre de Waterloo.*

Il y avait en lui une disposition ingrate et factieuse et, si je devais mourir de la main d'un maréchal, il y a à parier que ce serait de la sienne.

1815

> *À Las Cases.*
> *Lors du retour de l'île d'Elbe, Ney avait promis au roi Louis XVIII de ramener Napoléon à Paris « dans une cage de fer ».*

Ney n'a eu que ce qu'il méritait ! Je le regrette comme un homme précieux sur le champ de bataille, mais il était trop immoral et trop bête pour réussir.

1816

> *À Las Cases.*
> *Apprenant l'exécution du maréchal Ney à Paris, le 7 décembre 1815.*
> *L'empereur n'oublia ni le comportement héroïque du maréchal dans toutes les campagnes de l'Empire, ni son attitude à son retour de l'île d'Elbe, ni le discours invraisemblable que Ney prononça à la Chambre des pairs, après la catastrophe de Waterloo.*

※

OBERKAMPF Christophe Philippe, manufacturier.

La fortune de M. Oberkampf est honorable, car elle n'est pas le fruit de la fraude ni de l'intrigue.

1806

> À la suite d'une visite à Jouy, en 1806, Napoléon décora le manufacturier Oberkampf de la Légion d'honneur, saluant dans la personne du vieux fabricant toute une catégorie de citoyens qui ne devaient leur fortune ni à la fraude ni à l'intrigue, et qu'il jugeait précieux. Oberkampf mourut de chagrin en voyant, en 1815, ses usines détruites lors de l'invasion des alliés en France.

OTTO Louis Guillaume, comte de Mosloy, diplomate français.

Otto était bon pour répéter ce que Metternich lui disait, mais non pour le deviner et savoir ce qu'il voulait réellement.

1809

> Otto fut nommé ministre plénipotentiaire de la France en Bavière en 1803, puis ambassadeur à Vienne en 1809, où il participa aux négociations précédant le mariage de Napoléon avec la princesse Marie-Louise d'Autriche. On lui retira ce poste peu de temps après.

OUDINOT Nicolas Charles, duc de Reggio, maréchal.

C'est un général éprouvé dans cent combats, où il a montré autant d'intrépidité que de savoir.

1815

Oudinot, le maréchal aux 32 blessures, meneur d'hommes d'une bravoure exceptionnelle, prit part à toutes les grandes campagnes du Consulat et de l'Empire jusqu'à la première abdication de l'empereur. À Erfurt (1808), Napoléon le présenta au tsar Alexandre de Russie comme « le Bayard de l'armée française ». Il fit tant des prodiges de valeur à la bataille de Wagram (1809) que l'empereur l'éleva à la dignité de maréchal de l'Empire et le mentionna dans le 10ᵉ bulletin de la Grande Armée.

Qu'est-ce donc que les Bourbons ont fait pour vous de plus que moi pour que vous ayez si bien voulu les défendre de mon approche ?

1815

Pendant l'époque des Cent-Jours, espérant la collaboration d'Oudinot, l'empereur le reçut à Paris en avril 1815, mais le maréchal lui répondit : « Je ne servirai personne, sire, puisque je ne vous servirai pas. » Conduite loyale à laquelle Napoléon rendit hommage à Sainte-Hélène.

Ce maréchal avait, pour son malheur, épousé une demoiselle de Couchy ; cette jeune femme le dominait entièrement et était dans le camp royaliste ; sa mauvaise conduite, ses mauvais propos en 1814, indisposèrent les Lorrains à tel point qu'il leur était devenu en horreur ; on ne l'appelait que « traître ».

1816

À Las Cases.
En 1812, après le décès de sa première femme dont il avait eu sept enfants, Oudinot épousa Marie-Charlotte de Coucy, une jeune femme de l'aristocratie de l'Ancien Régime. En 1815, au retour de l'empereur de l'île d'Elbe, Oudinot se mit au service du roi, commandant à Metz. Au début, il s'opposa à la proclamation de l'Empire, mais la garde nationale et le peuple se soulevèrent et il fut obligé de se réfugier à Bar-le-Duc. Pendant la Restauration, sa femme fut dame d'honneur de la duchesse de Berry. Le maréchal prit la tête du premier corps de l'armée lors de la guerre d'Espagne (1823).

🐝

PACCA Bartolomeo, cardinal.

Le cardinal Pacca est un homme instruit et un coquin, ennemi de la France, qui ne mérite aucun ménagement.

1809

> *À partir de 1808, Pacca fut nommé pro-secrétaire d'État du Vatican, mais ne put accepter les conséquences de l'occupation de Rome par les Français. En 1809 il fut enfermé dans la prison d'État de Fenestrelle (Piémont) jusqu'en 1813 où il rejoignit le pape qui se trouvait prisonnier à Fontainebleau. Il soutint la décision de celui-ci d'annuler le nouveau projet de Concordat proposé par Napoléon.*

PICHEGRU Charles, général.

Avant de commettre une faute, il a honnêtement servi son pays. Je n'ai pas besoin de son sang. Dites-lui qu'il faut regarder tout cela comme une bataille perdue. Il ne pourra rester en France. Présentez-le pour Cayenne. Il connaît le pays ; on pourrait lui faire là une bonne situation.

1804

> *Au conseiller d'État Réal, chargé d'interroger le général Pichegru, emprisonné.*
>
> *Pichegru, commandant de l'armée du Nord, conquit la Hollande en 1794 et, à la tête de l'armée du Rhin et Moselle, s'empara de Mannheim en 1795. À cette époque, il fut contacté par un agent du prince de Condé et commença à trahir. Préparant un coup de force en 1797 contre le Directoire, il fut proscrit et déporté en Guyane d'où il réussit à s'évader.*
>
> *En 1804, Pichegru prit part, semble-t-il, à la conspiration de Cadoudal pour enlever Napoléon. Emprisonné au Temple, Pichegru fut retrouvé étranglé dans sa cellule.*

PIE VII, pape.

Chef de cette religion du ciel, il ne s'occupe que de la terre.

1801

> *Devant le Conseil d'État.*
> *Déclaration pendant les difficiles négociations avec le pape qui aboutirent au Concordat, officiellement promulgué le 18 avril 1802.*
> *Le cardinal Gregorio Chiaramonti, élu pape le 14 mars 1800 à Venise sous le nom de Pie VII, fut un pape plus religieux que politique, plein de charité, de modestie et de confiance en la Providence.*

Il est esclave de ses devoirs.

1810

> *Le pape Pie VII garda une position irréductible devant le sénatus-consulte voté par la haute assemblée à Paris et qui décida la réunion des États de Rome à l'Empire. Il resta pratiquement emprisonné jusqu'à la fin de l'Empire. Malgré cela, miséricordieux, il accueillit et protégea tous les Bonaparte venus lui demander asile, après Waterloo, et continua à voir dans Napoléon abattu le signataire du Concordat et le restaurateur de l'Église catholique en France.*

※

PONIATOWSKI Joseph, prince, généralissime du duché de Varsovie, maréchal.

Poniatowski est un homme léger et inconséquent, plus que d'ordinaire ne le sont les Polonais ; il jouit de peu de confiance à Varsovie.

1806

> *Lors de leurs premiers contacts, Napoléon ne fut pas favorablement impressionné par la personnalité de Poniatowski.*
> *En 1806, lors de l'entrée des Français, le prince devint ministre de la guerre du gouvernement provisoire de Pologne.*

Le vrai roi de la Pologne, c'était Poniatowski ; il réunissait tous les titres, et il en avait tous les talents.

1816

> *À Las Cases.*
> *Poniatowski se couvrit de gloire dans l'armée française pendant la campagne de Russie (1812), où son intervention fut glorieuse à la bataille de Borodino, et dans la campagne de Saxe (1813). Il devint maréchal d'Empire, le 16 octobre 1813, et se noya trois jours plus tard en voulant traverser l'Elster à cheval à l'issue de la bataille de Leipzig.*

Il était un homme d'un noble caractère, rempli d'honneur et de bravoure. J'avais l'intention de le faire roi de Pologne si mon expédition de Russie était heureuse.

1817

> *Au docteur O'Meara.*
> *Napoléon, revenu sur ses préventions contre le prince Poniatowski, le surnomma le « Bayard polonais ».*

※

PORTALIS Jean Étienne Marie, ministre des cultes.

Portalis serait l'orateur le plus fleuri et le plus éloquent s'il savait s'arrêter.

1817

> *À Gourgaud.*
> *Éminent jurisconsulte, apprécié pour son talent oratoire et son intégrité morale, Portalis fut l'un des principaux rédacteurs du Code civil, dirigeant la restauration des principes de vie. Il réussit aussi à convaincre le Corps législatif d'accepter le texte du Concordat. Portalis prit la défense du clergé contre les attaques de la police et des préfets anticléricaux.*

※

PRADT Dominique Georges de FOURT de, archevêque, ambassadeur à Varsovie.

De Pradt mérite qu'on lui donne le nom d'une fille de joie qui prête son corps à tout le monde pour de l'argent.

1817

> *À O'Meara.*
>
> *Pradt fut envoyé comme ambassadeur en Pologne, pays qui devint pendant la campagne de Russie, en 1812, une importante base française. Pradt échoua dans sa mission auprès du gouvernement polonais et fut tenu pour l'un des responsables du désastre de cette campagne.*
>
> *Pendant son retour de Russie vers Paris, de passage par le duché de Varsovie, Napoléon le destitua de son poste, et s'en fit un ennemi. Les publications de Pradt, après Waterloo, suscitèrent la révolte de l'empereur à Sainte-Hélène.*

※

RACINE Jean, poète dramatique.

Bien que Racine ait accompli des chefs-d'œuvre en eux-mêmes, il a répandu néanmoins une perpétuelle fadeur, un éternel amour et son ton doucereux, son fastidieux entourage. Mais ce n'était pas précisément sa faute, c'était le vice et les mœurs du temps.

1816

> *Napoléon préférait de loin Corneille à Racine et à tous les autres poètes français.*

※

RAPP Jean, comte d'Empire, lieutenant général.

Le général de division comte Rapp a eu un cheval tué sous lui ; l'intrépidité dont ce général a donné tant de preuves se montre dans toutes les occasions.

1812

> À Austerlitz, Rapp conduisit la cavalerie de la Garde à la victoire, dispersant celle de la garde russe, et devint général de division. Il prit part brillamment à la campagne contre la Prusse (1806) et à la bataille de Wagram (1809), et fut l'un des généraux les plus décorés de la Grande Armée. À Schönbrunn, le 12 octobre 1809, il empêcha Staps d'assassiner l'empereur.
>
> Rapp reçut quatre blessures à la bataille de Borodino, sauva la vie de Napoléon en repoussant une attaque des cosaques à Gorodnia, et combattit en arrière-garde à côté de Ney à la bataille de la Berezina (1812). L'empereur lui conféra la couronne de fer et le fit comte d'Empire avec diverses dotations. Pourtant Rapp ne reçut pas les honneurs de premier rang que ses qualités exceptionnelles auraient mérités.

Vous voilà, monsieur le général Rapp, vous vous êtes bien fait désirer.

Alliez-vous souvent aux Tuileries ?...

Comment vous traitaient ces gens-là ?...

Cajolé d'abord, mis à la porte ensuite, voilà ce qui vous attendait tous.

1815

> Rapp fut l'aide de camp de Napoléon sans interruption de 1800 à 1814. Il hésita, plus que les autres, à se rallier à l'empereur après son retour de l'île d'Elbe. Pour cette raison, Napoléon, qui le reçut aux Tuileries le 22 mars 1815, lui adressa ces mots.

Je n'oublierai jamais ta conduite à la retraite de Moscou. Ney et toi, vous êtes du petit nombre de ceux qui ont l'âme fortement trempée. D'ailleurs, à ton siège de Dantzig, tu as fait plus que l'impossible.

Allons, un brave d'Égypte et d'Austerlitz ne peut m'abandonner ! Tu prendras le commandement de l'armée du Rhin.

1815

> *Pendant les Cent-Jours, l'empereur donna à Rapp le commandement en chef du 5ᵉ corps d'observation en Alsace, qui était destiné à devenir l'armée du Rhin pendant la campagne de 1815. Le général Rapp déploya une activité extraordinaire et il ne conclut une convention militaire avec l'ennemi que plus d'un mois après la bataille de Waterloo.*

※

REGNAULT Michel, ou REGNAUD DE SAINT-JEAN-D'ANGÉLY, ministre.

Quel dommage que Regnaud aime tant l'argent et les plaisirs qu'il procure ! Ce serait un ministre de l'intérieur comme jamais je n'en ai pu trouver un.

1811

> *D'une intelligence supérieure, travailleur exceptionnel et orateur remarquable, Regnault fut l'un des plus intéressants personnages de l'entourage de Napoléon qui aurait pu faire de lui un ministre de l'intérieur idéal. Toutefois ses immenses besoins d'argent et sa manière de vivre le condamnèrent aux yeux de l'empereur.*

※

REWBELL ou REUBELL Jean-François, membre du Directoire.

Il était l'un des meilleurs avocats de Colmar. Il avait l'esprit qui caractérise un bon praticien ; il influença presque toujours les délibérations, prenait facilement des préjugés, croyait peu à la vertu et était d'un patriotisme assez exalté. Il avait, comme les praticiens, un préjugé d'État contre les militaires.

1816

> *Élu en 1795, Rewbell fut l'un des cinq premiers directeurs. Il s'occupa de la politique étrangère et fut l'un des précurseurs de la politique d'expansion de la France. Le coup d'État du 18 Brumaire mit fin à sa carrière politique, car il refusa un poste dans le nouveau gouvernement et se retira à Colmar.*

※

ROBESPIERRE Maximilien de, grand révolutionnaire, chef du Comité de salut public pendant la Révolution française.

C'était un fanatique, un monstre ; mais il était incorruptible et incapable de voter ou de causer la mort de qui que ce fût par inimitié personnelle ou par désir de s'enrichir. C'était un enthousiaste, il croyait agir selon la justice, et il ne laissa pas un sou après sa mort.

1817

> *Dans sa jeunesse, Napoléon admira Robespierre qui fut la figure la plus marquante et la plus mystérieuse de la Révolution française.*
> *À Sainte-Hélène, devant O'Meara, l'empereur prétendit qu'il avait vu des lettres de Robespierre (adressées à son frère Augustin) où il dénonçait les excès de la Terreur.*

※

ROEDERER Pierre Louis, comte, conseiller d'État, sénateur.

Plus on l'approche, plus on le respecte. On le trouve plus grand que soi quand il parle, quand il pense, quand il agit.

1801

> *Après le coup d'État de Brumaire, Roederer devint un des intimes du premier consul. Avec le temps leurs relations se refroidirent et, en 1806,*

Roederer devint ministre des Finances de Joseph Bonaparte, roi de Naples ; puis, en 1810, il fut nommé ministre-secrétaire d'État du grand duché de Berg. Pendant les Cent-Jours, Napoléon l'envoya comme commissaire extraordinaire dans plusieurs divisions militaires.

※

SAINT-HILAIRE Louis Joseph Vincent LE BLOND de, comte, général.

Le général Saint-Hilaire, blessé au commencement de l'action, est resté toute la journée sur le champ de bataille et s'est couvert de gloire.

1815

> *À Las Cases.*
> *À la bataille d'Austerlitz (1805), le général Saint-Hilaire, avec la division Vandamme, donna l'assaut du plateau de Pratzen. Blessé à la tête, il fut décoré du grand aigle de la Légion d'honneur. Il se distingua à Iéna (1806) et à Eylau (1807) où sa division fit des prodiges. À Essling (1809), il fut gravement blessé et mourut à Vienne un peu plus tard, sans avoir reçu le bâton de maréchal que Napoléon lui avait promis au cours de la même campagne, après la bataille de Ratisbonne.*

Ceux-là [Lannes et Saint-Hilaire] n'eussent pas été infidèles à la gloire du peuple français.

1817

> *À Las Cases.*
> *Rappelant le destin de ces deux grands généraux qui moururent des blessures qu'ils reçurent à la bataille d'Essling (1809) avant la victoire de Wagram.*

※

SAVARY Anne, duc de Rovigo, ministre de la police, général.

Il ne faut pas laisser entrevoir à Savary l'opinion que j'ai de son incapacité.

1808

> *D'un zèle intempestif et maladroit, Savary fut l'aide de camp de Bonaparte qui lui confia des enquêtes et des missions délicates. Il fut chargé, en 1804, de surveiller l'enlèvement, le jugement et l'exécution du duc d'Enghien. Tout au long de sa carrière près de l'empereur, Savary eut pour habitude d'obéir, non de réfléchir.*

Savary est un homme secondaire, qui n'a pas assez d'expérience et de calme pour être à la tête d'une grande machine. Du reste, c'est un homme d'énergie, de zèle et d'exécution.

1808

> *Sans avoir rien d'un diplomate, Savary fut désigné par l'empereur comme envoyé spécial à Saint-Pétersbourg en 1807, où il fut mal reçu à la cour du tsar. Nommé duc de Rovigo en 1808, il sut, avec perfidie, convaincre la famille royale espagnole d'accepter de se rendre à Bayonne pour rencontrer Napoléon.*

Savary, le génie n'est pas du ressort de la police ! Dans l'intérêt de ma gloire et dans celui de votre honneur, ne tourmentons pas les muses.

1810

> *Napoléon défendit le poète Jacques Delille devant Savary, ministre de la police, qui persécutait l'écrivain malgré l'intervention de Fontanes et de Chaptal.*

Si on le laissait faire, il mettrait bientôt le feu à la France.

1817

> *À Bertrand.*

OPINIONS

> *À Sainte-Hélène, Napoléon jugeait sévèrement le dévouement sans clairvoyance de Savary.*
>
> *Savary, prenant la succession de Fouché au ministère de la police générale le 3 juin 1810, arrêta sans pitié, parmi d'autres, des prêtres aux sermons allusifs et beaucoup d'écrivains ; sous son ministère, en quatre ans, s'ouvrirent six nouvelles prisons d'État.*

Les mouvements de Savary font hausser les épaules aux hommes qui raisonnent.

1817

> *À Bertrand.*
> *Général de division en 1805, Savary montra du courage dans la campagne de Prusse (1806) et à Friedland (1807) ; mais, chargé du commandement des troupes en Espagne, il laissa de tristes souvenirs.*

※

SCHERER Barthélemy Louis Joseph, général, ministre de la guerre.

J'ai été particulièrement satisfait de la franchise et de l'honnêteté du général Scherer. Par sa conduite loyale et par son empressement à me donner tous les renseignements qui peuvent m'être utiles, il a acquis des droits à ma reconnaissance.

1796

> *Le général Scherer, nommé commandant en chef de l'armée d'Italie en 1795, fut vainqueur à Pastrengo mais vaincu quelques jours plus tard à Magnano. Il fut le prédécesseur du général Bonaparte dans sa première campagne d'Italie.*

Il était impossible de mieux « parler » guerre, mais il n'entendait rien à la guerre.

1818

> *À Bertrand.*

Scherer fut ministre de la guerre avant de prendre le commandement de l'armée d'Italie. Après le 18 Brumaire, il ne fut pas compris dans la réorganisation de l'état-major général, et il ne joua plus, dès lors, aucun rôle militaire.

✣

SÉRURIER Jean Mathieu Philibert, comte, maréchal.

Sérurier avait conservé toutes les formes et la rigidité d'un major. Il était fort sévère sur la discipline et passait pour aristocrate... Il était brave, intrépide de sa personne, mais peu heureux. Il avait moins d'allant que les précédents [généraux Masséna et Augereau], mais il les dépassait par la moralité de son caractère et la sagesse de ses opinions politiques.

1817

Le général remplaça Masséna en Italie en 1794, puis il servit sous les ordres de Bonaparte. De retour en France, Sérurier fut le commandant du détachement qui protégea Saint-Cloud le jour du coup d'État du 18 Brumaire. Nommé sénateur, puis maréchal de la première promotion en 1804 et enfin gouverneur des Invalides, il resta fidèle à Napoléon lors des Cent-Jours. Il fut destitué par la Restauration, mais remis en activité en 1819, quelques mois avant sa mort.

✣

SIEYÈS Emmanuel Joseph, consul provisoire.

La conduite de Sieyès prouve parfaitement qu'après avoir couru à la destruction de toutes les Constitutions depuis 1791 il veut encore s'essayer contre celle-ci... Il devrait faire brûler un cierge à Notre-Dame pour s'être tiré de là heureusement.

1801

En 1799, Sieyès entrait au Directoire en remplacement de Rewbell. Il en devint le maître, passant pour un pur intellectuel fort apprécié et n'ayant pour rival que Barras. Après le coup d'État du 18 Brumaire il fut nommé consul avec Bonaparte et Roger Ducos, mais, ne pouvant imposer ses idées constitutionnelles, il abandonna la première place à Bonaparte, se laissant écarter des véritables fonctions d'autorité. Au Sénat, voyant son rôle terminé, Sieyès cessa de participer aux séances, ce qui mit fin à sa constante opposition à Bonaparte.

À la première occasion il tournerait aux Orléans.

1804

Premier consul, Bonaparte confia à Roederer qu'il savait que dans les assemblées, les premières années du Consulat, des gens conspiraient pour la restauration d'une monarchie orléaniste et, parmi eux, il soupçonna l'ex-directeur Sieyès, devenu président du Sénat.

Sieyès était l'homme du monde le moins propre au gouvernement mais essentiel à consulter, car quelquefois il avait des aperçus lumineux et d'une grande importance.

1816

Sieyès eut, au début du Consulat, une grande influence politique grâce aux nombreuses nominations effectuées par son entremise en faveur de révolutionnaires modérés et de personnalités du monde des lettres et des sciences.

🐝

SMITH William Sidney, amiral anglais.

Smith est un jeune fou qui veut faire sa fortune et cherche à se mettre souvent en évidence... C'est, au reste un homme capable de toutes les folies et auquel il ne faut jamais prêter un projet profond et raisonné.

1799

Sidney Smith, placé sous les ordres de Nelson pendant l'expédition d'Égypte, aurait proposé à Bonaparte de se battre en duel avec lui pen-

dant le siège de Saint-Jean-d'Acre, ville qu'il défendit habilement contre les Français.

SOUHAM Joseph, général.

Que voulez-vous encore de moi ? Vous voyez bien que je ne vous connais pas.

1814

> *Le général, cherchant à s'expliquer, fut reçu avec indignation par l'empereur.*
> *La harangue du général Souham à Essonnes fut l'élément décisif qui fit passer à l'ennemi le corps d'armée du maréchal Marmont dans la nuit de 4 avril 1814, démoralisant toute l'armée. Cet événement contraignit Napoléon à l'abdication.*

SOULT Jean de Dieu Nicolas, duc de Dalmatie, maréchal.

Le premier manœuvrier d'Europe.

1805

> *Déclaration de l'empereur après la victoire d'Austerlitz où le maréchal Soult, avec le 4ᵉ corps d'armée, contribua peut-être le plus à la victoire finale par son audacieuse manœuvre et son attaque du plateau de Pratzen.*
> *Bon général, plein de sang-froid et vigilant, sa carrière se confondit avec l'histoire des campagnes de la Grande Armée. Les soldats l'appelaient « bras de fer ».*

Soult est un homme tout à fait supérieur mais trop ambitieux.

1813

Le caractère de Soult ne fut pas, semblait-il, à la hauteur de ses talents militaires : silencieux, dur dans les relations de service, il ne s'attacha à personne. Il fut l'un des maréchaux qui pillèrent dans les pays conquis, particulièrement en Espagne et au Portugal, où il s'enrichit fabuleusement.

Soult ne m'a pas servi à Waterloo autant qu'il eût été nécessaire. Son état-major, malgré tous mes ordres, n'était pas bien organisé. Berthier eût mieux fait.

1815

À Las Cases.

Comme chef de l'état-major de l'armée française à Waterloo, Soult donna de mauvaises directives qui contribuèrent à l'inaction de la cavalerie de Grouchy et du corps de Vandamme au moment décisif de la bataille.

En critiquant Soult, Napoléon rend un hommage posthume aux talents de son ex-chef d'état-major, le maréchal Berthier. Prenant sa suite, Soult fut moins efficace, et même insuffisant à Waterloo. Il aurait mieux valu comme général sur le champ de bataille.

Soult avait ses défauts et ses qualités : toute sa campagne du Midi de la France est très belle et, ce qu'on aura de la peine à croire, c'est avec son attitude et sa tenue qui indiquent un grand caractère.

1816

À Las Cases.

Après Austerlitz, le maréchal Soult se distingua à Iéna (1806) et à Eylau (1807). En Espagne, après le désastre de Vitoria (21 juin 1813), Soult réussit à rassembler les débris de l'armée française et à résister aux Anglais de Wellington, parvenant, devant des forces supérieures, à une retraite lente jusqu'à Toulouse où il livra un combat mémorable. Napoléon, à Sainte-Hélène, ne condamna pas le maréchal pour ses actions en Espagne, comme il l'avait fait pour d'autres.

※

STAËL, Germaine NECKER, baronne de STAËL-HOLSTEIN, dite Mme de, écrivain politique.

Avertissez cette femme que je ne suis pas un Louis XVI.

1802

> *Mme de Staël, écrivain de grand talent, fille de Necker, ex-ministre de Louis XVI, disait que Bonaparte était un « idéophobe ». Le premier consul, l'ayant appris, s'adressa à ses frères qui fréquentaient les salons réactionnaires de l'écrivain. Éprouvant à son égard une immédiate et violente aversion, Bonaparte lui fit comprendre que sa présence n'était pas souhaitée à Paris.*

Cette femme continue son métier d'intrigante. Elle s'est approchée de Paris malgré mes ordres. C'est une véritable peste… Cette femme est un vrai corbeau ; elle croyait la tempête déjà arrivée et se repaissait d'intrigues et de folies. Qu'elle aille dans son Léman.

1803

> *Bonaparte venait d'apprendre avec mécontentement le retour de Mme de Staël près de Beaumont-sur-Oise, alors que, contrainte à l'exil en 1803, elle ne pouvait s'approcher de la capitale à moins de quarante lieues.*
>
> *Au début du Consulat, l'écrivaine souhaita jouer un rôle auprès de Bonaparte, mais ses idées philosophiques, littéraires et politiques ne convenaient pas au premier consul. Elle fut exaspérée par l'élimination du Tribunat, en 1802, de son ami, l'écrivain Benjamin Constant. Mme de Staël mena, à partir de son château de Coppet, sur le lac Léman en Suisse, une vie de voyages et publia des œuvres critiquant Napoléon et tout particulièrement son système impérial.*

Je la laisse maîtresse d'aller à l'étranger où elle est fort maîtresse d'y faire autant de libelles qu'il lui plaira.

1803

En 1810, après la parution de son livre Corinne *qui mécontenta Napoléon, Mme de Staël fut condamnée à un exil définitif et ne pourra plus s'écarter légalement de Coppet et de Genève.*

Mme de Staël était ardente dans ses passions, furieuse et forcenée dans ses expressions. Sa demeure à Coppet était devenue un véritable arsenal contre moi ; on venait s'y faire armer chevalier. Elle s'occupait à me susciter des ennemis et me combattait elle-même.

1816

À Las Cases.

Tous les membres du « groupe de Coppet » (Benjamin Constant, Sismondi, Jordan, Byron, Monti, Gérando, etc.), créé et influencé par Mme de Staël, ont concouru à combattre Napoléon pendant toute la durée de son règne. Cette réunion de talents produisit un grand nombre de livres.

Il est vrai de dire que personne ne saurait nier qu'après tout Mme de Staël est une femme d'un très grand talent, fort distinguée, de beaucoup d'esprit : elle restera.

1816

À Las Cases.

Hommage tardif à cette écrivaine qui l'avait combattu activement et continuellement. Mme de Staël, poussée par ses amis, décida en 1812 de s'évader de Coppet et, passant par la Russie et la Suède, arriva en Angleterre, servant de lien dans certaines affaires de grande politique entre ces trois États.

※

SUCHET Louis Gabriel, duc d'Albufera, maréchal.

Je vois par votre lettre que vous êtes jaloux de gloire ; c'est le moyen de faire de grandes choses.

1800

> À la bataille de Novi (1799), le général Suchet prit le commandement de l'armée, remplaçant le général Joubert, mort pendant cette bataille.
> Il fut promu chef d'état-major après la victoire de Marengo (14 juin 1800).

Il a beaucoup ajouté à l'idée que j'avais de lui.

1802

> À Chaptal.
> Racontant que, à l'occasion d'un dîner en compagnie du général Suchet, celui-ci parla de la campagne de Henri IV en Normandie avec tant de compétence et de talent qu'on l'écouta avec admiration pendant une demi-heure sans dire un mot.

C'est là qu'il trouvera son bâton de maréchal.

1807

> Pendant la guerre en Espagne, Suchet pacifia l'Aragon et porta un coup décisif à la résistance espagnole en Catalonie par la prise de Tarragone, ce qui lui valut d'être nommé maréchal en 1811.

Il n'y a que Suchet qui soit bien à son affaire. Si j'avais deux généraux en chef comme lui à conduire mes troupes en Espagne, cette guerre serait déjà terminée.

1811

> En Espagne, Suchet réussit la conquête du royaume de Valence et fut nommé duc d'Albufera et gouverneur de pays de Valence. Aimé et obéi par l'armée, il rétablit l'ordre dans cette province.

Vous savez l'estime que je vous ai toujours portée depuis le siège de Toulon. J'ai vu avec plaisir la conduite patriotique que vous avez tenue dans ces dernières circonstances.

1815

> *Pendant les Cent-Jours, le maréchal Suchet se rallia à l'empereur après la fuite de Louis XVIII. Napoléon se demandait parfois si Suchet n'avait pas été le meilleur de tous les maréchaux d'Empire.*

C'est un homme qui, s'il était venu près de moi à Waterloo, aurait de suite tout compris... Si j'avais eu Suchet à la place de Grouchy, je n'aurais pas perdu Waterloo.

1816

> *Hommage, à Sainte-Hélène, aux qualités guerrières du maréchal Suchet.*
>
> *Pendant la campagne de 1815, le maréchal Grouchy, chargé par Napoléon de poursuivre Blücher et l'armée prussienne, n'était pas revenu à temps pour participer à la bataille de Waterloo. Pendant ce temps le maréchal Suchet était commandant de l'armée des Alpes avec mission de couvrir Lyon.*

※

TACITE, historien romain.

Ne me parlez pas de ce pamphlétaire qui a calomnié les empereurs. Il fait des scélérats profonds de tous les empereurs, sans faire admirer le génie qui les a pénétrés.

1808

> *Publius Cornelius Tacitus fut orateur et consul. Historien latin, il rédigea les annales et l'histoire des empereurs romains, couvrant la période de 14 à 97 après J.-C.*
>
> *Napoléon critiqua fréquemment Tacite (devant Canova, Wieland, Goethe, Narbonne, entres autres), disant que celui-ci avait terni l'image*

des Césars aux yeux de l'histoire en les rendant odieux par leurs débauches et leur cruauté, alors que Napoléon les considérait, d'Auguste à Dioclétien, comme de grands personnages.

※

TALLEYRAND-PÉRIGORD Charles Maurice de, prince de Bénévent, ministre des affaires étrangères.

Talleyrand est un philosophe, mais dont la philosophie sait s'arrêter à propos.

1799

> *Talleyrand fut nommé ministre des relations extérieures le 21 novembre 1799, deux semaines après l'installation de Bonaparte au pouvoir. Il détiendra ce portefeuille jusqu'en 1807.*
> *Avant le coup d'État du 18 Brumaire, Napoléon ignorait encore les vraies possibilités de Talleyrand, mais, empereur, il devait les apprendre à ses dépens.*

Venez me voir, vous savez tout ce que je ne sais pas, comme je sais tout ce vous ne savez pas.

1800

> *À Talleyrand, dans les premiers jours du Consulat, essayant de l'approcher et de s'instruire auprès de lui.*

Dites-lui donc que l'ancien monde était bien corrompu : vous en savez quelque chose, n'est-ce pas ?

1802

> *S'entretenant avec Livingstone, le ministre des États-Unis à Paris, le premier consul se tourna brusquement vers Talleyrand en l'interpellant*

Je l'ai couvert d'honneurs, de richesses, de diamants. Il a employé tout cela contre moi ! Il m'a trahi autant qu'il le pouvait à la première occasion qu'il a eue de le faire.

1807

> *À Roederer.*
> *Napoléon expliquait que, pendant l'Empire, Talleyrand était devenu très riche, car il touchait un revenu de 40 000 francs comme grand chambellan. Comme vice-grand électeur, prince de Bénévent et grand aigle de la Légion d'honneur, il recevait encore près d'un demi-million de francs par an. Les rois de Bavière et de Wurtemberg connaissaient la rapacité de Talleyrand, et il est possible que leurs plaintes influencèrent la décision de l'empereur de le remplacer au ministère des relations extérieures en 1807. Pourtant Napoléon commit l'erreur de maintenir Talleyrand comme membre du conseil privé.*

Vous êtes un voleur, un lâche, un homme sans foi ; vous avez toute votre vie trompé, trahi tout le monde ; vous vendriez votre père. Je vous ai comblé de biens, et il n'y a rien dont vous ne soyez capable contre moi. Vous mériteriez que je vous brisasse comme du verre ; j'en ai le pouvoir, mais je vous méprise trop pour en prendre la peine... Oh, tenez, vous êtes de la merde dans un bas de soie !

1809

> *S'adressant avec véhémence à Talleyrand au conseil des ministres tenu au palais des Tuileries pendant le fameux « orage » impérial du 28 janvier 1809, devant Cambacérès, Fouché, Lebrun et Decrès. Malgré tout cela, Talleyrand continua à trahir, et il ne pardonna jamais cette scène à l'empereur.*

Comment voulez-vous que cet homme ne soit pas riche, ayant vendu tous ceux qui l'ont acheté ?

1810

> *Outre ses énormes revenus, la cupidité n'a pas empêché Talleyrand de recevoir de grandes sommes d'argent de la Russie, de l'Autriche et de l'Angleterre. Par exemple, il réclama à Metternich trois ou quatre cent*

> *mille francs en 1809, et au tsar Alexandre quinze cent mille francs en 1810.*

Nous n'étions pas toujours du même avis, Talleyrand et moi ; il lui est arrivé plus d'une fois de m'en donner de bons.

1810

> *Réflexion positive concernant les qualités politiques de Talleyrand, rapportée dans les* Mémoires *du comte Mollien.*

C'est un homme d'intrigue, d'une grande immoralité, mais avec beaucoup d'esprit et, certes, le plus capable des ministres que j'aie eus.

1812

> *À Caulaincourt, pendant la retraite de Russie.*

Non que je ne rende justice à ses talents. C'est l'homme qui a le plus de vues et d'adresse, mais c'est de l'or à côté de la merde.

1813

> *Réponse à Caulaincourt qui conseillait à l'empereur, à cette époque, de se réconcilier avec Talleyrand.*

Vous êtes l'homme le plus méprisé de l'Empire.

1813

> *Après avoir couvert Talleyrand d'injures le 10 novembre 1813, l'empereur lui proposa, huit jours après, de reprendre la direction des relations extérieures. L'ancien ministre, se vengeant de l'humiliation qu'il avait publiquement subie, refusa avec un calme impassible.*

C'est sûrement le plus grand ennemi de notre maison à présent que la fortune m'abandonne depuis quelque temps.

1814

À son frère Joseph Bonaparte.
Présidant le gouvernement provisoire après le vote de déchéance de l'empereur au Sénat, Talleyrand obtint l'accord des alliés pour le rétablissement des Bourbons en France.

Il n'a jamais été pour moi éloquent ni persuasif ; il roulait beaucoup et longtemps autour de la même idée. Il était si adroitement évasif et divagant qu'après des conversations de plusieurs heures il s'en allait, ayant échappé souvent aux éclaircissements ou aux objets que je m'étais promis d'en obtenir lorsque je l'avais vu arriver.

1816

À Las Cases, à Sainte-Hélène.
Napoléon évoquait les talents de conversation de Talleyrand dont il appréciait toujours la finesse et la perspicacité.

🐝

TURENNE Henri de LA TOUR D'AUVERGNE, vicomte de, maréchal général de France.

Turenne est le plus grand général français. Contre l'ordinaire, il a pris de l'audace en vieillissant ; ses dernières campagnes sont superbes.

1817

À Gourgaud.
À Sainte-Hélène, Napoléon justifiait sa grande admiration pour le maréchal Turenne.
Turenne reçut le bâton de maréchal de France en 1643 après les brillants combats de Quiers, Casal, Turin et Trino. Il vainquit les plus grands guerriers de son temps : Gallas (Jouvelle, 1636), Montecuccoli (Sommershausen, 1647), Condé (des Dunes, 1658) et le duc de Lorraine (Ensheim, 1674). En 1660 il fut nommé maréchal général des camps et armées du roi. Il fut tué par un boulet pendant la bataille décisive de Sasbach (1675) à l'âge de 64 ans. Quatre chefs de guerre français seule-

ment reçurent le titre de maréchal général de France en récompense de leurs bons services : Turenne, Villars, Saxe et plus tard Soult.

※

VANDAMME Dominique, comte d'Unsebourg, général.

Pillard comme un enragé mais brave comme un César.

1805

> *Noté par Constant.*
> *Après Austerlitz, l'empereur, qui se trouvait déjà à Paris, reçut beaucoup de plaintes contre les exactions du général Vandamme qui se trouvait alors à Lanza.*

Si j'avais deux Vandamme, j'en ferais fusiller un, mais je n'en ai qu'un et je le garde pour moi.

1809

> *Quand le maire de Boulogne vint se plaindre à Napoléon que Vandamme avait occupé irrégulièrement sa maison, Napoléon lui répondit par cette boutade. Néanmoins il mettra Vandamme aux arrêts pendant 24 heures.*
> *Général de division à 29 ans, Vandamme se distingua à Stockach (1800), à Donauwörth (1805), à Austerlitz (1805) où sa participation fut brillante, dans la guerre contre la Prusse (1806) et à Eckmühl (1809), commandant le 8ᵉ corps de la Grande Armée.*
> *À cause de son caractère, et à la suite de la défaite à Kulm (1813) – dont il ne fut pas complètement responsable –, le bâton de maréchal ne lui fut pas accordé.*
> *Le général Vandamme était connu pour ses manières brusques et cassantes et pour son tempérament ombrageux et bouillant qui lui attirèrent beaucoup d'ennemis.*

※

VICTOR, Claude PERRIN, dit, duc de Bellune, maréchal.

Nous sommes redevable au courage du 8ᵉ bataillon de grenadiers et au sang-froid du général de brigade Victor d'être sortis à si bon marché de ce combat inégal.

1796

> L'avant-garde autrichienne, commandée par Ott, culbuta à Cerea (11 septembre 1796) celle de Masséna, mais quatre jours plus tard le général Victor, menant l'attaque, sauva la situation.

Victor est meilleur qu'on ne suppose. Au passage de la Berezina, il avait tiré très bon parti de son corps.

1817

> À Gourgaud.
> Le général se fit particulièrement remarquer à Mondovi (1796), à Marengo (1800) et en Espagne (1808 et 1809). Il reçut le bâton de maréchal en récompense de sa brillante conduite à Friedland (1807).
> La défense héroïque du maréchal Victor pendant la retraite de Russie en 1812, luttant contre les 30 000 soldats russes commandés par le général Wittgenstein sur la Berezina, permit le passage des restes de l'armée française.
> Pendant la campagne de 1813, Victor contribua de façon décisive à la victoire de Dresde et prit part aux batailles de Leipzig et de Hanau. Durant la campagne de France (1814), il fut chargé du ministère de la guerre.

※

VILLENEUVE Pierre Charles de, vice-amiral.

Le désastre de Trafalgar, je le dois uniquement à la désobéissance de l'amiral Villeneuve.

1815

> Au bord du Northumberland en route vers Sainte-Hélène, l'empereur expliqua à l'amiral anglais Cockburn ses efforts pour doter la France

d'une marine puissante. Ils parlèrent aussi de l'action de l'amiral Villeneuve, qui, en juillet 1805, au lieu de remonter vers Brest où l'amiral Ganteaume l'attendait, se replia sur Cadix où il resta bloqué par la flotte anglaise commandée par Nelson. Ce contretemps mit fin au projet d'invasion de l'Angleterre. Assailli par les ordres de Napoléon, mal secondé par Dumanoir et Gravina, et ayant des équipages insuffisants et sans entraînement, l'amiral sortit la flotte française le 21 octobre au large du Trafalgar où il subit une défaite désastreuse.

※

VISCONTI, marquise.

Il n'est point de sage projet dont ne se rie la fortune.

1808

> *Le maréchal Berthier fut, durant des années, follement épris de la marquise Visconti. Celle-ci, mariée et ne pouvant légitimer sa longue liaison avec le maréchal, le poussa à obéir à l'ordre de l'empereur de se marier avec la duchesse Marie-Élisabeth de Bavière. Mais le marquis Visconti mourut quelques jours après ce mariage, laissant les amants inconsolables.*

Toujours belle, toujours belle !

1808

> *Se moquant gentiment de Mme Visconti quand il l'apercevait aux Tuileries.*

※

WALEWSKA, comtesse Marie, née Maria LACZINSKA.

Une femme charmante, un ange ! C'est bien d'elle qu'on peut dire que son âme est aussi belle que sa figure.

1816

> *À Las Cases.*
> *Évoquant, à Sainte-Hélène, Marie Walewska qui lui avait inspiré un attachement profond.*
> *Après la bataille d'Eylau (1807), elle le rejoignit à Finkenstein, où ils passèrent des semaines paisibles et heureuses. En 1809, elle se retrouva encore quelques semaines auprès de l'empereur à Schönbrunn à Vienne. Pendant l'exil à l'île d'Elbe, Marie lui rendit visite et, après Waterloo, elle demanda à partager l'exil de l'empereur. Leur fils illégitime Alexandre naquit à Walewice le 4 mai 1810.*

※

WELLINGTON, Arthur WELLESLEY, duc de, commandant en chef de l'armée anglaise, lord.

Si je juge les actions de Wellington d'après les dépêches, et surtout d'après sa conduite envers Ney, son procès et son exécution, je dois dire que c'est un homme de peu d'esprit, sans générosité ni grandeur d'âme. Wellington est un homme ordinaire. Il a été prudent et heureux, mais ce n'est pas un grand génie.

1817

> *À Gourgaud.*
> *La contribution personnelle de Wellington à la bataille de Waterloo (1815) fut d'avoir tiré admirablement parti du terrain pour le combat défensif qu'il prévoyait, et d'inspirer à ses troupes la confiance et la résolution de se battre jusqu'à la mort. Il parvint, secouru par Blücher, à retourner en sa faveur une situation qui paraissait désespérée.*

※

WREDE Karl Philipp, prince von, maréchal bavarois.

J'ai bien pu faire de Wrede un baron, mais non un bon général.

1816

À Las Cases.

La Bavière étant l'alliée de la France, Wrede commanda le corps bavarois dans la Grande Armée à Austerlitz (1805), à Wagram (1809) et en Russie (1812). Malheureusement la Bavière se retourna contre Napoléon pendant la campagne de 1813, et Wrede, à la bataille de Hanau (après Leipzig), malgré sa supériorité numérique, ne put empêcher la retraite de l'armée française. Durant la campagne de France (1814), il remporta plusieurs victoires.

BIBLIOGRAPHIE

Vivant, Napoléon a manqué le monde ; mort, il le conquiert.

René de Chateaubriand, *Mémoires d'outre-tombe*

Abott J.S.C., *The History of Napoléon Bonaparte*, 2 vol., Harper and Broth, 1855.

Abrantes L. (duchesse d'), *Mémoires*, 18 vol., Éd. Ladvocat, 1834-1835.

Advielle V., *La bibliothèque de Napoléon à Sainte-Hélène*, Éd. Lechevalier, 1894.

Aly Saint-Denis (dit Mamelouk), *Souvenirs sur l'empereur Napoléon*, Éd. Payot, 1926.

Aronson T., *The Golden Bees*, Ed. New York Graphic Society, 1964.

Aubry O., *Sainte-Hélène*, 2 vol., Flammarion, 1935.

Aubry O., *La vie privée de Napoléon*, Éd. Tallandier, 1978.

Aulard A., *Paris sous le Consulat*, 4 vol., Cerf, Nobblet, Quentin, 1903-1904.

Aulard A., *Napoléon et le monopole universitaire*, A. Colin, 1911.

Bainville J., *Vie de Napoléon. Les débuts. Le Consulat. L'Empire*, Flammarion, 1935.

Balzac H. de, *Napoléon. Récits et épisodes du Premier Empire*, tirés de *La comédie humaine*, Librairie universelle, 1913.

Balzac H. de, *Napoléon et son époque*, Éd. Colbert, 1943.

Barral G., *Napoléon Ier : Allocutions et proclamations militaires*, Flammarion, 1896.

Bausset L.F.J. de, *Mémoires anecdotiques sur l'intérieur du palais et sur quelques événements de l'Empire depuis 1805 jusqu'au 1er mai*

1814, pour servir à l'histoire de Napoléon, 4 vol., Levasseur, 1827-1829.

Beauharnais E. (prince de), *Mémoires et correspondance politiques et militaires*, 10 vol., Michel-Lévy, 1858-1860.

Bergeron L., *L'épisode napoléonien*, Seuil, 1972.

Bertaut J., *Napoléon Ier aux Tuileries*, Hachette, 1949.

Bertaut J., *Napoléon ignoré*, Sfelt, 1951.

Bertaut J., *La France de Napoléon*, Messidor, 1987.

Bertin E., *La société du Consulat et de l'Empire*, Hachette, 1890.

Bertrand HG., *Cahiers de Sainte-Hélène. Journal (1816-1821)*, 4 vol., A. Michel, 1951.

Beugnot J.-C., *Mémoires inédits (1783-1815)*, 2 vol., Dentu, 1866.

Bourdon J., *Napoléon au Conseil d'État*, Berger-Levrault, 1963.

Bourdonove G., *Napoléon*, Pygmalion, 1978.

Bourgoing P. (baron de), *Souvenirs d'histoire contemporaine, Épisodes militaires et politiques*, Dentu, 1864.

Brice R. (médecin général), *Le secret de Napoléon*, Payot, 1936.

Broglie A. V., *Souvenirs*, Calmann-Lévy, 1886.

Browning O., *Napoleon, the First Phase*, John Lane Co, 1907.

Browning O., *The Fall of Napoleon*, John Lane Co, 1907.

Cabanes, *Napoléon jugé par les Anglais*, Vivien, 1901.

Cabanes, *Dans l'intimité de l'empereur Napoléon, ses habitudes étudiées d'après les textes de l'époque*, Albin Michel, 1924.

Cambacérès J.-J., *Lettres inédites à Napoléon (1802-1814)*, 2 vol., Klincksieck, 1973.

Cambon V., *Comment parlait Napoléon*, La Force française, 1921.

Castellane B., *Journal*, 5 vol., Plon-Nurit, 1899-1897.

Castelot A., *Le drame de Sainte-Hélène*, Perrin, 1959.

Castelot A., *I. Bonaparte ; II. Napoléon*, Perrin, 1967.

Castelot A., Decaux A., général Kœnig : *Le livre de la famille impériale*, Perrin, 1969.

Castelot A., *Histoire de Napoléon Bonaparte*, 10 vol., Librairie Tallandier, 1969.

Castelot A., *Grande histoire illustrée de Napoléon*, 3 vol., Perrin, 1989.
Caulaincourt A., *Mémoires*, 3 vol., Plon, 1933.
Chandler D., *The Campaigns of Napoleon*, Weidenfeld & Nicolson, 1966.
Chandler D., *Dictionary of the Napoleonic Wars*, McMillan Publ. Co., 1979.
Chaptal (comte), *Mes souvenirs sur Napoléon*, Plon, 1893.
Chasse Ch., *Napoléon vu par les écrivains*. Chateaubriand, Mme de Staël, Benjamin Constant, etc., Hachette, 1921.
Chardigny L., *L'homme Napoléon*, Perrin, 1987.
Chardigny L., *Les maréchaux de Napoléon*, Tallandier, 1977.
Charpentier J., *Napoléon et les hommes de lettres*, Mercure, 1935.
Chateaubriand R. de, *Mémoires d'outre-tombe*, 6 vol., Garnier, 1947.
Christopher H., *Un historien américain analyse le monde à l'heure de Napoléon*, Perrin, 1969.
Chuquet A., *Ordres et apostilles de Napoléon Ier*, 4 vol., Champion, 1911-1912.
Chuquet A., *Inédits napoléoniens*, 2 vol., Fontemoing, 1913, 1919.
Cronin V., *Napoléon*, Penguin Books Ltd, 1979.

Dard E., *Dans l'entourage de l'Empereur*, Plon, 1940.
Deburat R., *Napoléon et les manuels d'histoire*, André Lavaud, 1956.
Decaux A., *Letizia, mère de l'Empereur*, Fayard, 1959.
Dechamps J., *Sur la légende de Napoléon*, Champion, 1931.
Driault E., *Napoléon et l'Europe. La chute de l'Empire. La légende de Napoléon (1812-1815)*, Félix Alcan, 1925-1926.
Dufraisse R., *Napoléon*, « Que sais-je ? », PUF, 1987.
Dupont M., *Napoléon et la trahison des maréchaux*, Hachette, 1939.
Durant W. & A., *The Age of Napoleon*, Simon & Schuster, 1975.

Estre H. d', *Bonaparte*, 2 vol., Plon, 1942-1944.

Fain A.J.F. (baron), *Le manuscrit de 1813*, Delaunay, 1824.
Fain A.J.F. (baron), *Le manuscrit de l'an III*, Dupont, 1828.

Fain A.J.F. (baron), *Mémoires*, Plon, 1909.
Fievee J., *Correspondance et relations de J. Fievee avec Bonaparte pendant onze années (1802-1813)*, 3 vol., A. Desrez, 1836.
Fleischmann F., *Victor Hugo, Waterloo, Napoléon, documents recueillis, publiés et annotés*, Méricaut, 1912.
Fleischman T., *L'épopée impériale*, Perrin, 1964.
Fournier A., *Napoléon premier*, 2 vol., Bouillon, 1891-1892.
Forsyth W., *History of the Captivity of Napoleon at St Helena*, 3 vol., Harper & Bros., 1853.
Fouché J., *Mémoires de Joseph Fouché, duc d'Otrante, ministre de la police générale*, 2 vol., Flammarion, 1945.

Gabourd A., *Histoire de l'empereur Napoléon Ier*, Mame & Tours, 1853.
Ganges B., *Le génie de Napoléon*, Pedone, 1897.
Garros L., *Quel roman que ma vie ! Itinéraire de Napoléon Bonaparte*, Éd. de l'Encyclopédie française, 1947.
Garros L., *Napoléon, cet inconnu*, Beaudart, 1950.
Gaudin M. (duc de Gaëte), *Mémoires*, 2 vol., Baudouin, 1826.
Gautier P., *Madame de Staël et Napoléon*, Plon, 1903.
Godechot J., *Napoléon*, Albin Michel, 1969.
Gourgaud G. (baron), *Napoléon et la Grande Armée en Russie*, P. Bossange, 1825.
Gourgaud G. (baron), *Journal de Sainte-Hélène (1815-1818)*, 2 vol., Flammarion, 1947.
Grandmaison G., *L'Espagne et Napoléon*, 3 vol., Plon, 1908-1931.
Gray D., *In the Words of Napoléon*, Troy State Univ. Press, 1977.
Guillemin H., *Madame de Staël et Napoléon*, Édition du Senil, 1987.
Guillois A., *Napoléon, l'homme, le politique, l'orateur*, 2 vol., Perrin, 1889.

Hamel E., *Histoire du Premier Empire*, E. Dentu, 1882.
Hauterive E., *La police secrète du Premier Empire*, 3 vol., Perrin, 1922.

BIBLIOGRAPHIE

Hohlwein H., *Napoléon Bonaparte*, W. Keller & Co., 1964.
Hortense (reine), *Mémoires*, 3 vol., Plon, 1927.
Houssaye H., *1814,* Perrin, 1903.
Hugo A., *Histoire de l'empereur Napoléon*, Perrollin, 1833.
Hugo J.L.S., *Mémoires,* 3 vol., Ladvocat, 1823.

Kembel J., *Napoléon immortel,* J. Murray, 1959.
Kielmannsegge C. (de), *Mémoires sur Napoléon Ier*, 2 vol., P. Attinger, 1928.
Kircheisen F., *Napoléon,* 2 vol., Plon, 1934.

Lachouque H., *Napoléon, 20 ans de campagnes*, P. Arthaud, 1969.
Lacroix D., *Histoire de Napoléon*, Librairie Garnier frères, 1892.
Lanfrey P., *Histoire de Napoléon Ier*, 6 vol., Charpentier, 1869.
Lanson B., *Histoire de la littérature française*, Hachette, 1908.
Larrey D.J., *Mémoires de chirurgie militaire, et campagne*, 6 vol., J. Smith, 1812.
Las Cases E., *Mémorial de Sainte-Hélène*, 2 vol., Flammarion, 1951.
Latreille A., *L'ère napoléonienne*, A. Colin, 1974.
Lejeune L.F., *Mémoires,* 2 vol., Didot, 1895.
Lenotre G., Castelot A., *18 Brumaire*, Perrin, 1963.
Levy A., *Napoléon et la paix*, Plon, 1902.
Levy A., *Napoléon intime*, Calmann-Lévy, 1932.
Lockhart J.G., *The History of Napoleon Bonaparte*, Dutton & Co., 1930.
Lucas-Dubreton J., *Napoléon,* Fayard, 1942.
Lucas-Dubreton J., *La France et Napoléon*, Hachette, 1947.
Lucas-Dubreton J., *Le culte de Napoléon*, Albin Michel, 1959.
Ludwig E., *Napoléon,* Payot, 1985.

Macdonald E., *Souvenirs du maréchal Macdonald, duc de Tarente*, Plon, 1892.
Machiavel N., *Le prince (avec les commentaires de Napoléon)*, Jean de Bonnot, 1985.

Madelin L., *La France et l'Empire*, Plon, 1901.
Madelin L., *Histoire du Consulat et de l'Empire*, 16 vol., Hachette, 1976.
Marbot J.B. (baron de), *Mémoires*, 3 vol., Plon, 1891.
Marbot J.B. (baron de), *En campagne avec Napoléon*, Flammarion, 1959.
Marchand L.J., *Mémoires*, 2 vol., Plon, 1952.
Marquiset A., *Napoléon sténographié au Conseil d'État (1804-1805)*, Champion, 1913.
Martel T., *Mémoires et œuvres de Napoléon*, Albin Michel, 1926.
Massin J., *Napoléon Bonaparte. L'œuvre et l'histoire*, Club français du livre, 1969.
Masson F., *Napoléon inconnu*, 2 vol., Ollendorf, 1895.
Masson F., *Napoléon chez lui*, Ollendorf, 1902.
Masson F., *Jadis*, 2 vol., Éd. soc. d'éditions littéraires et artistiques, 1905.
Masson F., *Sur Napoléon*, Ollendorf, 1909.
Masson F., *Napoléon et les femmes*, Ollendorf, 1910.
Masson F., *Napoléon et sa famille*, 13 vol., Ollendorf, 1919.
Masson F., Biaggi G., *Napoléon, manuscrits inédits (1786-1791)*, Albin Michel, 1927.
Mauguin G., *La gaieté, l'esprit et l'humour de Napoléon*, Peyrondet, 1957.
Meneval C.-F. (de), *Mémoires pour servir à l'histoire de Napoléon Ier depuis 1802 jusqu'à 1815*, 3 vol., Dentu, 1893.
Metternich C. (prince de), *Mémoires et documents divers*, Plon, 1880.
Miot de Melito, *Mémoires*, 3 vol., Michel Lévy, 1873.
Miquel P., *La campagne de France de Napoléon*, Christian de Bartillat, 1991.
Mistler J., *Napoléon*, 2 vol., Hachette, 1968.
Molé M.L., *Souvenirs d'un témoin de la Révolution et de l'Empire*, Éd. du Milieu du monde, 1943.
Mollien N., *Mémoires d'un ministre du trésor public*, 3 vol., Guillaumin, 1898.

BIBLIOGRAPHIE 435

Montholon C. (Comte), *Récits de la captivité de l'empereur Napoléon à Sainte-Hélène*, 2 vol., Paulin, 1847.
Montholon (comtesse de), *Souvenirs de Sainte-Hélène (1815-1816)*, E. Paul, 1901.

Napoléon Ier, *Correspondance*, 26 vol., Imp. impériale, 1858.
Napoléon Ier, *Commentaires*, 6 vol., Imp. impériale, 1867.
Napoléon Ier, *Allocutions et proclamations militaires*, Flammarion, 1896.
Napoléon Ier, *Lettres inédites*, 2 vol., Plon, 1897.
Napoléon Ier, *Préceptes et jugements*, Berger-Levrault, 1913.
Napoléon Ier, *Documents, discours, lettres*, Insel-Verlag, Leipzig, 1921.
Napoléon Ier, *Vues politiques*, Fayard, 1939.
Napoléon Ier, *L'art de la guerre*, 4 vol., Au Club de l'honnête homme, 1965.
Norvins J. (de), *Histoire de Napoléon*, 4 vol., Dupont, 1829.

O'Meara B., *Napoleon at St Helena*, R. Bentley & Son, 1888.

Pasquier E., *Souvenirs (1767-1815)*, Hachette, 1964.
Pelet de la Lozère, *Opinions de Napoléon sur divers sujets de politique et d'administration, recueillies par un membre du Conseil d'État*, Firmin-Didot, 1833.
Percy P.F., *Journal des campagnes du baron Percy, chirurgien en chef de la Grande Armée* (réédition de l'édition originale de 1904), Tallandier, 1986.
Perivier A., *Napoléon journaliste*, Plon-Nourrit et Cie, 1918.
Picard E., *Préceptes et jugements de Napoléon*, Berger-Levrault, 1913.
Picard E., Tuetey L., *Correspondance inédite de Napoléon Ier, conservée aux Archives de la guerre*, H.C. Lavauzelle, 1912-1913.
Pradt D. (abbé de), *L'histoire de l'ambassade dans le grand-duché de Varsovie en 1812*, Pillet, 1815.
Proth M., *Bonaparte. Commediante-Traggediante*, Chevalier, 1869.

Rapp J., *Mémoires du général Rapp, aide de camp de Napoléon*, Bossange, 1823.

Ravignant P., *Napoléon pas à pas*, Pierre Horay, 1969.

Ravignant P., *Ce que Napoléon a vraiment dit*, Stock, 1969.

Real P.F., *Les indiscrétions d'un préfet de police de Napoléon*, 2 vol. (réédition de l'édition originale de 1835), Tallandier, 1911.

Ressi M., *Dictionnaire des citations de l'histoire de France*, Éd. du Rocher, 1990.

Rochechouart L. (comte de), *Souvenirs sur la Révolution, l'Empire et la Restauration*, Plon, 1933.

Rocquain F., *Napoléon et le roi Louis*, Firmin-Didot, 1875.

Roederer PL (comte), *Journal. Notes intimes et politiques d'un familier des Tuileries*, Daragon, 1909.

Roederer PL (comte), *Mémoires sur la Révolution, le Consulat et l'Empire*, Plon, 1942.

Sainte-Beuve, *Galerie des portraits historiques*, Garnier, 1833.

Savant J., *Les ministres de Napoléon*, Hachette, 1959.

Seeley J.R., *Courte histoire de Napoléon Ier*, Armand Colin and Co., 1887.

Ségur L. (comte de), *Histoire de Napoléon et de la Grande Armée pendant l'année 1812*, 2 vol., Baudouin, 1824.

Ségur L. (comte de), *La campagne de Russie*, Nelson, 1933.

Ségur L. (comte de), *Mémoires de 1800 à 1814*, 3 vol., Firmin-Didot, 1894-1895.

Sloane W.M., *The Life of Napoleon Bonaparte*, 4 vol., Mac Millan, 1849.

Sorel A., *L'Europe et la Révolution française*, 8 vol., Plon, 1942.

Stendhal (H. Beyle, dit), *Vie de Napoléon*, Champion, 1929.

Stendhal (H. Beyle, dit), *Mémoires sur Napoléon*, Champion, 1929.

Talleyrand (prince de), *Mémoires*, 5 vol., Calmann-Lévy, 1891.

Tarle E., *Bonaparte*, Knight Publ., 1937.

Tarle E., *Napoléon*, Payot, 1937.

Thouvenel L., *Le secret de l'Empereur*, Calmann-Lévy, 1889.
Thibaudeau AC, *Histoire de la France et de Napoléon Bonaparte de 1799 à 1815*, Renouard, 1835.
Thibaudeau AC, *Mémoires (1769-1820)*, 5 vol., Plon, 1910
Thibaudeau AC, *Mémoires (1799-1815)*, Plon, 1913.
Thiébault P., *Mémoires du général baron Thiébault*, 5 vol., Plon, 1910
Thiers A., *Histoire du Consulat et de l'Empire*, 20 vol., Paulin, 1845.
Thiry J., *L'avènement de Napoléon*, Berger-Levrault, 1959.
Thompson J.M., *Napoleon Bonaparte ; His Rise and Fall*, Blackwell, 1952.
Tomiche N., *Napoléon écrivain*, Armand Colin, 1952.
Tulard J., *Bibliographie critique des mémoires sur le Consulat et l'Empire écrits ou traduits en français*, Droz, 1971.
Tulard J., *Napoléon ou le mythe du sauveur*, Fayard, 1977.
Tulard J., *Napoléon et la noblesse d'Empire*, Tallandier, 1979.
Tulard J., *Le grand Empire, 1804-1815*, Albin Michel, 1982.
Tulard J., *Dictionnaire Napoléon*, Fayard, 1987.
Tulard J., Garros L., *Itinéraire de Napoléon au jour le jour*, Tallandier, 1992.

Vandal A., *Napoléon et Alexandre Ier*, 3 vol., Plon, 1898.
Vandal A., *L'avènement de Bonaparte*, 2 vol., Plon, 1903-1907.
Vox M., *Conversations avec Bonaparte*, Planète, 1967.

Walter G., *Le mémorial des siècles. XIXe siècle. Napoléon*, Albin Michel, 1969.

INDEX

INDEX
DES NOMS PROPRES *

Abensberg 165
Aboukir 85, 86, 87, 305, 363, 393
Abrantès (duc d'), voir Junot
Addington 253
Adige 166
Aix 79
Ajaccio 79
Albufera (duc d'), voir Suchet
Alexandre le Grand 93, 122, 195, 205, 221, 252
Alexandre (tsar) 150, 160, 166, 172, 175, 179, 180, 181, 182, 183, 185, 186, 190, 194, 228, 235, 262, [275], 276, 277, 283, 288, 296, 310, 311, 363, 397, 417
Alexandre (fils illégitime) 423
Alexandrie 85, 87, 92, 305, 342
Alkemaar 306

Allemagne 80, 81, 88, 138, 178, 183, 191, 196, 200, 280, 303, 345, 350, 365
Amérique 192, 238, 256, 258, 359
Amiens 108, 109, 112, 113, 114, 115, 224, 246, 253, 255, 294, 337, 338
Ancône 132
Andalousie 156
Angleterre 84, 88, 105, 106, 108, 109, 112, 113, 114, 115, 120, 127, 128, 138, 141, 144, 147, 160, 170, 178, 179, 183, 192, 197, 199, 217, 218, 224, 228, 229, 237, 240, 246, 253, 258, 263, 267, 268, 276, 294, 306, 313, 320, 324, 337, 338, 343, 367, 393, 413, 417, 422
Annunziata, voir Bonaparte (Caroline)
Antilles 246

* Les chiffres entre crochets renvoient aux pages du chapitre *Opinions*.

Antommarchi 261, [278]
Anvers 215
Aragon 414
Aranjuez 301
Archimède 233
Arcis-sur-Aube 205
Arcole 83, 279, 362, 363, 389
Aristote 122
Armide 374
Arnault 140
Arnott 268, 269
Asie 122
Aspern 173, 314
Astros 179
Asturies 302
Athènes 122, 179
Auerstedt 139, 140, 282, 290, 307, 322, 342
Augereau 98, 211, [279], 280, 361, 408
Augusta-Amélie 134, [280], 333
Austerlitz 128, 129, 130, 131, 132, 133, 138, 149, 150, 164, 189, 205, 220, 223, 235, 276, 282, 288, 342, 345, 362, 366, 378, 383, 389, 402, 403, 405, 410, 411, 420, 424
Autriche 83, 101, 112, 128, 133, 138, 147, 160, 161, 163, 164, 167, 170, 171, 173, 186, 194, 198, 222, 223, 232, 240, 248, 260, 262, 293, 294, 311, 316, 332, 335, 363, 380, 388, 391, 417
Autun 79, 249
Avesnes 215

Bacciochi, voir Bonaparte (Élisa)
Bade 117, 132, 141, 142, 331
Bagration 186, 187
Bailen 156, 329, 378
Bâle 99
Banberg 285
Bar-le-Duc 397

Barante 184
Barante 348
Barbé-Marbois 133
Barclay de Tolly 187
Basse-Silésie 222
Basses-Pyrénées 157
Bathurst 225, 252, 263
Bausset 188, 205
Bautzen 196, 197, 222, 290, 327, 350, 365, 393
Bavière 132, 163, 285, 396, 424
Bayard 289, 397, 400
Bayonne 175, 244, 303, 406
Beauharnais (Eugène de) 126, 134, 142, 151, 163, 164, 166, 178, 280, 319, [332], 333, 390
Beauharnais (Hortense de) 102, 148, 149, 163, 171, 213, 299, 334, 361
Beauharnais (Joséphine de) 80, 86, 102, 113, 126, 141, 142, 148, 155, 171, 172, 213, 226, 231, 244, 255, 299, 332, [350], 351, 386
Beauharnais (Stéphanie de) 141
Beaulieu 81, 253
Beaumont 387, 388
Beaumont-sur-Oise 412
Beker 217
Belgique 101, 214, 215, 252
Bellerophon 217, 218, 361, 362
Bellune (duc de), voir Victor
Bénévent (prince de), voir Talleyrand
Bennigsen 149
Berezina 187, 254, 318, 323, 330, 332, 402, 421
Berg et Clèves (grand-duc), voir Murat
Berg et Clèves 134, 291
Berlin 138, 140, 141, 316, 322
Bernadotte 98, 178, [282], 283, 284, 319, 335, 365, 381, 390
Berry (duc de) 117

INDEX 443

Berry (duchesse de) 397
Berthier 92, 149, 156, 168, 173, 187, 194, 195, 196, 206, 208, 222, [284], 285, 286, 287, 330, 350, 411, 422
Berthollet 84
Bertrand (Mme) 214, 233
Bertrand 90, 197, 215, 217, 262, 268, [287], 327
Bessières 155, 164, 269, [288], 289
Beugnot 107, 183, [290]
Biennais 177
Bleschamp 300
Blücher 202, 215, 216, 252, 254, [290], 291, 347, 375, 415, 423
Bohême 293
Bologne 82
Bonaparte (Charles) 297
Bonaparte (Jérôme) 111, 126, 153, 158, 186, 187, [293], 294, 310, 311, 336, 342, 377
Bonaparte (Letizia) 99, 297
Bonaparte (Louis) 163, 298
Bonaparte (Lucien) 79, 107, 158, 214, 245, 290, 298, [300], 301, 315, 361, 364
Bonaparte (Marie-Anne) 135, [292], 315
Bonaparte (Marie-Annonciade) [291], 292, 354, 392
Bonaparte (Pauline) 301, 302
Borghese (Camille) 301
Borghetto 83
Borodino 187, 188, 189, 254, 327, 332, 333, 388, 389, 394, 400, 402
Bottot 89
Bouches-du-Rhône 104, 158, 191
Boulogne 114, 115, 120, 127, 128, 306, 322, 323, 343, 420
Bourbon (Henri), voir Enghien (duc d')
Bourbons d'Espagne [302]
Bourmont 226, [303]

Bourrienne 91, 93, [304]
Bratislava 132
Brest 127, 343, 422
Brienne 79, 202, 249, 290, 304
Brueys 85, 86, [305], 393
Bruix [306]
Brünn 128
Brunswick [307]
Bruxelles 129, 215, 382
Bucentaure 367
Bülow 216, 254, 388
Buonaparte 316
Burgos 161
Byron 413

Cadix 127, 422
Cadoudal 116, 124, 331, 369, 386, 398
Caffarelli [308]
Calabre 296
Calcutta 258
Calder 127
Cambacérès 91, 117, 120, 162, 171, 174, 208, [308], 309, 332, 336, 417
Cambronne 211, 212
Campoformio 83, 101, 295, 304
Canino (prince de), voir Bonaparte (Lucien)
Canova 415
Caprara 125
Carnot 80, [309], 310, 365
Caroline, voir Bonaparte (Marie-Annonciade)
Casal 419
Castanos 156, 329, 378
Castellane 157
Castigliona (duc de), voir Augereau
Castiglione 83, 279
Castlereagh 263
Catalonie 414
Catherine II 275, [310]

Caulaincourt 173, 180, 190, 191, 192, 200, 203, 204, 207, 208, 222, [311], 312, 324, 359, 376, 418
Cerea 421
César 93, 94, 165, 168, 181, 221, 239, 277, [312], 345, 390, 416, 420
Ceylan 108
Châlons 202, 394
Chambord 285
Champagny 152, 174, 177
Champaubert 203
Champeaux 92
Championnet 365
Champs-Élysées 269
Chaptal [313], 406
Charette [313]
Charleroi 215
Charles (archiduc) 82, 163, 166, 167, [314], 386
Charles de Bade 141, 248
Charles IV 194, 195, 302, 303
Charles X 304
Charles XIII 283
Charles XIV, voir Bernadotte
Charles-Napoléon-Louis 148
Charlottenburg 140
Château-Thierry 203
Chateaubriand 168, 277, [314], 315, 316, 337
Chatham 170
Châtillon 202, 203, 204, 205, 312
Chénier 315
Cherasco 81
Chiaramonti, voir Pie VII
Clarke 168, 183, [316], 317
Clauzel 344
Clavering 245
Clichy 206
Cobenzl 83, 101, 295
Coblence 124

Cockburn [317], 318, 421
Codogno 361
Colli 81
Colmar 403, 404
Compiègne 174, 183
Conegliano (duc de), voir Moncey
Constant 97, 213, 214, 217, 251, [318], 412, 413
Constantinople 186
Coppet 412, 413
Corbineau 146, 198, [318], 319
Cornwallis 338, 406
Corvisart [320]
Coucy 397
Crassus 312
Crétet 153
Cromwell 263, [320], 321

Dahlmann 146
Dalesne 209
Dalmatie (duc de), voir Soult
Dammartin-le-Saint-Père 202
Danemark 200
Danton 237, 281, [321]
Dantzig (duc de), voir Lefebvre
Dantzig 148, 370, 370
Danube 80, 165, 166, 185
Daru 172, [321], 322, 359
Daunou 109
David 102, 103
Davout 140, 182, 183, 187, 217, 248, 282, 307, 319, [322], 323, 328, 390
Decrès 127, 162, 193, 293, 306, [323], 324, 417
Dego 81
Delbrel 119
Delessart 213
Delille 406
Dennewitz 199, 284
Desaix 92, 220, 269, [324], 325

INDEX

Desjardins 146
Desmarets 98
Desmoulins 321, 376
Deux-Siciles (reine des), voir Bonaparte (Marie-Caroline)
Dieppe 315
Dioclétien 416
Djezzar Pasha 260
Dniepr 394
Doire 92
Dolgorouki 129
Dombrowski 141
Domitien 185
Donauwörth 164, 420
Dresde 197, 198, 199, 222, 346, 387, 421
Drouet d'Erlon 226, [326]
Drouot [326], 327
Dubois 180
Ducos 88, [327], 409
Dugommier [328]
Dumanoir 393, 422
Dumas 159, [328]
Dumolin 220
Dumouriez 117
Dunes 419
Dunkerque 114
Dupont 156, [328], 329, 378
Duroc 93, 112, 155, 269, 287, [329], 330, 334, 392
Durrenstein 329, 344

Éblé [330]
Eckmühl (prince d'), voir Davout
Eckmühl 163, 165, 247, 248, 420
Égypte 128, 169, 220, 233, 258, 260, 287, 305, 308, 325, 342, 343, 351, 352, 353, 355, 356, 357, 358, 366, 380, 389, 393, 403, 409
Eichstätt 333

Elbe (île d') 208, 209, 210, 213, 214, 287, 298, 302, 320, 327, 379, 423
Elbe (retour de l'île) 211, 234, 304, 322, 333, 358, 361, 362, 391, 394, 395, 397, 402
Elbe (rivière) 186
Elchingen (duc d'), voir Ney
Elchingen 128, 394
Élisa, voir Bonaparte (Marie-Anne)
Elster 400
Élysée 216
Émery [331]
Enghien (duc d') 117, 118, 175, 308, 315, [331], 332, 406
Ensheim 419
Entragues 348
Erfurt 159, 160, 161, 246, 312, 345, 397
Ésope 364
Espagne 88, 155, 156, 157, 159, 160, 161, 175, 178, 192, 194, 195, 196, 197, 198, 247, 250, 252, 253, 261, 288, 296, 297, 302, 304, 308; 327, 329, 333, 344, 345, 350, 353, 356, 377, 378, 397, 407, 411, 414
Espagne (roi d'), voir Bonaparte (Joseph)
Espinosa 161
Essling (prince d'), voir Masséna
Essling 165, 173, 314, 363, 388, 405
Essonnes 410
Estrées 348
États-Unis 191, 192, 217, 238, 256, 294, 343, 359, 362, 386, 416
Étrurie 102, 132, 292
Ettenheim 117, 331
Eugène-Napoléon 332
Europe 84, 87, 88, 93, 99, 105, 108, 112, 113, 118, 123, 125, 133, 141, 142, 147, 148, 153, 160, 161, 166, 175, 182, 185, 190, 194, 199, 200, 210, 217, 223, 224, 225, 229, 230, 233,

238, 240, 241, 243, 250, 260, 264, 267, 268, 269, 294, 322, 338, 364, 372, 378, 383, 387, 410
Exelmans [333]
Eylau 146, 147, 149, 276, 282, 288, 345, 347, 365, 366, 371, 389, 394, 405, 411, 423

Fain 90, 108, 203
Feltre (duc de), voir Clarke
Fenestrelle 398
Ferdinand (archiduc d'Autriche) 339
Ferdinand de Bourbon 378
Ferdinand VII d'Espagne 194, 195, 296, 302, 303
Fesch 178, 278, 331
Finistère 127
Finkenstein 148, 423
Finlande 346
Flahaut [334]
Fleurus 215, 357, 362, 370
Florence 292, 311
Fontanes 121, 156, 208, 315, [334], 335, 406
Fouché 117, 138, 143, 161, 162, 167, 170, 174, 185, 217, 281, 282, [335], 336, 337, 407, 417
Fourcroy 335
Fox 255, [337], 338
Foy 344
France (campagne de) 201, 202, 279, 280, 312, 317, 319, 327, 342, 371, 375, 380, 421, 424
Francfort 200, 201, 202, 204, 326
François II 82, 92, 130, 132, 174, 222, 314, [339], 340, 379
Frasnes 254
Frédéric I de Wurtemberg [342]
Frédéric II de Prusse 93, 140, 221, 307, [340]

Frédéric-Guillaume III 138, 139, 140, 150, 166, [341], 358, 374
Fréjus 88
Fréron 376
Friant [342]
Friedland 146, 147, 149, 150, 189, 259, 262, 276, 329, 362, 363, 388, 394, 407, 421
Frochot 190, 191
Fulton [343]

Gabriel (ange) 103
Gallas 419
Gange 259
Ganteaume 127, 306, [343], 422
Gaudin 197, [343], 344
Gazan [344], 345, 346
Genève 413
Gérando 413
Gérard (peintre) 188
Gérard [344], 345, 346
Ghaisnes (comte de), voir Bourmont
Girardin 123, 142
Giulay 128
Gneisenau 291
Godoy 195, 302
Goethe 160, [345], 415
Golfe-Juan 211, 234
Goppingen 311
Gorodnia 402
Gourgaud 289
Gouvion-Saint-Cyr [346]
Governolo 363
Grand-Saint-Bernard 103
Gravina 422
Grenoble 234, 358
Grosbois 156, 285
Grossbeeren 199, 284
Grouchy 216, 226, 254, 255, 289, 345, [346], 347, 411, 415

INDEX

Gudin 215
Gustave II Adolphe 221, 277
Gustave IV Adolphe 178
Guttstadt 394
Guyane 82, 398

Habsbourg 379
Hague 218
Halzfeld 140
Hamilton 220, 240
Hanau 326, 327, 421, 424
Hannibal 93, 221, 277, [347]
Haugwitz 131
Hautpoul 146
Hédouville 98
Heilsberg 366
Héliopolis 357
Helvétie 386
Henri III 348
Henri IV 108, 241, [348], 414
Hérode 244
Hochstädt 386
Hofburg 173
Hohenlinden 101, 304, 369, 386, 387
Hohenlohe 140, 389
Holland 252
Hollande (roi de), voir Bonaparte (Louis)
Homère 266
Hongrie 166
Horace 322
Hougoumont 294
Hullin 191
Hulot 386

Iéna 139, 140, 144, 145, 149, 235, 253, 282, 322, 342, 344, 347, 366, 389, 405, 411
Inconstant 211
Indus 93
Inn 93, 163

Irlande 349
Isabey 177
Isar 164
Isonzo 296
Istrie 132
Istrie (duc d'), voir Bessières
Italie 81, 88, 97, 101, 126, 128, 132, 163, 164, 166, 169, 229, 231, 246, 278, 282, 292, 295, 325, 352, 353, 355, 380, 386, 391, 408
Italie (armée d') 80, 81, 82, 163, 223, 239, 282, 309, 352, 365, 407, 408
Italie (première campagne d') 80, 81, 82, 83, 95, 215, 233, 253, 255, 279, 285, 304, 352, 355, 361, 362, 366
Italie (seconde campagne d') 92, 101, 328, 382, 386,
Italie (roi d') = Napoléon Ier
Italie (vice-roi), voir Beauharnais (Eugène de)

Jaffa 128
Jeanbon Saint-André 124
Jefferson 256
Jérusalem 257, 314, 315
Jomini [350]
Jordan 413
Joséphine, voir Beauharnais (Joséphine)
Joubert [352], 414
Jourdan 98, 119, 247, 248, [353], 354, 357
Jouvelle 419
Jouy 396
Junot 132, 133, 185, 293, 303, [354], 355
Jupiter 122

Kalkreuth 148, 370
Kalouga 190
Kamenski 370

Katzbach 199
Keith 218
Kellermann (père) [355]
Kellermann (fils) 81, 92, 220, [356]
Kléber 86, 87, 269, [356], 357, 358
Knobelsdorf 138
Kolin 340
Königsberg 146, 149, 330
Kosciuszko 147
Kourakine 182, 186
Koutouzov 187, 188, 189
Kovno 187
Krasnoïe 394
Kremlin 249
Kulm 198, 346, 420

L'Heurt 288
La Bédoyère [358]
La Crèche 288
La Fayette [359], 360, 361
La Haye 148
La Revellière-Lépeaux 84, [364], 365
La Rothière 290
La Vallière 372
Lacuée 173, [358], 359
Laczinska 422
Laffitte 208
Laffrey 213
Lallemand [361], 362
Lamarque 344
Landshut 164, 165, 388
Lanjuinais 214
Lannes 167, 248, 269, 296, [362], 363, 381, 405
Lanza 420
Laon 216
Laplace [364]
Larrey [365]
Lasalle 167, [366]
Latouche-Tréville 115, [367]

Lauriston 106, 124, 125, 163, 180, 311
Le Caire 85, 86, 87, 357, 358
Lebrun (soldat) 325
Lebrun 91, 162, 178, [368], 417
Leclerc 246
Lecourbe [368], 369
Lecouteulx de Canteleu 118
Lefebvre (Mme) 153
Lefebvre 148, 206, 353, [370], 371
Leipzig 171, 199, 200, 276, 283, 290, 326, 327, 328, 339, 342, 390, 400, 421, 424
Lejeune 163
Léman 412
Lemercier 100
Leoben 82
Lepic [371]
Leroux-Cesbron 102
Letourneur 365
Leuchtenberg (duc de), voir Beauharnais (Eugène de)
Liechtenstein 128, 167
Liegnitz 196, 197
Ligny 215, 226, 290, 303, 326, 345
Linz 337
Lisbonne 133
Livingstone 416
Lobau 166
Lobau (comte de), voir Mouton
Lodi 81, 253, 285
Loire 217
Loire-Inférieure 348
Londres 94, 106, 113, 114, 115, 118, 179, 191, 252, 258
Longwood 237, 278
Lons-le-Saunier 394
Louis XIV 95, 108, 142, 287, [371], 372
Louis XVI 93, 117, 174, 315, 331, 336, [372], 373, 412
Louis XVIII 94, 95, 213, 217, 322, 337, 380, 384, 394, 395, 415

INDEX

Louis-Philippe 383, 385
Louise-Augusta 138, 150, 151, 341, [374]
Louisiane 256, 294
Louverture 245, 246
Louvre 122, 142, 219
Lowe 228, 229, 236, 237, 240, 245, 251, 263, 317, [374], 375
Luchessini 99, 114
Lucques 135
Lunéville 99, 101, 114, 294, 295
Lützen 196, 197, 303, 327, 388, 393
Luxembourg 89, 91
Lyon 106, 279, 336, 415

Macdonald 163, 199, 206, [375], 376
Mack 128
Madrid 155, 161, 296, 297, 301
Magdeburg 310
Magnano 407
Maida 296
Maintenon 372
Maitland 217
Makersdorf 329, 330
Malet 190, 191, 193
Malmaison 104, 109, 118, 213
Maloiaroslavets 190, 288
Malte 85, 108, 109, 114
Mannheim 398
Mantoue 295
Marat 237, [376]
Marbot 377
Marcolini 197
Marescot [378]
Maret 194, 204, 260, 285
Margot (la reine) 348
Marie-Antoinette 174, 378, 379
Marie-Caroline [378]
Marie-Élisabeth de Bavière 422
Marie-Louise 173, 174, 176, 177, 180, 184, 191, 201, 206, 208, 223, 320, 340, [379], 396
Marie-Louise de Parme 302
Marie-Thérèse 165, 378, 379
Markof 105, 115
Marmont 166, 176, 182, 192, 206, 211, 339, 361, 376, [380], 410
Marquiset 123
Marseille 158
Masséna 92, 164, 248, 269, [380], 381, 382, 408, 421
Mattei 82
Maury 179
Maximilien-Joseph 199
Mayence 124, 326
Médicis 348
Medina del Rio Seco 155, 288, 366
Méditerranée 111, 305, 314, 367, 378
Melas 92
Méneval 94
Metternich 169, 173, 175, 176, 178, 197, 198, 202, 314, 315, 336, [383], 396, 417
Metz 397
Millesimo 81
Minsk 187
Miollis 167
Miot de Mélito 93, 94, 142
Mojaisk 187, 190
Moldavie 156
Molé 196, 208, 214, [384]
Mollien 94, 152, 158, 322, [384], 385, 418
Monaco 212
Moncey 126, 206, [385]
Mondovi 81, 421
Monge 84
Mont-Saint-Jean 215, 254, 347
Mont-Tonnerre 124
Montaigu 313

Montebello (duc de), voir Lannes
Montecuccoli 419
Montenotte 81
Montereau 202, 203, 371
Montespan 372
Montesquiou 181
Montholon (Sabine de) 234
Montholon 260
Monti 413
Montmartre 129, 182, 206
Montmirail 203, 388
Montmorency 348
Moravie 129, 164
Mormant 203
Morny 334
Mortefontaine 294
Moscou 187, 188, 189, 190, 193, 194, 228, 232, 249, 285, 388, 402
Moselle 398
Moskova 220, 252, 394
Moskova (prince de la), voir Ney
Mosloy (comte de), voir Otto
Muiron (frégate) 88, 343, 389
Muiron [389]
Muiron 88, 343
Munich 280, 393
Murat 134, 141, 144, 146, 162, 163, 167, 190, 195, 269, 281, 289, 291, 292, 327, 354, 381, [389], 390, 391, 392

Namur 215
Nansouty 164
Nantes 314, 372
Naples 133, 142, 228, 291, 295, 296, 353, 378, 390
Naples (reine de), voir Bonaparte (Marie-Annonciade)
Naples (reine de), voir Marie-Caroline
Naples (roi de), voir Bonaparte (Joseph)
Naples (roi de), voir Murat

Napoléon II, roi de Rome 180, 181, 182, 188, 190, 201, 206, [392]
Narbonne-Lara 187, [392], 393, 415
Naseby 321
Navarre (prince de), voir Henri IV
Necker 412
Neipperg 379
Nelson 86, 305, [393], 409, 422
Neuchâtel (prince de), voir Berthier
Neuilly 102
Neuvied 349
Ney 128, 129, 206, 207, 208, 254, 269, 284, 323, 326, 350, 376, 380, 385, 391, [394], 395, 402, 423
Nice 80
Niémen 150, 187
Normandie 241, 313, 414
Northumberland 421
Norvège 218, 219, 230, 317
Norvège (roi de), voir Bernadotte
Notre-Dame 107, 109, 122, 126, 212, 408
Novi 347, 352, 414

O'Meara 222, 278
Oberkampf 396
Oliva 148
Olympias 122
Orléans 373, 409
Osterode 146
Otrante (duc d'), voir Fouché
Ott 421
Otto 396
Oudinot 165, 167, 206, 284, [396], 397

Pacca [398]
Paer 177
Paoli 79
Pasquier 191, 193
Passeriano 83
Pastrengo 407

INDEX

Paul Ier 105, 275
Peletier 113
Percier 142
Perrin, voir Victor
Peyrière, voir Gazan
Peyrusse 211
Philippe-Auguste 108
Piave 166
Pichegru 116, [398]
Pie VII 103, 104, 122, 132, 179, 331, [399]
Pitt 170, [337]
Pitti 292
Platov 371
Pleswitz 197, 222
Plymouth 218, 362
Pologne 141, 144, 147, 148, 149, 172, 175, 177, 181, 182, 186, 254, 260, 262, 399, 400, 401
Polotsk 346
Poméranie 306
Poniatowski 254, 262, [399], 400
Pons de l'Hérault 211
Portalis 103, 104, 105, 109, 110, 111, 179, 180, [400]
Portoferraio 209
Portugal 133, 182, 303, 354, 411
Posen 144, 191
Posthenen 149
Poznan 140, 147
Pradt [401]
Prague 198, 337, 340, 393
Pratzen 129, 405, 410
Presbourg 132, 280
Proche-Orient 315
Provence (comte de), voir Louis XVIII
Provence 94
Prud'hon 177
Prusse 93, 99, 114, 131, 134, 138, 139, 147, 151, 156, 235, 260, 262, 283, 285, 299, 307, 310, 341, 350, 370, 374, 383, 402, 407, 420
Prusse (roi de), voir Frédéric II
Prusse (roi de), voir Frédéric-Guillaume III
Prusse (reine de), voir Louise-Augusta
Pultusk 344, 362, 363
Pyrénées 161, 344, 347

Quatre-Bras 254
Quiberon 349
Quichotte 192, 341
Quiers 419

Raab 166
Raguideau 80
Raguse (duc de), voir Marmont
Ramolino 297
Rapp 188, 189, 246, [402], 403
Rastadt 84, 383, 386
Ratisbonne 165, 405
Ravaillac 348
Read 225
Récamier 107
Reggio (duc de), voir Oudinot
Regnaud, voir Regnault
Regnault 171, 403
Régnier 117, 126
Reichel 140
Reichstadt (duc de), voir Napoléon II
Reille 252, 253
Reubell, voir Rewbell
Rewbell 84, 365, [403], 404, 409
Reynier 296
Rhin 92, 99, 101, 124, 128, 134, 199, 203, 215, 349, 386
Rhin (armée du) 369, 386, 403
Rhin et Moselle 398
Rhône 212
Rippach 289

Rivoli 83, 352, 366
Rivoli (duc de), voir Masséna
Robespierre (Augustin) 79, 80, 404
Robespierre (Maximilien) 79, 80, 173, 237, 281, 321, 339, [404]
Rochefort 217, 337, 362
Rocquencourt 333
Roederer 89, 91, 96, 100, 113, 142, [404], 405, 409
Roger-Ducos 1
Roi-Soleil, voir Louis XIV
Roland 363
Rome (roi de), voir Napoléon II
Rome 93, 125, 159, 167, 228, 258, 301, 311, 315, 358, 398, 399
Rossbach 140
Roudschouck 187
Rovigo (duc de), voir Savary
Rueil 104
Russie 98, 105, 112, 124, 133, 138, 141, 147, 150, 156, 160, 170, 172, 173, 175, 177, 179, 180, 182, 183, 186, 187, 190, 191, 192, 193, 195, 196, 228, 232, 235, 240, 248, 249, 254, 260, 262, 264, 275, 276, 277, 283, 285, 288, 291, 292, 296, 300, 303, 308, 310, 311, 312, 318, 323, 324, 328, 330, 332, 333, 346, 347, 350, 354, 355, 358, 359, 363, 371, 372, 377, 390, 391, 394, 397, 400, 401, 413, 417, 418, 421, 424
Russie (empereur de), voir Alexandre I[er]

Saint-Aignan 203
Saint-Cloud 89, 112, 113, 115, 120, 126, 155, 174, 195, 353, 408
Saint-Denis 180
Saint-Dizier 202
Saint-Domingue 245
Saint-Germain 168, 336

Saint-Hilaire 167, [405]
Saint-Jean-d'Acre 87, 260, 308, 363, 410
Saint-Just 321
Saint-Leu (comte de), voir Bonaparte (Louis)
Saint-Leu (comte de), voir Louis-Bonaparte
Saint-Leu (duchesse de) 213
Saint-Nicaise 99
Saint-Omer 288
Saint-Pétersbourg 98, 105, 180, 311, 312, 406
Saint-Quentin 100
Saint-Sulpice 164
Sainte-Hélène 218, 219, 220, 225, 227, 228, 229, 230, 231, 234, 236, 237, 239, 240, 247, 252, 261, 262, 263, 265, 268, 269, 284, 287, 298, 302, 316, 317, 318, 320, 337, 367, 374, 375, 377, 397, 401, 421
Salabrieh 366
Saliceti 142, 167
Salomon 97, 244
Sambre 215
Sambre-et-Meuse 349
San Domingo 246
Saragosse 296
Sasbach 419
Savary 174, 175, 197, 204, 205, 217, [406], 407
Scharnhorst 291
Scherer 365, [407], 408
Schönbrunn 132, 133, 165, 246, 344, 392, 402, 423
Schouvalof 182
Schulenburg 140
Schwarzenberg (général) 202, 205
Schwarzenberg (princesse) 182
Sérurier [408]
Sicile 378, 392

INDEX

Sieyès 88, 90, 109, 327, [408], 409
Silésie 203, 329, 371
Simplon 124, 125, 219
Sinaï 86
Sismondi 413
Skal 92
Smith 87, 260, [409]
Smolensk 187, 189, 254, 330, 342
Smorgoni 190, 192, 323
Sommershausen 419
Somosierra 161
Sorbonne 154
Souham [410]
Soult 195, 216, 253, 282, 344, 385, [410], 411, 420
Souvarov 352
Souza-Botelho 334
Sparte 179
Stadion 128
Staël 97, 318, [412], 413
Staps 246
Stettin 366, 389
Stockach 420
Stralsund 306
Strasbourg 128
Studienka 318
Suchet 267, [414], 415
Suède (roi de), voir Bernadotte
Suède (roi de), voir Charles XIII
Syrie 87, 260

Tacite 415
Tagliamento 356
Talleyrand 89, 97, 117, 125, 152, 158, 160, 161, 162, 185, 195, 207, 309, 311, 315, 332, 334, 337, 361, 392, [416], 417, 418, 419
Tallien 80, 281
Taroutina 189
Tarragone 414

Tchernitchev 185
Ternaux 183
Thann 165
Thémistocle 217
Thibaudeau 104, 158
Thuringe 160
Tilly 80
Tilsit 147, 150, 151, 156, 183, 186, 203, 262, 276, 341, 354, 358, 363, 381, 394
Tolentino 391
Tolstoï 156
Töplitz 199, 300
Torbay 218
Torfou 313
Torgau 393
Toscane 292
Toscane (grande-duchesse de), voir Bonaparte (Élisa)
Toulon 85, 281, 307, 325, 328, 355, 380, 415
Toulouse 253, 411
Trafalgar 176, 232, 393, 421, 422
Trajan 185
Trémont 157
Trévise (duc de), voir Mortier
Trieste 337
Trino 419
Troyes 203
Tudela 161
Tulard 247
Turenne 93, 221, 253, 289, [419], 420
Turin 419
Turquie 200
Tyrol 132

Ulm 128, 366, 380
Unsebourg (comte d'), voir Vandamme

Valachie 156
Valladolid 161

Valmy 353
Valmy (duc de), voir Kellermann
Valois 348
Valoutina 354, 355
Vandamme 198, 248, 346, 405, 411, [420]
Vare 146
Varennes 373
Varsovie 144, 147, 156, 186, 254, 276, 310, 399, 401
Vatican 398
Vauban 287
Vauchamps 203
Vendée 90, 97, 184, 238, 303, 313, 349
Vénétie 163
Venise 132, 268, 399
Vérone 82
Versailles 90, 142
Viazma 323
Vicence (duc de), voir Caulaincourt
Victor [421]
Villano 393
Villars 420
Villeneuve 127, 393, [421], 422
Vilna 193, 390
Vincennes 117, 175, 179, 331
Virgile 266
Visconti (marquis) 422
Visconti (marquise) [285], 422
Vistule 144, 185
Vitoria 197, 247, 297, 411
Volney 91

Wagram 166, 167, 168, 169, 170, 171, 173, 205, 232, 235, 282, 283, 288, 293, 314, 322, 327, 340, 342, 345, 347, 366, 371, 375, 381, 388, 397, 402, 405, 424
Wagram (prince de), voir Berthier
Walcheren 170, 178, 288, 335
Walewice 423

Walewska [422], 423
Warden 230
Washington 238
Waterloo 215, 216, 226, 231, 232, 252, 253, 254, 255, 259, 260, 286, 289, 290, 294, 303, 307, 310, 311, 326, 327, 329, 333, 334, 337, 342, 345, 346, 347, 356, 358, 360, 362, 365, 385, 387, 388, 391, 395, 399, 401, 403, 411, 415, 423
Wehlau 149
Wellesley, voir Wellington
Wellington 182, 197, 215, 232, 248, 252, 253, 254, 297, 347, 365, 411, [423]
Wertingen 333
Weser 93
Westminster 267
Westphalie 290
Westphalie (reine de), voir Catherine de Wurtemberg
Westphalie (roi de), voir Bonaparte (Jérôme)
Wieland 415
Wilks 237
Wimereux 288
Wissembourg 349
Witebsk 189
Withworth 113, 114
Wittgenstein 346, 421
Worcester 321
Wrede 171, [423], 424
Wurtemberg 132, 417
Wurtemberg (Catherine de) 153, [310] 311, 342
Wurtemberg (roi de), Frédéric Ier
Würzburg 139

Yvan 165, 208

Zarovice 130
Znaim 166, 167, 314, 380
Zoana 366

Sire, dormez en paix !
De la tombe même, vous travaillez pour la France.
À tout danger de la patrie,
nos drapeaux frémissent du passage de l'aigle.

Dans le discours prononcé par le maréchal Foch
à l'hôtel des Invalides, le 5 mai 1921,
pour le centenaire de la mort de l'empereur.

TABLE DES MATIÈRES

PRÉFACE *par Jean Tulard* XI

AVANT-PROPOS *par Zwi Yavetz* XV

INTRODUCTION 1

APHORISMES 13

    La politique 15
    Les collaborateurs 19
    L'armée 25
    La France 29
    Les femmes 35
    La famille 39
    Lui-même 45
    Les autres nations 51
    La culture 57
    La noblesse et la monarchie 61
    La religion 67
    Réflexions 71

CITATIONS 79

OPINIONS 275

BIBLIOGRAPHIE 429

INDEX DES NOMS PROPRES 441

*Cet ouvrage,
publié aux Éditions Les Belles Lettres,
a été achevé d'imprimer
en décembre 2010
sur les presses
de la Nouvelle Imprimerie Laballery
58500 Clamecy, France*

*Dépôt légal : janvier 2011.
N° d'édition : 7159 - N° d'impression : 012118*

Imprimé en France